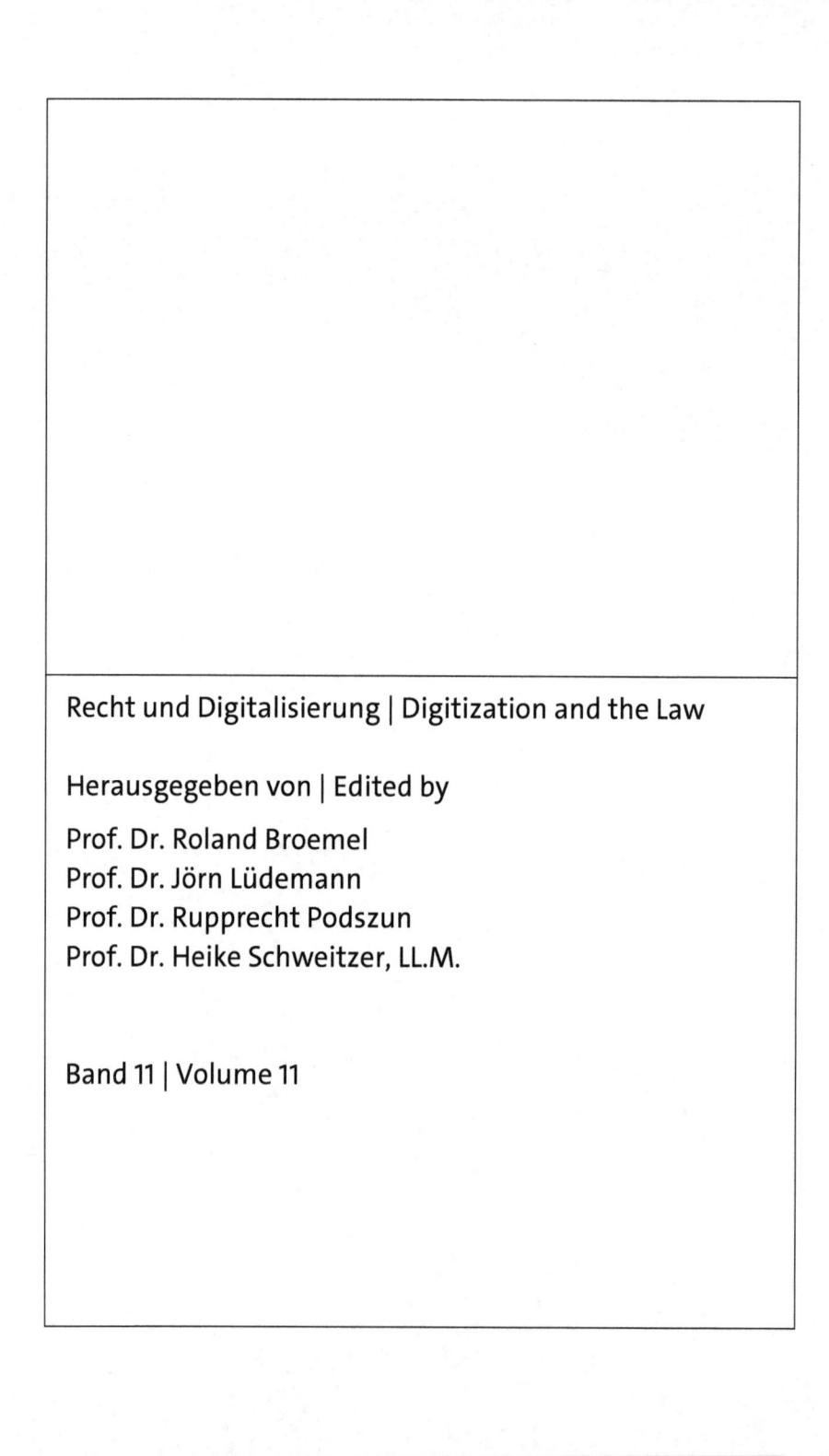

Recht und Digitalisierung | Digitization and the Law

Herausgegeben von | Edited by

Prof. Dr. Roland Broemel
Prof. Dr. Jörn Lüdemann
Prof. Dr. Rupprecht Podszun
Prof. Dr. Heike Schweitzer, LL.M.

Band 11 | Volume 11

Mareike Schmidt | Hans-Heinrich Trute (Hrsg.)

Lehre der Digitalisierung in der Rechtswissenschaft

 Nomos

Gefördert aus Mitteln der Landesforschungsförderung Hamburg (LFF-GK08).

Die Deutsche Nationalbibliothek verzeichnet diese Publikation in
der Deutschen Nationalbibliografie; detaillierte bibliografische
Daten sind im Internet über http://dnb.d-nb.de abrufbar.

1. Auflage 2023

© Die Autor:innen

Publiziert von
Nomos Verlagsgesellschaft mbH & Co. KG
Waldseestraße 3–5 | 76530 Baden-Baden
www.nomos.de

Gesamtherstellung:
Nomos Verlagsgesellschaft mbH & Co. KG
Waldseestraße 3–5 | 76530 Baden-Baden

ISBN (Print): 978-3-7560-0039-5
ISBN (ePDF): 978-3-7489-3618-3

DOI: https://doi.org/10.5771/9783748936183

Onlineversion
Nomos eLibrary

Dieses Werk ist lizenziert unter einer Creative Commons Namensnennung
4.0 International Lizenz.

Vorwort

Dieser Band versammelt Beiträge einer Tagung, die im April 2022 vom Zentrum für rechtswissenschaftliche Fachdidaktik (ZerF) und dem Zentrum für Recht in der digitalen Transformation (ZeRdiT) an der Universität Hamburg veranstaltet wurde.[*] Die Tagung wurde im Rahmen des Graduiertenkollegs „Das Recht und seine Lehre in der digitalen Transformation" durchgeführt, das dankenswerterweise von der Hamburgischen Landesforschungsförderung (LFF-GK 08) finanziert wird.

Unser Dank gilt allen Referent:innen der Tagung und Autor:innen dieses Bandes für ihre Mitwirkung. Außerdem danken wir unseren Mitarbeitenden Helena Christopoulos, Florian Lucks und Pascal Schütt für die helfenden Hände vor, während und nach der Tagung. Bei der Erstellung des Tagungsbandes haben Olcay Aydik, Lea Bandowsky, Finn-Ole Ahrens, Lorenz Schönle und vor allem Lara Schmidt wichtige Unterstützung geleistet, letztere insbesondere auch durch die Übersetzung des Beitrags von Werner Schäfke-Zell und Ida Helene Asmussen; auch dafür danken wir sehr.

Hamburg, im März 2023   *Mareike Schmidt*
                                                   Hans-Heinrich Trute

---

[*] Videoaufzeichnungen fast aller Vorträge sind abrufbar unter https://tinyurl.com/ZerF2022.

Inhaltsverzeichnis

Tilman Repgen
Rationalität der Rechtsfindung als Element des rechtswissenschaftlichen Studiums. Grußwort zur ZerF- und ZeRdiT-Tagung am 7./8.4.2022   9

Mareike Schmidt/Hans-Heinrich Trute
Die Lehre der Digitalisierung in der Rechtswissenschaft – eine Einführung   13

Roland Broemel
Wie verändert sich das Recht durch Digitalisierung?   37

Werner Schäfke-Zell und Ida Helene Asmussen
Drei Wege, die juristische Ausbildung an ein digitalisiertes juristisches Berufsfeld anzupassen   79

Nóra Al Haider
Legal Design Lab: Virtual Legal Systems   113

David Tebel
Rechtsberatung 4.0 oder Technology 101? Gedanken zur Digitalisierung des Rechts aus prozessanwaltlicher Perspektive   121

Margrit Seckelmann
EA, OZG, DSGVO – k. O.? Die Veränderung der Verwaltung im Zeichen der digitalen Transformation   135

Dagmar Synatschke
Der Richter und sein Rechner – Funktions- und Prozessanalyse der rechtsprechenden Tätigkeit im Computerzeitalter –   147

Inhaltsverzeichnis

Eric W. Steinhauer
Juristische Informationskompetenz in der digitalen
Transformation als topisches Problem   161

Nora Rzadkowski
Kritisches Denken als Kompetenz im digitalen Zeitalter   183

Anton Sefkow
Lehre von Legal Tech als rechtsdidaktische Herausforderung   203

Bettina Mielke
Law goes digital: Lehrkonzepte zur Digitalisierung –
vom Grundstudium bis zum Referendariat   229

Verzeichnis der Autor:innen   249

Rationalität der Rechtsfindung als Element
des rechtswissenschaftlichen Studiums.
Grußwort zur ZerF- und ZeRdiT-Tagung am 7./8.4.2022

Tilman Repgen

„Veränderungen des Rechts und der juristischen Profession", so lautet das Rahmenthema über den Vorträgen des heutigen und morgigen Tages. Es geht um Veränderungen durch Digitalisierung. Sie werden etwas hören über Veränderungen des Objekts unserer Wissenschaft und über die Veränderungen der beruflichen Welt in der Anwaltschaft, der Verwaltung, dem Gericht, aber auch im Hörsaal.

Als ich das Thema las, musste ich spontan an den Ausspruch des römischen Juristen Celsus aus dem ersten nachchristlichen Jahrhundert denken, der einmal meinte – D. 1.3.17:

> Scire leges non hoc est verba earum tenere, sed vim ac potestatem – die Gesetze zu kennen, bedeutet nicht, ihre Worte zu kennen, sondern ihren Sinn und Zweck.

In diesem sehr bekannten Satz geht es nicht allein um Gesetzesauslegung, sondern der Satz sagt uns etwas über das römische Rechtsdenken selbst, das vielleicht zum wichtigsten Bestandteil dieses Erbes geworden ist: Es zählt nicht die physische Macht des Herrschers, sondern die geistige Macht des Arguments. Es geht um rationale Rechtsfindung. Es geht um den Sinn und Zweck von Regeln. Die Bedeutung der Rechtsregeln erschöpft sich nicht in einem vielleicht wortgetreuen Gebrauch der äußeren Sprachhülle. Sinn und Zweck haben zu tun mit Rationalität. Eine Rechtsregel kann, das gehört zu diesem römischen Erbe, nur dann Gehorsam verlangen, wenn sie „vernünftig" ist, einem rational nachvollziehbaren Zweck dient. Nur dann taugt sie zur Begründung einer Entscheidung. Das kommt auch in einem zweiten Merksatz zum Ausdruck, dieses Mal aus der Tradition des mittelalterlichen *ius commune*:

Cessante ratione legis cessat lex ipsa.¹ – Fällt der Zweck eines Gesetzes weg, fällt das Gesetz selbst weg.

Natürlich ist dieser Satz in einem modernen, gewaltengeteilten Verfassungsstaat hoch problematisch, da man fragen muss, was der Gradmesser für eine solche *cessio rationis* sein mag. Ungern würde man heute ein Gericht hören, das erklärt, es könne den Sinn einer Vorschrift des BGB nicht einsehen und wende sie deshalb nicht (mehr) an. Und doch urteilte etwa das Reichsgericht 1923 anlässlich des Straßenbahnerstreiks 1920 genau so, als es erklärte, für die Lösung dürfe man überhaupt nicht auf die Vorschriften des BGB zurückgreifen.² Stattdessen berücksichtigte das Reichsgericht sehr freihändig – um nicht „freirechtlich" zu sagen – die sozialen Verhältnisse zwischen Unternehmer und Arbeitnehmer und leitete aus ihnen eine Lösung ab, die dann später zur „Sphärentheorie" wurde und nach der Verteilung von Betriebsrisiken fragte.

Auch wenn die Veröffentlichung von Urteilsgründen erst im 19. Jahrhundert üblich wurde, so ist doch nicht zu übersehen, dass die Rechtsfindung vor Gericht seit Jahrhunderten ein im wesentlichen rationales Begründungssystem voraussetzte. Es genügte für gewöhnlich nicht die Berufung darauf, man habe es „immer schon so" gehalten, weil das ganz offensichtlich fehlschlüssig wäre. Aus der bloßen Faktizität allein folgt eben noch keine Sollensordnung. Das ist uns geläufig und entspricht einem geradezu evidenten Erfahrungsschatz. Sehen wir das so, muss die Juristenausbildung stets darauf zielen, rational überprüfbare Entscheidungen vorzubereiten.

Und hier besteht die Brücke zu Ihrem Tagungsthema: Fraglos führt die digitale Transformation unseres Alltags auch im Bereich des Rechts zu erheblichen Veränderungen. Einige davon nehmen Sie in den nächsten Stunden in den Blick. Längst haben sich aber unsere digitalen Anwendungen aller Art zu so komplexen Gebilden entwickelt, dass ein echtes Verstehen auf der Seite der Anwender gar nicht mehr erwartet werden kann. Verlangte der einigermaßen sichere und erfolgreiche Umgang mit Computern vor 35 bis 40 Jahren noch mindestens Grundkenntnisse im Betriebssystem MS-DOS, die dafür sorgten, dass im Umgang mit Computern nicht jegliches Gefühl für Rationalität und Kausalitäten abhanden kam, so hat sich doch längst eine Situation des „plug and play" realisiert, die mehr oder weniger störungsfreie Abläufe gewährleistet, ohne auch nur

---

1 Cf. Corpus Iuris Civilis Iustinianei. *Accursii* commentariis…, tom. II: Infortiatum, Lyon 1627, gl. *non cohaeret* zu D. 35.1.72.6, col. 1497.
2 RGZ 106, 272, 275.

einen Hauch informationstechnischer Kompetenzen vorauszusetzen. Man gerät dabei aber auch leicht in die Rolle eines unmündigen Kindes, das bestimmte Handlungen nachvollzieht, ohne auch nur zu ahnen, welche Vernunft dahintersteckt. Im Bereich des *machine learning* ist dieser Effekt sogar systembedingt. Das muss nicht schlecht sein, aber entspricht eben nicht der Idee vernunftgeleiteten Entscheidens.

Problematisch wird das für das Rechtssystem, wenn digitale Systeme juristische Entscheidungsprozesse mitprägen oder gar ersetzen sollen. Ganz offenkundig ist hier, dass „Verständnis" der Vorgänge wünschenswert wäre, um der kritischen Funktion von Rechtswissenschaft zu genügen. In einem gewissen Umfang müssen eben auch komplexe Vorgänge nachvollziehbar sein, um sie rechtlich bewerten zu können. Dort, wo lebensweltliche digitale Anwendungen – man denke etwa an den weiten Bereich der Finanzmärkte oder an medizinische Diagnostiktools oder die Steuerungssoftware des Eisenbahnbetriebs – rechtliche Bedeutung erlangen, ist das Rechtssystem vor neue Herausforderungen gestellt, die mit den Verstehensprozessen zu tun haben. Ein gewisses Verständnis der realen Vorgänge ist nun einmal unentbehrlich, wenn man zu einer rational nachprüfbaren gerichtlichen Entscheidung eines Sachverhalts gelangen möchte. Genau das aber bleibt der Anspruch eines wissenschaftlich geprägten Rechtssystems. Das gilt sowohl für die Digitalisierung der Lebenswelt als auch für digitale Tools in rechtlichen Prozessen selbst, die unter dem Label „Legal Tech" verhandelt werden.

Was muss man dazu von der Digitalisierung verstehen? Was muss dazu im Rechtsunterricht an informationstechnologischem Wissen vermittelt werden? Die algorithmengesteuerte „Entscheidung" hat letztlich eine statistische Basis, deren Rationalität zumindest hinterfragt werden muss.

Vor diesem Hintergrund stehen die Fragen, auf die Sie bei Ihrer Tagung hoffentlich gute Antworten finden werden. Es freut mich sehr, Sie alle zur diesjährigen Tagung des Zentrums für rechtswissenschaftliche Fachdidaktik und des Zentrums für Recht in der digitalen Transformation begrüßen zu dürfen.

Viel Erfolg!

Die Lehre der Digitalisierung in der Rechtswissenschaft – eine Einführung

Mareike Schmidt und Hans-Heinrich Trute

I. Einleitung: Soviel Zukunft war nie?

In kaum einer Rede über Digitalisierung fehlt der Verweis auf disruptive Veränderungen durch digitale Technologien. Darin mischen sich Utopien der gesellschaftlichen Veränderungen durch Technologie mit Dystopien der grundlegenden Gefährdung bisheriger Errungenschaften und Kompetenzen, nicht selten als Verfallsgeschichte ausbuchstabiert.[1] Beide Perspektiven zehren von einer deterministischen Sicht auf die Welt, die sich freilich einig darin sind: Technologien ändern die Welt und die Beobachter:innen unterscheiden sich nur darin, ob sie es gut oder schlecht finden. Während die einen über die Ersetzung von Richter:innen durch den *RoboJudge* phantasieren, hört man auf der anderen Seite das Wehklagen, dass die Studierenden von heute (und nicht nur die Studierenden) nicht mehr lesen, die Bücher unangetastet in den Bibliotheken verstauben, während die Studierenden sich nur noch digital ernähren in Form von wohlaufbereiteten *snippets*, Merkpassagen, die sie vom Repetitor, garniert mit der nötigen Portion von Examensangst zur Beförderung des Geschäftsmodells, vorgesetzt bekommen, die sich dann auch noch prächtig zum *copy and paste* eignen, ohnehin die angeblich bevorzugte Art der Herstellung von Qualifikationsarbeiten. Mit ChatGPT (GPT-3 bzw. -4) steht noch einmal eine weitere Erregungsrequisite zur Verfügung, mit deren Durchsetzung der Untergang der bisherigen Leistungskontrollen im Studium, gar der Untergang des bisherigen Urheberrechts[2] prophezeit wird: Heilsversprechen

---

1 *Th. Ch. Bächle*, Digitales Wissen, Daten und Überwachung, Hamburg 2016, S. 10 ff.; *K. Lenk*, Die neuen Instrumente der weltweiten digitalen Governance, V&M 2016, 227 ff.
2 Dazu *N. Akinci/J. Heidrich*, ChatGPT: Urheberrecht und Datenschutz bei KI-generierten Werken, https://www.heise.de/ratgeber/ChatGPT-Urheberrecht-und-Datenschutz-bei-KI-generierten-Werken-7481725.html (23.03.2023). Eine nüchterne Analyse, deren Ergebnisse auch unseren Erfahrungen entsprechen, findet sich bei *M. Herberger*, ChatGPT? Nur als Gesprächspartner, FAZ v. 09.03.2023, https://www.faz.net/aktuell/p

und Verfallsgeschichten³ also, die aus der allgemeinen Digitalisierungskritik,⁴ der Medienkritik ebenso wie aus der Technikkritik wohlbekannt sind.⁵ Hier wird viel Zukunft imaginiert.

Und man kann in einer Vielzahl von Arbeiten bis hin zu Urteilen auch höchster Gerichte beobachten, wie viel dabei vermutet und wie wenig wissenschaftlich gesichert ist, sichtbar etwa an der weitgehend empirielosen Redeweise von Filterbubbles und Echokammern.⁶ An einem anderen Beispiel aber kann man die Herausforderung erkennen. Wenn behauptet wird, man könne aus der Analyse von Gesichtern auf innere Einstellungen und Orientierungen schließen, bestimmte emotionale Zustände hinreichend sicher analysieren (Facial Expression Analysis), dann gibt es, abgesehen davon, dass alte, längst ad acta gelegte Wissensbestände wie die Physiognomie und Phrenologie ein fröhliches Revival feiern,⁷ Metastudien, die die Wirksamkeitsbehauptungen gründlich in Zweifel ziehen,⁸ soweit, dass man die betreffenden Technologien in normativ relevanten Kontexten nicht so

---

olitik/staat-und-recht/chatgpt-nur-als-gespraechspartner-18733342.html (23.03.2023); siehe auch *A. Pilniok*, KI vor den Toren der Jurisprudenz, ZDRW 2/2023 (i.E.), v.a. zu ersten rechtsdidaktischen Implikationen.

3 Zur Spannung von großen Versprechungen und begrenzter Leistungsfähigkeit am Beispiel der Entwicklung von Datenbankmanagementsystemen *Th. Haigh*, „A Veritable Bucket of facts" Ursprünge des Datenbankmanagementsystems, in: D. Gugerli/ M. Hagner/M. Hampe/B. Orland/P. Sarasin/J. Tanner (Hrsg.), Daten. Nach Feierabend. Zürcher Jahrbuch für Wissensgeschichte 3, Berlin 2007, S. 57 ff.

4 Man muss sich nur die Verfallsszenarien durch Digitalität in Bezug auf das Lesen ansehen, die mit empirischen Daten über das Leseverhalten kaum übereinstimmen: „Für die große Mehrheit der Bevölkerung ist Lesen im Zuge der Digitalisierung ihres Alltags nicht durch Piktogramme und Spracherkennungssoftware überflüssig geworden. Vielmehr hat die regelmäßige Verwendung digitaler Endgeräte (auch) zur Information und Kommunikation die Anforderungen an Lesekompetenz und Lesepraxis gerade für jüngere Generationen sogar erhöht." So *S. C. Ehmig*, Lesekompetenz und Lesebegriff, Aus Politik und Zeitgeschichte 12/2019, 23 ff., https://www.bpb.de/apuz/287315/lesekompetenz-und-lesebegriff (23.03.2023). Allgemein dazu *G. Lauer*, Lesen im digitalen Zeitalter, Darmstadt 2020.

5 Zu den Argumenten *K. Passig*, Neue Technologien, alte Reflexe, Funkkorrespondenz-Sonderheft 34/2014.

6 *B. Stark/M. Magin/P. Jürgens*, Maßlos überschätzt. Ein Überblick über theoretische Annahmen und empirische Befunde zu Filterblasen und Echokammern, in: M. Eisenegger/M. Prinzing/P. Ettinger/R. Blum (Hrsg.), Digitaler Strukturwandel der Öffentlichkeit, Baden-Baden 2021, S. 303 ff.

7 Vgl. *B. Agüera y Arcas/A. Mitchell/A. Todorov*, Physiognomy's New Clothes, 2017, https://medium.com/@blaisea/physiognomys-new-clothes-f2d4b59fdd6a (23.03.2023).

8 Statt vieler *L. Feldman Barret*, Emotional Expressions Reconsidered: Challenges to Inferring Emotion From Human Facial Movements, 20 Psychological Science in the

ohne weiteres einsetzen kann. Aber das interessiert die Geschäftsmodelle und damit verbundenen Erwartungen nicht, und wundern kann das auch nicht: Es reicht der Hinweis auf das Thomas Theorem: *If men define situations as real, they are real in their consequences.*[9] Solange etwa Arbeitgeber:innen an die Wirksamkeit des Einsatzes von Künstlicher Intelligenz bei der Auswahl von Arbeitnehmer:innen glauben, ist es dann so, freilich um den Preis von Fehlurteilen. Um das allerdings beurteilen und Zweifeln nachgehen zu können, muss man über die Technologie hinausgreifen und sich den dazu verfügbaren Studien (etwa aus der Informatik, Psychologie, Anthropologie etc.) zuwenden.[10] Das aber setzt die Kompetenzen voraus, sich mit Wissensbeständen, die nicht zum klassischen Kanon der Rechtswissenschaft gehören, zu befassen und diese in die Beurteilung digitaler Technologien einzubringen. Aber wie können diese Kompetenzen in einem Studium der Rechtswissenschaft vermittelt und vor allem erlangt werden?

Damit aber sind wir bei dem Thema: Die Lehre der Digitalisierung. Brauchen wir nicht weniger Diskussionen über *RoboJudges* und ähnliche *fancy figures*, als vielmehr die Diskussion über die Ausbildung einer nüchternen und kritischen Beurteilungskompetenz,[11] was die Leistungsfähigkeit und rechtliche Bewertung neuer Technologien angeht?[12] Aber das kann ja nur die Ausgangsfrage sein, hinter der sich eine Bestandsaufnahme der wirklichen und absehbaren Veränderungen von Recht und Rechtspraxis und Fragen nach Veränderung der Profession, Lernzielen, Kompetenzen, Ansätzen verbergen, die in der Diskussion leicht übergangen werden.

Diese Fragen sind beileibe nicht neu, wie überhaupt der Rückblick gegenüber allerlei Visionen erden kann. Dazu reicht ein Blick in das Werk eines der Pioniere der Rechtsinformatik (und angewandten Informatik), nämlich in das von *Wilhelm Steinmüller*, der bereits 1993 als didaktische

---

Public Interest 2019, 1 ff., *K. Crawford*, Atlas of AI – Power, Politics, and the Planetary Costs of Artificial Intelligence, New Haven 2021, S. 151 ff.

9 Zum Hintergrund der Benennung nach den Sozialpsycholog:innen W.I. Thomas und D. Thomas *R. Merton*, Der Matthäus-Effekt in der Wissenschaft, in: ders. Entwicklung und Wandel von Forschungsinteressen, 1985, S. 147 (156); Original in: 159 Science No. 3810 (1968), 56 ff.

10 Vgl. dazu nochmals etwa die Meta-Studie von *Feldman Barret*, Emotional Expressions (Fn. 8), 2.

11 *N. Rzadkowski*, in diesem Band S. 188 ff., weist zu Recht darauf hin, dass dies aus didaktischer Perspektive eine sehr anspruchsvolle Kompetenz ist.

12 Prononciert auch *B. Mielke*, in diesem Band, S. 233 ff.

Hauptthese formulierte, dass es darum gehe, Studierende das *Lernen zu lehren*, und dazu drei Unterziele präzisierte:[13]

- Studierende müssten lernfähig werden und bleiben, so dass sie trotz rasch wechselnden Oberflächenbildes der Technik Informationssysteme beurteilen könnten.
- Sie müssten in gewissen Umfang auch imstande sein, dieses Wissen interdisziplinär, d.h. im Team anzuwenden.
- All das bleibe folgenlos ohne die Bereitschaft und das Wissen, auch mit der eigenen Disziplin wie in der Praxis kritisch, d.h. mit Selbstdistanz zu verfahren.

Drei Arten von Wissen sind zu unterscheiden:

- Technisches Wissen über die Informationstechnik: über Daten, Hard- und Software;
- Strukturwissen über Beziehungen: über Eigenschaften, Beteiligte und Organisationen der Informationstechnologien und Informationssysteme;
- Funktionswissen über Zwecke und Aufgaben: über Entstehungs-, Gestaltungs-, und Anwendungszusammenhänge und deren Bezüge zum Systemzweck.

Vor diesem Hintergrund kann man das Thema dieses Bandes als eine Wiederaufnahme einer durchaus alten Diskussion verstehen und hat zugleich einen Maßstab für den Fortschritt: Vieles ist in den Anfangsjahren der Rechtsinformatik bereits diskutiert worden;[14] die Konsequenzen waren, anders als in den USA und anderen europäischen Ländern, eher die Abschaffung des Faches nach den ausbleibenden Erfolgen als deren beherzte Fortsetzung. Der Fortschritt ist eben auch hier eine Schnecke.

---

13 W. *Steinmüller*, Angewandte Informationstechnologie und Gesellschaft. Einführung in die Angewandte Informatik, Darmstadt 1993, S. 132 f. Dort auch (S. 134 ff.) eine kurze und sehr instruktive Einführung in die Rechtsinformatik und deren Scheitern.
14 Zu Recht in diesem Sinne B. *Mielke*, in diesem Band S. 234, mit dem Hinweis auf W. *Steinmüller*, EDV und Recht. Einführung in die Rechtsinformatik, JA-Sonderheft 6, 1970.

II. Eingrenzung: Lehre der Digitalisierung

Die hier versammelten Beiträge sind das Ergebnis einer Tagung, die das Zentrum für rechtswissenschaftliche Fachdidaktik (ZerF) zusammen mit dem Zentrum für Recht in der digitalen Transformation (ZeRdiT) im April 2022 veranstaltet hat.[15] Das ZerF hat seit der letzten Tagung einiges an Zeit verstreichen lassen. Dafür gibt es viele Gründe, nicht zuletzt den, dass alle Beteiligten infolge der Pandemie mit der *Digitalisierung der Lehre*[16] und den Auswertungen der Erfahrungen und möglichen Verbesserungen sowie der Hoffnung auf bessere Zeiten zu tun hatten. Der damit verbundene unfreiwillige Digitalisierungsschub der Lehre wird sicherlich noch eine Reihe von Studien und Diskussionen nach sich ziehen (müssen), nicht zuletzt die Beantwortung der Frage, was daran erhaltenswert ist, was nicht, und welche Formate zu welchen Zwecken eingesetzt werden können. Auch das ist zweifellos ein wichtiges Thema. Indes, den hier versammelten Beiträgen geht es um die Lehre der Digitalisierung, also um die Frage, welche Kompetenzen Studierende (aber natürlich auch die Lehrenden und die Professionals des Rechts) zum Verständnis der Digitalisierungsphänomene brauchen. Zwar gibt es durchaus Überlappungen in der Thematik: Digitale Technologien können Mittel der Vermittlung von Inhalten sein, sie können aber auch (zugleich) Gegenstand von Bildungsprozessen sein, Exempel der Digitalität.[17] Ähnliches wird unter dem Stichwort von *learning analytics* deutlich, bei dem es um die datengetriebene und algorithmisierte Analyse des Angebots von Lehre und der Optimierung auch des individuellen Lernverhaltens und der jeweiligen Lernumgebung geht.[18] Auch insoweit könnten beide Seiten gleichermaßen genutzt werden.

---

15 Die Video-Aufzeichnungen fast aller Vorträge finden sich auf https://tinyurl.com/Zer F2022 (23.03.2023).
16 Primär dazu bereits der Band zu einer noch vor der Pandemie durchgeführten Tagung des Instituts für Rechtsdidaktik der Universität Passau von *M. Beurskens/U. Kramer/T. Kuhn/H. Putzke* (Hrsg.), Juristenausbildung 4.0: Digitalisierung in Praxis, Studium und Prüfung, Stuttgart 2021.
17 Zu Vermittlungsfunktion von Medien und Medien als Gegenstand von Bildungsprozessen in der Mediendidaktik *O. Aydik/H.-H. Trute*, Wer finden will, muss suchen: Rechtsdatenbanken und -suchmaschinen in der Mediendidaktik, ZDRW 2/2023 (i.E.).
18 Zu den *learning analytics R. Broemel*, Didaktische Formate im rechtswissenschaftlichen Studium, in: J. Krüper (Hrsg.), Rechtswissenschaft lehren, München 2022, § 24 Rn. 10 f.; *T. Schmohl/A. Watanabe/K. Schelling* (Hrsg.), Künstliche Intelligenz in der Hochschulbildung, Bielefeld 2023.

Die Beiträge des Bandes konzentrieren sich auf die Lehre der Digitalisierung: wie die Ausbildung angelegt werden müsste, welche Ziele in der Ausbildung insoweit verfolgt und welche Kompetenzen erworben werden sollen, welche Grundlagenfragen inhaltlich behandelt werden müssten, welche Formate dafür sinnvoll sein könnten, um mit den Digitalisierungsphänomenen adäquat umgehen zu können. Wenn die landauf, landab zu hörenden Prognosen richtig sind, wird man von grundlegenden Umwälzungen ausgehen müssen, die der rechtlichen Profession und der Arbeit mit dem Recht ins Haus stehen. Es bedarf nicht des Blicks in eine Glaskugel, um die Prognose nicht allzu gewagt erscheinen zu lassen, dass die künftige Berufspraxis der Juristen, wo immer sie auch tätig sein werden, von den Digitalisierungsphänomenen geprägt sein wird. Damit werden diese Phänomene auch zu einem Thema der Ausbildung künftiger Juristen. Zwar wird dies zunehmend auf verschiedenen Foren diskutiert,[19] zwar werden Professuren mit dem Zusatz Digitalisierung in der einen oder anderen Art ausgeschrieben und besetzt, zwar haben sich zahlreiche studentische Initiativen rund um das Thema *Legal Tech* gebildet[20]; gleichwohl ist in der Ausbildung dazu derzeit wenig zu finden,[21] nicht zu reden davon, dass es ein Ausbildungskonzept[22] dazu noch nicht gibt. Zudem wird man die Frage stellen müssen, ob dies innerhalb der klassischen juristischen Studiengänge, dann auf welche Weise und im Schwerpunkt oder grund-

---

19 *C. Leeb*, Digitalisierung, Legal Technology und Innovation. Der maßgebliche Rechtsrahmen für die Anforderungen an den Rechtsanwalt in der Informationsgesellschaft, Berlin 2019; *F. Möslein*, Rechtsanwendung auf digitale Sachverhalte: Zehn Thesen zum Reformbedarf der Juristenausbildung, 2021, https://beteiligung.nrw.de/portal/justiz/beteiligung/themen/1000660/1001259 (23.03.2023); *M. Hartung*, Rechtsgewährung der Zukunft – Juristinnen und Juristen der Zukunft https://beteiligung.nrw.de/portal/justiz/beteiligung/themen/1000660/1001270 (23.03.2023); vgl. auch den Antrag BT-Drucks 19/23121; sowie die Anhörungen des Rechtsausschusses „Juristische Ausbildung an das digitale Zeitalter anpassen" v. 11.12.2020 mit einer Vielzahl von Stellungnahmen https://www.bundestag.de/webarchiv/Ausschuesse/ausschuesse19/a06_Recht/anhoerungen/807014-807014 (23.03.2023).

20 Die Website https://legal-tech-verzeichnis.de/ listet allein neun solcher studentischen Initiativen (23.03.2023).

21 Siehe dazu etwa die Bestandsaufnahme (Stand: Dezember 2019) zu Lehrangeboten mit Data Science- und/oder Legal Tech-bezogenen Inhalten an juristischen Fakultäten Deutschlands bei *H. Anzinger*, Legal Tech in der juristischen Ausbildung, hrsg. von der Friedrich-Naumann-Stiftung, Potsdam-Babelsberg 2020, S. 26 ff. und Anhang I.

22 Exemplarisch zur rechtsdidaktisch begründeten Erarbeitung eines Konzeptes für (nur) eine Lehrveranstaltung zum Thema *Legal Tech* siehe *A. Sefkow*, in diesem Band S. 203 ff.

ständig, oder als Zusatzangebot, etwa als Masterstudiengang, angeboten werden soll.[23] Dabei liegt auf der Hand, dass Zusatzangebote mit größeren Freiheitsgraden und einem Maß an Interdisziplinarität ausgestaltet werden können, die Integration in das klassische Studium der Rechtswissenschaft eine größere Breitenwirkung erzielen wird und zudem die Chance einer erneuten Reflexion der Inhalte und Formen des Studiums ermöglicht.[24]

Bevor allerdings weitreichende Ausbildungsanforderungen an die unterschiedlichen Ausbildungsabschnitte formuliert oder aber eigenständige Zusatzangebote entworfen werden, tut man gut daran, genauer zu bestimmen, worum es bei der Digitalisierung eigentlich geht, was sich im Sachbereich des Rechts eigentlich ändert und welche Rückwirkungen dies für das Recht hat, das ja selbst auch in der einen oder anderen Form digitalisiert wird. Erst daran können Ausbildungskonzepte anschließen.

III. Alles Digitalisierung, oder was?

In weiten Teilen der rechtswissenschaftlichen Diskussion bleibt der Begriff der Digitalisierung seltsam unkonturiert und wird als Phänomen regelmäßig eher vorausgesetzt als präzisiert. Digitalisierung im informationswissenschaftlichen, naturwissenschaftlichen und technischen Sinn bezeichnet die Überführung analoger in digitale Werte zu dem Zweck, sie elektronisch zu übertragen, zu speichern und zu verarbeiten.[25] Im allgemeinen (und zum Teil auch wissenschaftlichen) Sprachgebrauch ist Digitalisierung allerdings zu einem Begriff geworden, der alle datenbezogenen Verarbeitungsprozesse umfasst, ohne dass näher bestimmt wird, welche Prozesse und Phänomene damit eigentlich bezeichnet werden sollen,[26] und selbstverständlich ist der Gebrauch in wissenschaftlichen Disziplinen ebenfalls

---

23 Dazu *B. Mielke*, in diesem Band S. 229 ff.
24 Dazu unten VI.
25 *P. Mertens/D. Barbian/S. Baier*, Digitalisierung und Industrie 4.0 – eine Relativierung, Heidelberg 2017, S. 35.
26 Vgl. nur die Aufzählungen von außerordentlich heterogenen Begriffsverwendung bei *Mertens/Barbian/Baier*, Digitalisierung (Fn. 25), S. 35 ff., in einem weiten Sinne auch *Bundesministerium für Wirtschaft und Klimaschutz*, Was ist Digitalisierung, https://www.de.digital/DIGITAL/Navigation/DE/Lagebild/Was-ist-Digitalisierung/was-ist-digitalisierung.html (23.03.2023); *Bayerisches Forschungsinstitut für Digitale Transformation*, Digitalisierung, https://www.bidt.digital/glossar/digitalisierung/ (23.03.2023).

unterschiedlich.[27] Insoweit sind auch ältere Begrifflichkeiten wie Automation und Computerisierung ebenso umfasst wie ganz allgemein der Umgang mit Daten und/oder Algorithmen, die Nutzung von Online-Kommunikationsmitteln und die Veränderung bestimmter Praktiken, Handlungsvollzüge und Geschäftsmodelle, die ihren Grund in Datenverarbeitungen haben. Der Sache nach geht es um mehrere Schritte, die zusammen Digitalisierung ausmachen dürften: die Transformation von Verhalten, Zuständen, Texten, Kommunikationen, Dingen in Daten. Dabei kann es sich um die Sammlung von Daten aus der *Real World* handeln, um Datenbanken und Archive, um sensorgestützte Sammlung von Daten in einer Vielzahl von Kontexten, oder in textbasierten Zusammenhängen – etwa im Recht oder auch in den Geisteswissenschaften – die Transformation von Texten in digitale Formate,[28] die dann bearbeitet werden können. Dies ermöglicht die Transformation von Signalen (welcher Art auch immer) in eine einheitliche Sprache der Daten und damit die Vergleichbarkeit der Daten, das Rechnen mit Daten (und nicht etwa der Welt!).[29] Diese Prozesse sind in jeweils unterschiedlicher Weise mit Selektivität verbunden, die am Ende das Ergebnis der Verarbeitung mitbestimmen: Von der aufgabenabhängigen Sammlung der Daten, über die Aufbereitung der Daten, der Konstruktionen von Modellen, der algorithmischen Auswertung bis hin zur Darstellung/Visualisierung der Ergebnisse.[30] Wissen wird in diesen Prozessen unter Verwendung von spezifischen Modellen generiert.

Der Algorithmus bzw. die Algorithmen berechnet(n) nur ein Muster, unabhängig vom Sinn, unabhängig von der Bedeutung, unabhängig von dem, was da repräsentiert wird. Darin liegt, wenn man so will, die Abstraktion, die mit der Transformation von Etwas in Daten verbunden ist. Dies erlaubt es dann eben Regelmäßigkeiten in den Daten zu erkennen, Regelmäßigkeiten, die ansonsten nicht erkennbar waren oder jedenfalls nicht innerhalb

---

27 Vgl. etwa *D. Baecker*, Form und Medium der Digitalisierung, in: Deutsche Gesellschaft für Soziologie, Gesellschaft der Spannungen, Bd. 40, 2020, https://publikationen.soziologie.de/index.php/kongressband_2020/article/view/1282/1555 (23.03.2023), mit einer kurzen Skizze soziologischer Verwendungen.
28 Vgl. nur *M. A. Livermore/D. N. Rockmore* (Hrsg.), Law as Data. Computation, Text, & and the Future of Legal Analysis, Santa Fe 2019.
29 *Lenk*, Governance (Fn. 1), 230: *Data Mining* wird umstandslos als *reality mining* verstanden.
30 Daten werden nicht einfach gefunden, sondern gemacht, sie sind oftmals ein Ausschnitt aus einer Entität, begrenzt, durch Technologien geformt, kontextabhängig und nicht neutral, mit Annahmen verbunden, aufgabenabhängig und veränderbar; vgl. *A. Beaulieu/S. Leonelli*, Data & Society, London 2022, S. 49 f.

angemessener Zeit.[31] Diese werden dann rückübersetzbar in Sinnstrukturen der Welt, anders formuliert: Sie werden als Regelmäßigkeiten oder Muster in der Gesellschaft konstruiert. Man kann dies an einem Beispiel verdeutlichen:[32] Ein Programm maschinellen Lernens kann man mit sämtlichen Fugen Bachs füttern, diese in Daten transformieren und das Programm Muster erkennen lassen, die gehört (oder gespielt) wie Bach klingen mögen. Dies aber nur deshalb, weil wir immer schon wissen, wie Bach klingt, weil also das, was wir hören, mit dem Bekannten, Verstandenen verbunden und insofern in eine vorhandene Sinnstruktur eingebettet wird.[33]

Diese sehr vereinfachte Darstellung dessen, was ein Grundmuster digitaler Technologien ausmacht, verdeutlicht dann im vorliegenden Kontext die Notwendigkeit einer Diskussion darüber, was davon eigentlich Gegenstand der Vermittlung werden muss, um die jeweiligen Technologien und die mit ihnen verbundenen Handlungsvollzüge und Geschäftsmodelle zu verstehen und ihre Leistungsfähigkeit und ihre Konsequenzen realistisch beurteilen zu können. Ansonsten droht, was ohnehin schon beobachtbar ist: allzu vereinfachte Vorstellungen dessen, was ein System leisten kann, welche komplexen Prozesse dem zugrunde liegen und wo die Selektivitäten in dem Prozess der Datengenerierung, -verarbeitung und -modellierung bestehen. Dann aber werden die rechtliche Grundannahmen leicht von Übersimplifikationen bestimmt.

IV. Digitale Technologien als sozio-technische Systeme

Natürlich kann man die hier skizzierten Hintergründe als „bloß" technologische Seite verstehen, und so werden sie vielfach auch verstanden. Gleichwohl ist auch richtig, dass die technologische Seite für die rechtliche Analyse nicht bedeutungslos ist. Zwar setzen rechtswissenschaftliche Analysen ebenso wie rechtliche Regulierung oftmals an Handlungszusammenhängen und Geschäftsmodellen an, also gleichsam an der Nutzung von Ergebnis-

---

31 Hier liegt denn auch die Verbindung zu älteren Phänomenen, die nicht als Digitalisierung thematisiert werden, gleichwohl der Sache nach dieselben Techniken statistischer Relationen nutzen: Transformation von Phänomenen, Verhaltensweisen, Dingen in Daten, die Relationierung der Daten und die Nutzung zur Konstruktion von Regelmäßigkeiten, etwa die Sozialstatistik des 19. Jahrhunderts, wie überhaupt die Statistik.
32 Beispiel *bei A. Nassehi*, Muster, München 2019, S. 73 ff.
33 *Nassehi*, Muster (Fn. 32), S. 73.

sen, die die bisherigen Handlungszusammenhänge oder Geschäftsmodelle ganz oder teilweise digitalisieren oder zumindest digital unterstützen lassen. Auf die technischen (und in diesem Fall vor allem informatorischen) Aspekte muss vor allem dort zugegriffen werden, wo diese für die rechtliche Bewertung von Bedeutung sind, wo Rechtsgüter positiv oder negativ beeinflusst werden. Insoweit ist für die Rechtswissenschaft ein weiter Begriff von Digitalisierung durchaus sinnvoll.[34] Damit wird zugleich der Tatsache Rechnung getragen, dass technologische Systeme nicht einfach nur Technik sind, die bestimmte Verhaltensweisen gleichsam determiniert, sondern dass diese Systeme stets eingebettet sind in soziale Zusammenhänge – in der Konstruktion ebenso wie in der Nutzung.[35] Dies gehört zu den Grundlagen der Science and Technology Studies seit langer Zeit[36] und gilt selbstredend auch für digitale Technologien.

Diese Einsicht, die hier nicht weiter entfaltet werden muss, hat freilich Konsequenzen, nämlich darin, dass weder die Technologie als solche, noch die Nutzungen oder sozialen Wirkungen allein Gegenstand einer angemessenen Ausbildungskonzeption sein können, sondern stets die hybride Konstellation aus Technologie und sozialer Einbettung zu erfassen ist. Das ist für sich gesehen keine grundstürzende Neuigkeit, aber gerät doch, wie man an manchen Forderungen zur stärkeren Berücksichtigung von Digitalität in der Ausbildung sieht, leicht in Vergessenheit mit der Gefahr einer Einseitigkeit (übrigens auch der theoretischen Reflexion). Man kann sich das am Beispiel automatisierter Analyse der Ergebnisse bildgebender Verfahren in der Radiologie vorstellen. Zwar ist die Technik unter Verwendung von Verfahren maschinellen Lernens hinlänglich bekannt, sie kann allein als „Maschine" analysiert werden, etwa im Hinblick auf die zugrunde gelegten Daten und was diese jeweils bedeuten, welche Trainingsdaten in welchen Verfahren zugrunde gelegt werden. Schon hier können vielfältige Anforderungen rechtlicher Art relevant werden, etwa mögliche Verzerrungen durch die Zusammensetzung des Datensatzes, oder aber Schutzbedürfnisse im Hinblick auf den Personenbezug der zugrunde gelegten Daten, der institutionellen Anforderungen etc. Aber die bildgebenden Verfahren und

---

34 Vgl. dazu oben III.
35 Vgl. dazu oben den Verweis auf *Steinmüllers* Wissensbestände, hier das Funktionswissen, das sich mit der Einpassung von Technologien und deren Nutzung in soziale Zusammenhänge befasst.
36 Dazu *S. Bauer/T. Heinemann/T. Lemke*, Science and Technology Studies, 2. Aufl., Berlin 2020.

ihre Auswertung in Prozessen maschinellen Lernens müssen im Kontext ihres Einsatzes (etwa im klinischen Arbeitszusammenhang) verstanden werden und diese Praxis hat dann Auswirkungen auf die normativen Rahmenbedingungen und ggf. Schutzbedürfnisse der Patient:innen. Insoweit kann es darum gehen, den gesamten Zusammenhang des Einsatzes einer solchen Technologie für die rechtliche Analyse in Bezug zu nehmen. Das mag allerdings je nach Technologie unterschiedlich ausbuchstabiert werden müssen. Dies gilt selbstverständlich auch für digitale Technologien im Rechtssystem selbst, die zwar, wie Datenbanken (etwa juris), zunächst einmal einfach genutzt werden, so dass gleichsam ihre Benutzeroberfläche, ihr Display, verstanden wird. Aber ohne ein Verständnis der zugrunde liegenden technologischen Aspekte, etwa der vorhandenen Daten im System, der Suchverfahren und ihrer Grenzen lassen sich Ergebnisse nicht richtig einschätzen.[37]

V. Bezugspunkte der Digitalisierung

Damit sind zugleich zwei jedenfalls analytisch unterscheidbare Bezugspunkte der Digitalisierung benannt: Digitalisierung des Rechts und Recht der Digitalisierung.[38] Das Recht der Digitalisierung betrifft Veränderungen im Gegenstandsbereich des Rechts, also im Sachbereich, und hat damit die Veränderung von Handlungszusammenhängen und Geschäftsmodellen durch Digitalisierung zum Thema. Die Digitalisierung des Rechts betrifft die Operationen des Rechtssystems selbst, also das, was mit dem Begriff von *Legal Tech* im weiten Sinne gemeint ist.

1. Recht der Digitalisierung

Digitale Technologien sind dadurch gekennzeichnet, dass durch den Einsatz von Algorithmen unter Nutzung von großen Datenbeständen neue

---
37 Dazu *Aydik/Trute*, Rechtsdatenbanken (Fn. 17); *R. Broemel*, in diesem Band S. 68 ff.
38 *B. Mielke* weist darauf hin, dass in der Rechtsinformatik die Unterscheidung von Rechtsinformatik und Informationsrecht eine ganz ähnliche Unterscheidung im Blick hat, vgl. *B. Mielke*, in diesem Band S. 229 f.; *N. Rzadkowski*, in diesem Band S. 184 ff., unterscheidet schon in didaktischer Sicht zwischen *juristischer Mediendidaktik, Dogmatik der Digitalisierung und Digitalisierung der Rechtspraxis*. Die beiden letzten Kategorien dürften sich eng mit der hier verwendeten Perspektive berühren.

Formen des Wissens generiert werden, die Einfluss auf die Handlungsmöglichkeiten und Geschäftsmodelle der betroffenen Akteure haben können. Aus deren Nutzung werden wiederum Daten generiert, die ausgewertet und zur Anpassung und Verfeinerung der jeweiligen Systeme genutzt werden können. Damit werden Akkumulationspotentiale auf der Datenseite beschrieben, die wiederum zu veränderten oder erweiterten Handlungsmöglichkeiten genutzt werden können.[39] Die mit Algorithmen beschriebenen Verarbeitungsroutinen und Modelle können sehr unterschiedliche technologische Optionen beinhalten.

Insoweit bestimmen die Möglichkeiten und Grenzen der Technologie Inhalte, Formen und Validität des mit ihrer Hilfe generierten Wissens. Wenn etwa Formen von *Predictive Analytics* im Polizei- und Strafverfahrensrecht eingesetzt werden,[40] um *hot spots* des Kriminalitätsgeschehens zu bestimmen, wenn im Bereich der klinischen Diagnostik (etwa in der Radiologie) *Computer Vision* Systeme zur Analyse der Ergebnisse der bildgebenden Verfahren eingesetzt werden,[41] wenn im Bereich der Arbeit Verfahren zur Eignungsfeststellung eingesetzt werden, die aus dem Bereich der *Facial Expression Analysis* stammen,[42] dann stellt sich die Frage: Was müssen (künftige) Jurist:innen eigentlich können und von diesen Technologien verstehen, um angemessene rechtliche Konstruktionen zu schaffen oder vorhandene anzupassen und deren verfassungsrechtliche Rahmung zu konzipieren? Das ist – wie oben dargelegt – nicht unabhängig von dem Kontext, den Einsatzfeldern zu verstehen. Insoweit ist es auch nicht allein von der Technologie abhängig, sondern von den sozialen Zusammenhängen, in denen eine Technologie zum Einsatz kommt. Das lässt sich naturgemäß vor dem Hintergrund der bisherigen Praxis beleuchten, die dann ebenfalls Teil der Analyse sein kann, um die Veränderungen und ihre Auswirkungen zu bestimmen.

Diese Perspektive hat Folgen für die Ausbildung. Denn wenn die Kontextbezogenheit wichtig ist, dann werden die Veränderungen und ihre Wirkungen die normative Bewertung und die Konzeption eines Rahmens vor allem in den Feldern des jeweiligen Fachrechts finden. Sie müssten dann

---

[39] Vgl. dazu auch den Beitrag von *R. Broemel*, in diesem Band S. 68 ff.
[40] Dazu *S. Kuhlmann/H.-H. Trute*, Predictive Policing als Form polizeilicher Wissensgenerierung, GSZ 2021, 103 ff.
[41] *A. Esteva/K. Chou et al.*, Deep Learning-enabled medical computer vision, 4 npj digital medicine (2021), https://www.nature.com/articles/s41746-020-00376-2 (23.03.2023).
[42] *K. Crawford*, Atlas of AI (Fn. 9), S. 151 ff.

sinnvoller Weise auch dort in das Curriculum integriert werden. Freilich braucht dies Kompetenzen und Wissensbestände, auf denen man aufbauen kann. Insoweit wird es nicht reichen, auf digitale Schüsselqualifikationen zu verweisen,[43] was immer das dann sein soll angesichts der Vielzahl von Perspektiven und Technologien. Und warum sollten die nötigen Kompetenzen das Schicksal der übrigen Schlüsselqualifikationen teilen, deren Wirksamkeit schon mangels Prüfungsrelevanz eher wenig aussichtsreich erscheint? Zudem sind dies gleichsam Gebrauchskompetenzen, um die es zwar auch gehen kann, die aber Grundlagenverständnis nicht ersetzen können. Der Sache nach wird man also Grundlagenkompetenzen brauchen, an die bei der Vermittlung des Fachrechts angeknüpft werden kann.[44] Alles andere müsste die Lehre im Fachrecht noch mehr überlasten, als sie es ohnehin schon ist.

2. Digitalisierung des Rechts

Die Digitalisierung des Rechts besteht darin, dass digitale Technologien in das Recht selbst Einzug halten, also Operationen im Rechtssystem digitalisiert und damit verändert, ersetzt oder ergänzt werden: Recht „ex Machina", wie es genannt worden ist,[45] *Law as Data*,[46] *Legal Analytics*[47] oder allgemeiner und unspezifischer *Legal Tech*.[48] Hinter diesen Begriffen verbergen sich ganz unterschiedliche technologische und methodische Zugänge.[49] Sachlich können ebenfalls ganz unterschiedliche Einsatzgebiete gemeint sein. Sie können reichen von der computergestützten Büroorganisation, unterstützenden Formen der Rechtsarbeit, bis hin zum Prozess

---

43 Vgl. recode:law https://recode.law (23.03.2023).
44 Die Notwendigkeit von Grundlagenkompetenzen betont auch *B. Mielke*, in diesem Band S. 235.
45 *S. Deakin/S. Markou*, Ex Machina Lex, Exploring the Limits of Legal Computability, 2019, https://ssrn.com/abstract=3407856 (23.03.2023); *O. Raabe/R. Wacker/D. Oberle/Chr. Baumann/Chr. Funk*, Recht ex machina. Formalisierung des Rechts im Internet der Dienste, Heidelberg 2012.
46 *Livermoore/Rockmore* (Hrsg.), Law as Data (Fn. 28).
47 *K. D. Ashley*, Artificial Intelligence and Legal Analytics, Cambridge 2017.
48 Statt vieler *St. Breidenbach/F. Glatz*, Rechtshandbuch Legal Tech, 2. Aufl., München 2021; *M. Hartung/M.-M. Bues/G. Halbleib*, Legal Tech. How Technology is Changing the Legal World, München 2018.
49 Differenzierende Darstellungen bei *R. Broemel*, in diesem Band S. 48 ff., sowie – aus anwaltlicher Perspektive – bei *D. Tebel*, in diesem Band S. 124 ff.

der Rechtsfindung, also der Rechtsarbeit im eigentlichen Sinne. Die Spannweite ist enorm weit. Sie umfasst etwa die Personalgewinnung und Dokumentenverwaltung, automatische Dokumentenerstellung, Support Systeme in Vorbereitung rechtlicher Entscheidungen, Sprachverarbeitung, Systeme zur Analyse von Vertragstexten, Auswertung von Texten, um nur einiges zu nennen.[50] Einiges davon gehört sicherlich nicht zur hochschulischen Ausbildung. Insoweit wird man unterschiedliche Stufungen oder Klassifizierungen vornehmen können, nach Maßgabe der Veränderungen von bisherigen Operationen im Rechtssystem. Je stärker also datengetriebene und algorithmisierte Formen auf den Prozess der Rechtskonstruktion einwirken, desto eher fallen sie in den Bereich der hochschulischen Ausbildung und zwar sowohl, was die Konstruktion des Sachverhalts angeht, als auch die Konstruktion der Rechtsanwendung oder der Rechtssetzung. *Legal Analytics* können insoweit den gesamten Rechtskonstruktionsprozess, von der Sachverhaltsermittlung bis zu den genuinen Entscheidungsprozessen beeinflussen, indem sie Operationen des Rechtssystems ganz oder in Teilen ersetzen, verändern oder ergänzen können und damit selbstverständlich auch den vorwiegend medial vermittelten Aufbau des Wissens des Rechts verändern.[51] Juristische Texte werden in Daten transformiert, die datenanalytisch auswertbar sind und zu neuen Formen der Generierung von rechtlichem Wissen führen. Diese Prozesse lassen sich zugleich als eine Veränderung der Medien des Rechts verstehen, also der Formen der Generierung und Kommunikation rechtlichen Wissens.[52] Die Transformation von rechtlich relevanten Texten in Daten verändert den Umgang mit Texten jedenfalls perspektivisch erheblich und ermöglicht aufgrund datenanalytischer Verfahren die Anwendung computerisierter Techniken, statistischer Analysen und damit letzten Endes die Ersetzung oder Ergänzung von qualitativen durch quantitative Analysen. Dies kann zu veränderten Formen wissenschaftlicher Beobachtung des Rechts führen, also vor allem die Forschungsmethoden ändern, deren didaktische Aufbereitung in erster Linie eine Frage des dritten Ausbildungsabschnitts, also der Doktorandenausbildung ist, die aber durchaus Rückwirkungen für die Ausbildung

---

50 Dazu die Debatte um die Reform etwa *Anzinger*, Legal Tech (Fn. 21).
51 Dazu am Beispiel von Suchmaschinen und Datenbanken *Aydik/Trute*, Rechtsdatenbanken (Fn. 17).
52 *Aydik/Trute*, Rechtsdatenbanken (Fn. 17).

fortgeschrittener Studierender haben kann. Zudem wird dies wiederum Rückwirkungen auf traditionelle Methodenlehren haben.[53]

Damit stellen sich durchaus grundlegende Fragen danach, wie eine Wissenschaft und Profession, die sich, bei allen Nuancen im Einzelnen, als eine hermeneutische Praxis versteht, durch diese Techniken verändert wird oder doch zumindest verändert werden könnte. Auch hier muss die Frage beantwortet werden, vielleicht dringlicher noch als im Feld des Rechts der Digitalisierung, welche Kompetenzen künftige Jurist:innen also haben müssen, um angemessen auf diese Veränderung ihrer Profession vorbereitet zu sein, wie sollen diese vermittelt werden, in welchem Ausbildungsabschnitt und in welchen Formaten? Sollen Jurist:innen etwa XML/HTML, Statistik, Programmierung, Sprachverarbeitung, *Data Science, Machine Learning* in allen Varianten beherrschen? Das ist illusorisch und es entspricht auch sonst nicht der Konzeption der rechtswissenschaftlichen Ausbildung, Wissensbestände aus einer Vielzahl von Anwendungsfeldern zu vermitteln.[54] Möglicherweise wäre schon viel damit gewonnen, die richtigen Fragen stellen und Antworten beurteilen zu können.[55] Das könnte auch für die juristische Ausbildung einstweilen eine erste vorläufige Leitlinie sein. Dann wird es freilich erforderlich, dass zumindest so etwas wie eine kritische Beurteilungsfähigkeit[56] ausgebildet werden kann, dass methodische Grundkenntnisse erworben und die Einschätzung der Leistungsfähigkeit und auch Grenzen von algorithmischen Systemen erlernt werden. Damit könnte dann die Basis für eine Reflexion der Entwicklung gelegt werden, an die im Rahmen des Fachrechts angeknüpft werden könnte. Naheliegend wäre, dies als ein Angebot auszugestalten, das in den Grundlagenkanon der juristischen Ausbildung gehören würde. (Die Frage, ob dieses Angebot zu den Pflichtfächern zählen sollte, ist damit freilich noch nicht beantwortet.) Dies würde sinnvoll begleitet durch workshopartige Veranstaltungen, in denen das *Doing* geübt würde,[57] um eine Vorstellung

---

53 Dazu *R. Broemel*, in diesem Band S. 56 ff.
54 Zu den Schwierigkeiten allgemein in einem trans- und interdisziplinären Feld Kompetenzen zu vermitteln und zu erwerben vgl. *T. Schmohl/Th. Philipp*, Handbuch Transdisziplinäre Didaktik, Bielefeld 2021.
55 Für die Medizin etwa *M. Hirsch*, Ärzteblatt, v. 10.08.2020, https://aerztestellen.aerzteblatt.de/de/redaktion/arzt-und-klinik/experte-martin-hirsch-kuenstliche-intelligenz-medizin (23.03.2023).
56 Dazu ausführlich *N. Rzadkowski*, in diesem Band S. 196 ff.
57 Zu einem solchen Angebot *A. Sefkow*, in diesem Band S. 203 ff. Dazu auch schon *W. Steinmüller*, Informationstechnologie (Fn. 13), S. 132.

davon zu vermitteln, wie bestimmte Technologien wirken und welche (anspruchsvollen) Voraussetzungen sie haben.

VI. Analog verstehen – digital beurteilen

Digitalisierung ist, wie gesehen, zumindest zum Teil eine Transformation analoger Handlungspraktiken und Geschäftsmodelle in digitale oder digital unterstützte Formen. Zum Teil sind es auch gänzlich neue Formen, die auf den ersten Blick keine analogen Vorbilder haben, aber doch zumindest in der rechtlichen Rahmung häufig auf bekannte Elemente setzen.[58] So versuchen manche Ansätze, die Subsumtionslogik und einen Syllogismus nachzubilden, also gleichsam die Rechtsanwendung zu modellieren. Das geschieht mit mehr oder weniger impliziten Annahmen über die juristische Methodenlehre.[59] Will man die Modellierung beurteilen, dann wird man nicht umhinkommen, das Methodenverständnis zu analysieren, das dieser Modellierung zugrunde liegt. Es ist mit guten Gründen als Subsumtionsautomat 2.0 kritisiert worden.[60] Wenn rechtliche Entscheidungen der Verwaltung automatisiert werden,[61] dann ist es sinnvoll zu wissen, wie, in welchen Schritten und aufgrund welcher methodischen Annahmen diese getroffen werden und was die Automatisierung daran ändert, sowie ob und welche Aussagen dazu in der kognitiven Entscheidungstheorie getroffen worden sind.[62]

Das mag hier weniger interessieren als die Beobachtung, dass die Analyse einer solchen digitalen Modellierung sich der Referenz auf die analoge Praxis bedient und vor diesem Hintergrund die Digitalisierung bewertet, also einen analog/digital-Vergleich vornimmt, nicht zuletzt um die Digitalität einer auch normativen Bewertung zu unterziehen. Das lässt sich verallgemeinern. Schon die Sichtbarmachung der Veränderung profiliert sich vor dem Hintergrund der analogen Praxis. Ein instruktives Beispiel

---

58 Dazu auch *R. Broemel*, in diesem Band S. 38 ff., 48 ff.
59 Vgl. etwa *O. Raabe/R. Wacker/D. Oberle/Chr. Baumann/Chr. Funk* (Fn. 45), S. 53 ff.
60 *K. N. Kotsoglou*, Subsumtionsautomat 2.0 Über die (Un-)Möglichkeit einer Algorithmisierung der Rechtserzeugung, JZ 2014, 451 ff.
61 Dazu ausführlich *M. Seckelmann*, in diesem Band S. 135 ff.
62 Ein alleiniges Abstellen auf Art. 22 DSGVO ist unzureichend, da dieser selbst auf Grundannahmen beruht, die regelmäßig nicht expliziert werden. Dazu *H.-H. Trute*, Regulating Algorithmic Decision Systems, 14 Journal of Law and Economic Regulation (2021), 1 (12 ff.) m. w. N.

dafür ist die Analyse der Informationskompetenz durch *Eric W. Steinhauer*,[63] der die digitale Transformation der Informationssuche und Bewertung von Informationsangeboten im Kontext des fachlichen Diskurses vor dem Hintergrund der analogen Praktiken des Seminars entwickelt und damit Vorteile und blinde Flecken herausarbeitet. Zugleich wird damit die Suche nach funktionalen Äquivalenten gerahmt. Dies ließe sich fruchtbar in einem praxistheoretischen Kontext reformulieren,[64] der die fachlichen Anschlussstellen einer praxeologischen Analyse digitaler Rechtsarbeit aufzeigt und damit die Anschlussstellen für fachdidaktische Ansätze schafft.[65]

Darin liegt freilich auch ein Problem. Wissen wir genug über die Praktiken der Rechtsarbeit und die Kompetenzen der Lehrenden und Lernenden? An welcher Stelle der Ausbildung gehen wir eigentlich auf die Literaturgattungen, deren Beitrag zur Ausbildung[66], zur Praxis und zur Wissenschaft, die sinnvolle Auswahl der Medien, deren Reichweite etc. ein? Welche Folge hat die Digitalisierung vor diesem Hintergrund? Gleiches gilt im Übrigen für digitale Schreibprozesse. Gehen wir nicht davon aus, dass das mehr oder weniger jede:r schon kann und dass deswegen keine Notwendigkeit besteht, uns darüber Gedanken zu machen? Wir bewerten die Endprodukte, aber kümmern wir uns eigentlich um den Herstellungsprozess?[67] Das gilt analog schon, um so mehr auch digital. Was wissen wir eigentlich über das Lernen unserer Studierenden? Was über das Lesen, das Schreiben, das Recherchieren? Wie ist der Umgang mit Medien, wie verändert sich dieser durch Suchmaschinen?[68]

Eine Bewertung der Veränderung und der Ergebnisse kann also daran anknüpfen, wie das Recht oder bestimmte Praktiken im Umgang mit dem Recht im analogen oder semi-analogen Bereich funktionieren. Sie müssen

---

63 *E. W. Steinhauer*, in diesem Band S. 161 ff.
64 Darauf weist auch *E.W. Steinhauer* en passant hin, in diesem Band, S. 163.
65 Zur doppelten Reflexionsaufgabe der Rechtswissenschaft *N. Rzadkowski/H.-H. Trute*, Wissenschaftsdidaktik der Rechtswissenschaft, in: G. Reinmann/R. Rhein (Hrsg.), Wissenschaftsdidaktik II, Bielefeld 2023; *N. Rzadkowski*, in diesem Band S. 183 ff.
66 Dazu *M. Schmidt*, Didaktik der Ausbildungsliteratur, in: J. Krüper (Hrsg.), Rechtswissenschaft (Fn. 18), § 37 Rn. 13 ff.
67 Hierzu *M. Schmidt*, Didaktik der Studieneingangsphase, in: J. Krüper (Hrsg.), Rechtswissenschaft (Fn. 18), § 42 Rn. 25 ff.; *M. Schmidt/L. Musumeci*, Die Kompetenz, ein rechtswissenschaftliches Gutachten zu verfassen: Herausforderung und Potential für die Lehre, ZDRW 2015, 183 ff.
68 Für eine empirische Untersuchung des Umgangs von Referendar:innen mit digitalen Medien siehe *D. Braunheim/O. Zlatkin-Troitschanskaia/M. Nagel*, Erfassung und Förderung von Kompetenzen zum kritischen Umgang mit Online-Informationen bei Rechtsreferendarinnen und -referendaren, ZDRW 2/2023 (i.E.).

dann allerdings auch analysiert werden. Sinnvoll ist eine funktionale Orientierung, die eine Analyse der bisherigen Praxis zur Voraussetzung für eine Untersuchung der Transformation durch die digitalen Technologien hat. Ausgehend davon wird gefragt, welche Funktionen eine bisher bestehende analoge Praxis hat, die ersetzt oder verändert wird, oder absehbar durch digitale Technologien ersetzt werden könnte. Dieser funktionale Ansatz gilt für die beiden oben genannten Bezugspunkte (Recht der Digitalisierung und Digitalisierung des Rechts), also auch dann, wenn es um die rechtliche Regulierung von digitalen Handlungsvollzügen und Geschäftsmodellen in anderen Sachbereichen geht. Welche Folgen hat etwa der Einbau von *Computer Vision* Systemen in die ärztliche Praxis in Kliniken und welche Folgen für die Haftung können damit verbunden sein? Und nicht zuletzt: Wie verändert sich die Verantwortung der professionellen Akteur:innen? Wird sie etwa zwischen ihnen aufgesplittert? Erst die Rekonstruktion der analogen Praxis ermöglicht es, die Frage zu stellen, inwieweit digitale Technologien die betreffende Aufgabe übernehmen (können), an welche Grenzen sie dabei stoßen und wie sie ggf. rechtlich und praktisch eingebettet sein müssen, um diesen Aufgaben gerecht zu werden. So kann in vielen Fällen das Besorgnispotential, welches digitalen Lösungen zugeschrieben wird, nicht größer sein, als bei schon vorhandenen analogen Praktiken. Man denke etwa an die Risiken selbstfahrender Autos, bei denen die Auswirkungen der analogen Praxis als Beurteilungsmaßstab für die Risikoschwelle der selbstfahrenden Autos dienen sollen.

Unter didaktischen Aspekten, um die es hier geht, müsste dann ein digital/analog-Vergleich als Form kritischer Analyse angestrebt werden. Dieser allerdings ist voraussetzungsvoller als gedacht. Neigt die rechtswissenschaftliche Ausbildung zur Vernachlässigung bestimmter methodischer Grundfragen, also gleichsam zu Reflexionsdefiziten, dann, so liegt es nahe, teilt sich das auch der digitalisierten Rechtswissenschaft und ihrer Ausbildung mit. Umgekehrt bieten die Digitalisierung und ihre Analyse allerdings auch die Chance, neue Reflexionspotentiale zu erschließen und damit zum Verständnis von Recht beizutragen.

VII. Zu den Beiträgen

Im Einklang mit unserem bis hierhin skizzierten Verständnis der Lehre der Digitalisierung liegt der Schwerpunkt der Beiträge in diesem Band eher auf der Grundlagenreflexion, nicht den Details – wenngleich diese natürlich im Rahmen der Tagung insbesondere in den Diskussionen auch eine Rolle spielten. Der Band beginnt daher mit der gar nicht so einfach zu beantwortenden Frage, wie sich das Recht durch Digitalisierung verändert (dazu unten 1.). Das ist natürlich einerseits eine Grundlagenfrage, die auch wissenschaftlich von erheblicher Bedeutung ist, aber selbstverständlich eine Vielzahl von Anschlussfragen aufwirft, die auch Herausforderungen für die Ausbildung beinhalten (können). Auch hier gilt insbesondere: Ohne eine Reflexion über die Veränderungen keine Reflexion über die Konsequenzen für die Ausbildung.

Die dann folgenden fünf Beiträge werfen aus sehr unterschiedlichen Perspektiven jeweils einen Blick auf die Veränderungen der juristischen Profession im Gefolge von Digitalisierungsprozessen (dazu unten 2.). Denn die juristische Ausbildung ist jedenfalls in Deutschland nach wie vor durch eine Professionsorientierung gekennzeichnet. Will man dieser Rechnung tragen, gilt es Prognosen darüber zu wagen, wie juristische Berufsträger in Zukunft arbeiten werden. Traut man den optimistischen Zahlen, die oftmals abgelöst von jedem sozio-kulturellen Kontext transportiert werden und zudem häufig auf Großkanzleien ausgerichtet sind, können 30 bis 50 Prozent der juristischen Tätigkeiten automatisiert werden. Freilich bedürften auch solche Zahlen einer genaueren Analyse; und auch dann müsste man natürlich fragen, was genau dies denn für die Ausbildungsziele bedeuten würde. Um insoweit ein möglichst differenziertes Bild der juristischen Profession und möglicher erster Schlussfolgerungen für Veränderungen der Ausbildung zu bekommen, versammelt der Band Beiträge aus einer möglichst breit verstandenen Binnenperspektive, nämlich aus der deutschen Anwaltschaft, Verwaltung und Justiz, und ergänzt diese um eine zweifache – räumliche und disziplinäre – Außenperspektive.

Die letzten vier Beiträge des Bandes widmen sich dann ersten Schlussfolgerungen für die juristische Ausbildung mit Blick auf die Lehre der Digitalisierung (dazu unten 3.): Die ersten beiden adressieren juristische Informationskompetenz und kritisches Denken als zentrale Kompetenzen nicht nur, aber auch im digitalen Zeitalter; der dritte stellt exemplarisch das Design einer konkreten Lehrveranstaltung zu *Legal Tech* vor; und der letzte Beitrag widmet sich schließlich der curricularen Verankerung der Lehre der Digitalisierung in Studium und Referendariat.

1. Veränderungen des Rechts

Roland Broemel skizziert in seinem Beitrag zu den Veränderungen des Rechts durch Digitalisierung zunächst verschiedene Facetten von Digitalisierung und unterscheidet aufbauend darauf zwischen den Veränderungen von Bereichen – Ökonomie, Rahmenbedingungen der Meinungsbildung und Forschung – einerseits und Veränderungen des Rechts selbst andererseits. Mit Blick auf letztere identifiziert er zwei wesentliche Stränge algorithmenbasierter Anwendungen: solche, die der Bewältigung von Massenverfahren dienen und bei standardisierbaren Sachverhalten eingesetzt werden, und solche, die Entscheidungen vorbereiten und unterstützen, indem sie die Aufbereitung des Sachverhalts, insbesondere große Mengen an Dokumenten, vorstrukturieren. In beiden Feldern würden insbesondere vor dem Hintergrund der notwendigen Entwicklungsoffenheit des Rechts normative und methodische Fragen aufgeworfen. So erfordere etwa die Einordnung neuer Technologien eine eingehende Sachbereichsanalyse, um die Übertragbarkeit etablierter dogmatischer Kategorien zu überprüfen.

2. Veränderungen der juristischen Profession

Werner Schäfke-Zell und *Ida Helene Asmussen* identifizieren in ihrem Beitrag basierend auf soziologischen Modellen der Dynamik der juristischen Profession die Entstehung des neuen Berufsfeldes der Rechtstechnologie, den weiteren Ausbau von alternativen Streitbeilegungsmechanismen sowie die Wiederbelebung der juristischen Berufsträger:innen als Hüter:innen der Rechtsstaatlichkeit als drei aktuelle Entwicklungstrends innerhalb der juristischen Profession, deren Beschleunigung und Verstärkung durch die digitale Transformation plausibel scheint. Daraus leiten sie drei Kernforderungen an die Jurist:innen von morgen ab: Sie benötigten erstens fundierte Kenntnisse über den möglichen und tatsächlichen Einsatz von Technologie zur gesellschaftlichen Regulierung, müssten zweitens in der Lage sein, klar und lösungsorientiert mit Nicht-Jurist:innen zu kommunizieren und drittens Berufsethik und Tugenden einen höheren Stellenwert einräumen. Wenngleich die Beobachtungen und Thesen der Autor:innen mit Blick auf Dänemark entwickelt wurden, dürfte Vieles davon auf Deutschland übertragbar sein.

Der Beitrag von *Nóra Al Haider* führt in das in Deutschland erst allmählich bekannt werdende Konzept des *Legal Design* ein und erörtert dessen

Ideen und mögliche Anwendungsbeispiele anhand von konkreten Projekten des *Stanford Legal Design Lab*. Im Fokus steht dabei der interdisziplinär informierte Einsatz von Technologie zur Gestaltung rechtlicher Systeme und Dienstleistungen mit dem Ziel, diese für alle Personen möglichst leicht zugänglich und entsprechend ihren Bedürfnissen nutzbar zu machen. So entstehen vor dem Hintergrund der Tatsache, dass gerade finanziell nicht gut gestellte Parteien in den USA häufig ohne anwaltliche Unterstützung vor Gericht auftreten, Ideen etwa zur Verbesserung online erhältlicher Rechtsinformationen für Nicht-Jurist:innen sowie zu angemessenen Nutzungsmöglichkeiten virtueller Gerichtsverfahren.

Im Anschluss an diese beiden Außenperspektiven beleuchtet der Beitrag von *David Tebel* einen Ausschnitt der Veränderungen in der deutschen Anwaltschaft aus der Binnensicht eines Prozessanwalts. Er zeigt auf, dass sich die anwaltliche Arbeit nicht nur durch die viel diskutierten Möglichkeiten von *Legal Tech* verändert, sondern die Digitalisierung auch auf anderen Ebenen einen Wandel anwaltlicher Tätigkeit verursacht. Dazu zählen insbesondere Veränderungen auf einer grundlegenden Arbeitsebene durch die allgemeine Digitalisierung der Arbeit aufgrund des Einsatzes gängiger Büro-Software und auf einer inhaltlichen Ebene durch die Bearbeitung digitaler Sachverhalte. Um die Vorbereitung auf die daraus resultierenden Anforderungen zu verbessern, plädiert *Tebel* für die Vermittlung von *technological literacy*, Schulung im Prozessdenken und die Sensibilisierung für die Herausforderungen interdisziplinärer Kommunikation in der juristischen Ausbildung.

Margrit Seckelmann nimmt in ihrem Beitrag mit der Verwaltung einen weiteren wichtigen juristischen Arbeitsbereich in den Blick. Sie betont die Bedeutung der neben dem Gesetzesvollzug häufig vernachlässigten Aufgabe der Gestaltung durch Verwaltung und macht auf die daraus resultierenden Schwierigkeiten der Digitalisierung von Verwaltungsabläufen aufmerksam. Insbesondere setzten die besonderen Bindungen der Verwaltung der schlichten Übernahme moderner Managementkonzepte Grenzen. In den Augen *Seckelmanns* bedingen die Anforderungen der Digitalisierung der Verwaltung auch eine Veränderung von Führungsaufgaben, die vor allem in den späteren Stufen der Ausbildung verstärkt in den Blick zu nehmen seien. Außerdem sieht *Seckelmann* vor diesem Hintergrund dringenden Veränderungsbedarf im Beamt:innen- und Tarifrecht sowie im Fort- und Weiterbildungsangebot der öffentlichen Verwaltung.

Den Einfluss der Digitalisierung in der Justiz nimmt schließlich der Beitrag von *Dagmar Synatschke* im Wege einer Funktions- und Prozessanalyse unter die Lupe. In funktionaler Hinsicht lässt *Synatschke* keine Zweifel aufkommen: Die Funktion der Rechtsprechung könne auch in Zukunft nur durch Richter:innen erfüllt werden; nur so könnten rechtliches Gehör und eine angemessene Begründung von Entscheidungen gesichert werden. Differenzierter fällt ihr Verdikt im Rahmen der Prozessanalyse aus. So sieht sie einerseits unverändert hohen Bedarf an hergebrachten juristischen Kernkompetenzen, einschließlich der Grundlagenfächer und sozialer bzw. *soft skills*; andererseits mache der technische Fortschritt aber auch neue Fähigkeiten erforderlich, um strukturelle Grenzen und mögliche Fehlerquellen digitaler Hilfsmittel einschätzen zu können. Nur so könne gewährleistet werden, dass Gerichtsentscheidungen auch weiterhin von Menschen getroffen und verantwortet würden – und nicht von Maschinen.

3. Schlussfolgerungen für die Ausbildung

Der Beitrag von *Eric W. Steinhauer* ist der juristischen Informationskompetenz in der digitalen Transformation als topischem Problem gewidmet. Er beleuchtet damit ein Thema, das auch bereits unabhängig von Fragen der Digitalisierung in der Rechtswissenschaft bisher nur ungenügend reflektiert und gelehrt wird. Die zentrale These *Steinhauers* ist, dass die Digitalisierung juristischer Fachinformation nicht nur den Zugang zu Rechtsinformationen in technischer Hinsicht verändert, sondern sich auch – für viele Akteur:innen unsichtbar – auf den juristischen Diskurs selbst auswirkt. Blinde Flecken sollen insbesondere bei Professor:innen deswegen bestehen, weil diese selbst noch „am Regal", sprich: im juristischen Seminar als physischem Ort, sozialisiert worden sind und die dort erworbene Orientierung in die Welt der digitalen Datenbanken übertragen, während ihren Studierenden diese räumliche Verortung und damit eben auch die damit verbundenen Orientierungsmarken zumeist fehlen. Deswegen müssten die *digital natives* mehr als frühere Studierendengenerationen dabei unterstützt werden, das für die Verortung von Informationen im juristischen Fachdiskurs erforderliche Diskurswissen zu erwerben. Vor diesem Hintergrund schlägt *Steinhauer* gerade wegen des Wandels der juristischen Publikationsformate vor, auch die Person der Autorin bzw. des Autors (wieder) stärker in den Blick zu nehmen.

Aufbauend auf dem Gedanken, dass es Ziel jeder Lehre der Digitalisierung sein muss, die Studierenden zur kritischen Bewertung der Digitalisierung zu befähigen, ist das kritische Denken die zweite Kompetenz, der ein eigener Beitrag des Bandes gewidmet ist. Diese Schlüsselkompetenz nimmt *Nora Rzadkowski* in den Blick. Sie nähert sich dem kritischen Denken schrittweise an und stellt seiner Förderung im bisherigen Jurastudium kein gutes Zeugnis aus: Juristisches Denken werde nicht als kritische Denkkompetenz vermittelt und auch andere Themen, anhand derer das kritische Denken befördert werden könnte, wie etwa die Methodenlehre als Förderung einer „fortgeschrittenen, methodenbewussten Rechtsanwendungskompetenz" oder kritische rechtswissenschaftliche Perspektiven, gehörten nicht zum Standard. Mit Blick auf die Digitalisierung fordert *Rzadkowski* auf der Basis unter anderem mediendidaktischer Erkenntnisse für das rechtswissenschaftliche Studium eine Auseinandersetzung mit dem Nicht-Sichtbaren, eine Analyse der Rahmenbedingungen für kritisches Denken sowie ein Überdenken der Maßstäbe der Kritik. Zu den in ihren Augen daraus folgenden Anforderungen an die Fachdidaktik zählen die Identifikation von Anschlussstellen für didaktische Reflexionen und Interventionen, die Ausarbeitung einer Didaktik des Nicht-Sichtbaren, eine genauere Klärung der erforderlichen informatisch-technischen Kompetenzen, eine Aufbereitung der Notwendigkeit interdisziplinärer Kooperation sowie das Entwerfen geeigneter Lehr-/Lernformate.

An mehreren dieser Forderung setzt das didaktische Lehrforschungsprojekt an, das *Anton Sefkow* in seinem Beitrag unter dem Titel „Lehre von Legal Tech als rechtsdidaktische Herausforderung" vorstellt und das er im Rahmen seines Dissertationsprojektes an der Universität Hamburg durchführt. In Form eines Werkstattberichts zeigt er exemplarisch, wie *Legal Tech*-Kompetenzen rechtsdidaktisch begründet konzeptualisiert und so operationalisiert werden können, dass die Entwicklung eines Lehrveranstaltungskonzepts möglich wird. Damit adressiert *Sefkow* nicht nur ganz konkrete Fragen der Lehre der Digitalisierung in der Rechtswissenschaft, sondern leistet auch einen Beitrag zu zentralen Fragen fachdidaktischer Forschung in der Rechtswissenschaft.

Den Abschluss des Bandes bildet schließlich der Beitrag von *Bettina Mielke*, der Lehrkonzepte zur Digitalisierung vom Grundstudium bis zum Referendariat behandelt. Darin stellt sie entsprechende Angebote an der Universität Regensburg – im Staatsexamensstudiengang sowie in Form eines LL.B. und eines LL.M. – und im bayerischen Referendariat vor und zeichnet ein differenziertes Bild davon, welche Inhalte in welchen Formaten und in welchen Ausbildungsabschnitten sinnvollerweise gelehrt werden sollten. Im Staatsexamensstudiengang plädiert sie nicht nur für ein breites Angebot an Zusatzveranstaltungen bis hin zu eigenen universitären

Schwerpunktbereichen, sondern betont auch, dass Digitalisierungsthemen jedenfalls in Grundzügen auch Teil der juristischen Allgemeinbildung seien und entsprechend curricular verankert werden müssten. Nur so ließen sich verzerrte Bilder vom juristischen Einsatz algorithmischer Systeme vermeiden.

Wie verändert sich das Recht durch Digitalisierung?

Roland Broemel

Die Frage nach Veränderungen des Rechts durch die Digitalisierung ist vielschichtig. Zum einen wird der Begriff der Digitalisierung schlagwortartig für verschiedene Formen der automatisierten Datenverarbeitung verwendet, die sich im Einzelnen in ihren Voraussetzungen und Effekten nicht unerheblich unterscheiden. Teilweise generiert die Automatisierung Effizienzvorteile und schöpft dadurch Rationalisierungspotential aus, vor allem bei planbaren Verwendungskontexten.[1] Zu einem weiteren Teil liegt ein Mehrwert der Programmierung in der vorhersehbaren, verlässlichen Implementation des programmierten Prozesses.[2] Bei vielen Anwendungen liegt das Charakteristikum schließlich in der Art und Weise, in der Daten unterschiedlicher Quellen in verschiedenen Verfahren nach statistischen Grundsätzen ausgewertet werden.[3] In diesem Kontext des maschinellen Lernens steht die Digitalisierung für ein über Algorithmen generiertes Wissen, welches spezifische Voraussetzungen und Eigenschaften aufweist und durch Beobachtung und damit durch Erfahrung nur begrenzt zu erhalten ist. Solche Formen digitalisierter Anwendungen sind Werkzeuge im Umgang mit Komplexität (I.). Zum anderen hängen die strukturellen Effekte auf gesellschaftliche Bereiche wesentlich von der Art und Weise ab, in der Akteur:innen die algorithmenbasierten Handlungsoptionen systematisch in ihrem jeweiligen Kontext aufgreifen. Welche Veränderungen mit der Digitalisierung in bestimmten Bereichen einhergehen, hängt mit anderen Worten wesentlich von der Eigenrationalität des jeweiligen Bereichs ab (II.). Für die Überlegungen, wie sich das Recht durch die Digitalisierung verändert, rücken dadurch bei der Anwendung von Recht Aspekte in den Vordergrund, die methodisch eher eine Nebenrolle spielen. Eine auf Herausbildung einer konsistenten materiell-rechtlichen Dogmatik ausgerichtete Methodik unterstellt Faktoren situativer Einflüsse auf die Rechtsanwendung, etwa das Judiz der anwendenden Person, ohne nähere Analyse als

---

1 Siehe unten, I.2.
2 Siehe unten, I.2.a) und c).
3 Siehe unten, I.3.

funktional. Die Angemessenheit dieser Unterstellung wird durch die Digitalisierung zunehmend in Frage gestellt. Algorithmen prägen zunehmend das mediale Umfeld, in dem Recht angewendet wird, insbesondere in welchem Auswahlentscheidungen zwischen Auslegungsvarianten getroffen werden.[4] Algorithmenbasierte Anwendungen können sich auf die Ermittlung des Sachverhalts, insbesondere auf die Auswertung von Dokumenten, aber auch auf die Art und Weise auswirken, in der relevante Entscheidungen und Materialien recherchiert und Entscheidungsalternativen herausgearbeitet werden. Neben zahlreichen Anwendungen, die einzelne Schritte der Rechtsanwendung vorbereiten, unterstützen oder sogar automatisieren, bieten andere wiederum auf einer abstrakteren Ebene Beobachtungen zu Mustern oder Auffälligkeiten in der Rechtsanwendung sowie in der rechtswissenschaftlichen Forschung (III.).

I. Facetten von Digitalisierung

Überlegungen, wie sich das Recht durch die Digitalisierung verändert, setzen zunächst einmal Überlegungen voraus, was mit Digitalisierung gemeint ist.

1. Elektronische Verarbeitung durch binäre Codierung

Der technische Ausgangspunkt ist klar: Digitalisierung bedeutet, Daten binär zu codieren, um sie elektronisch verarbeiten und auf verschiedenen Medien speichern zu können. Die Entwicklung technischer Verfahren zur automatisierten Verarbeitung digitaler Daten durch Halbleiter setzt Anreize, Daten in ein Format zu überführen, das durch elektronische Signale abgebildet werden kann und dadurch einer elektronischen Bearbeitung zugänglich ist, wobei sowohl die Daten als auch die Bearbeitungsschritte, also der Algorithmus, zur elektronischen Verarbeitung binär codiert werden. Die Daten und das Schema des Verarbeitungsprozesses werden digitalisiert. Mit der binären Codierung und elektronischen Verarbeitung gehen eine Reihe Konsequenzen einher, die typische vorteilhafte Eigenschaften der Digitalisierung ausmachen, etwa die hohe Geschwindigkeit und die niedrigen Kosten der Informationsverarbeitung, die einfache Duplizierbarkeit

---

4 Siehe unten, III.3.c).

oder die Überwindung räumlicher Grenzen und damit die potentielle Ubiquität der Daten.[5] Mit der Überführung der Daten in ein digitales Format werden die Daten schließlich partiell von einem physischen Trägermedium entkoppelt. Es ist zwar ein Trägermedium zur Verarbeitung und vor allem zur Speicherung notwendig. Die digitalen Daten können allerdings typischerweise ohne großen Aufwand auf andere Trägermedien übertragen werden.

2. Eigenschaften automatisierter Anwendungen

Wegen einiger Eigenschaften, die auf die Programmierung der Algorithmen zurückgehen, werden digitale Anwendungen zum Teil mit der Anwendung von Recht in Zusammenhang gebracht.

a) Möglichkeit der klaren Ausgestaltung der Verarbeitungsschritte

Dazu zählt zum einen die klare und im Grundsatz abschließende Programmierung der einzelnen Verarbeitungsschritte in dem Algorithmus. Mittelbare Konsequenz der binären Codierung und elektronischen Verarbeitung ist, dass die einzelnen Voraussetzungen und Folgen der Datenverarbeitung ex ante und eindeutig festgelegt sind. Damit sind spätere Einflüsse bei der Anwendung, insbesondere bewusst oder unbewusst diskriminierend wirkende Verzerrungen in der Anwendung, zumindest im Grundsatz ausgeschlossen. Wegen dieser Eigenschaft ist algorithmenbasierten Anwendungen vielfach die Eignung zugeschrieben worden, die Objektivität der Rechtsanwendung zu erhöhen, indem bestimmte rechtlich relevante Vorfragen anhand einer algorithmenbasierten Analyse bewertet werden.[6] Beispielhaft sowohl für das Anliegen, die Objektivität der Ent-

---

5 Knappe Einführung etwa bei *R. Neugebauer*, Digitale Information – der „genetische" Code moderner Technik, in: R. Neugebauer (Hrsg.), Digitalisierung. Schlüsseltechnologien für Wirtschaft & Gesellschaft, Berlin/Heidelberg, 2018, S. 2 ff.
6 So sollen algorithmenbasierte Anwendungen zur Vermeidung von Diskriminierungen beitragen, vgl. Initiative D21: Künstliche Intelligenz – Assistenz oder Konkurrenz in der zukünftigen Verwaltung? Denkimpuls Digitale Ethik, 17. Januar 2018, S. 4; zur Relevanz der Datenqualität: *R. Richardson/J. Schultz/K. Crawford*, Dirty Data, Bad Predictions: How Civil Rights Violations impact Police Data, Predictive Policing Systems, and Justice, NYU Law Review 2019, 192 (199 ff.). Das Vertrauen in die Daten zeigt sich auch daran, dass Algorithmen zur Einschätzung der Rückfallwahrscheinlichkeit im

scheidung zu erhöhen, als auch für die Schwierigkeiten im Umgang mit anderen, insbesondere datenbasierten Verzerrungen, stehen etwa Anwendungen zur Prognose der Rückfallwahrscheinlichkeiten[7] und des *predictive policing*.[8] Faktoren dieser Verobjektivierung sind typischerweise die große Datenmenge, die vergleichbare, für den jeweiligen Sachverhalt relevante Fälle abbildet, sowie der Ausschluss sonstiger, potentiell diskriminierender Einflussfaktoren. Diese Verringerung von Verzerrungsrisiken wird freilich erkauft mit anderen Risiken der Verzerrung, die insbesondere mit der Erhebung und Auswahl der Daten, ihrer Formatierung oder den Modalitäten ihrer Verarbeitung einhergehen.[9] Der Vorschlag für ein KI-Gesetz[10] identifiziert typische Verzerrungsrisiken in sensiblen Bereichen, vertypt auf diese Weise die Risiken von Anwendungen in Kategorien und versucht, Gegenmaßnahmen zu treffen. Menschliche Entscheidungen, etwa in der Massenverwaltung, und algorithmenbasierte Entscheidungen weisen dadurch jeweils unterschiedliche Verzerrungsrisiken, mit verschiedenen Ursachen sowie Unterschieden in der Reichweite und in der Erkennbarkeit, auf. Ein rationaler Umgang bei der Gestaltung der Rahmenbedingungen der Entscheidungen liegt darin, die Leistungsfähigkeit und Risiken der jeweiligen Zugänge produktiv aufeinander zu beziehen.

Strafvollstreckungsrecht genutzt werden sollen; vgl. Europäisches Parlament, Plenarsitzungsdokument v. 13.07.2021, A9-0232/2021, S. 21 und teilweise auch schon werden wie etwa „COMPAS" in den USA; beschrieben von *K. Lischka/A. Klingel*, Wenn Maschinen Menschen Bewerten, Gütersloh 2017, S. 9 ff.

7 Auch zu den Auswirkungen der Unterschiede zwischen den Jurisdiktionen *D. Nink*, Justiz und Algorithmen, Berlin 2021, S. 375 ff.

8 Näher *T. Knobloch*, Vor die Lage kommen: Predictive Policing in Deutschland, 2018; differenzierend *S. Kuhlmann/H.-H. Trute*, Predictive Policing als Formen polizeilicher Wissensgenerierung, GSZ 2021, 103; *Richardson/Schultz/Crawford*, Dirty Data, Bad Predictions (Fn. 6), 192.

9 Zu predictive policing etwa *Richardson/Schultz/Crawford*, Dirty Data, Bad Predictions (Fn. 6), 218 ff.; weitere Beispiele bei *Lischka/Klingel*, Wenn Maschinen Menschen bewerten (Fn. 6), S. 25 ff.; vgl. zu den technischen Aspekten auch *S. Barocas/A. D. Selbst*, Big Data's Disparate Impact, California Law Review 2016, 671.

10 Europäische Kommission, Vorschlag für eine Verordnung des Europäischen Parlaments und des Rates zur Festlegung harmonisierter Vorschriften für künstliche Intelligenz (Gesetz über künstliche Intelligenz) und zur Änderung bestimmter Rechtsakte der Union, COM (2021) 206 final.

b) Notwendigkeit der klaren Ausgestaltung der Verarbeitungsschritte

Darüber hinaus weist die mit der Digitalisierung verbundene Möglichkeit, Verarbeitungsschritte von Algorithmen ex ante eindeutig und klar zu definieren, eine weitere Kehrseite auf: Die Festlegung ex ante ist nicht nur möglich, sondern für die Funktion der Anwendung auch erforderlich. Projekte oder Versuche, Verträge oder gesetzliche Regelungen für Zwecke der automatisierten Rechtsanwendung digital abzubilden, konzentrieren sich deshalb typischerweise auf einfach gelagerte Sachverhalte, bei denen die mit gewisser Wahrscheinlichkeit eintretenden Ereignisse überschaubar und im Fall ihres Eintritts möglichst unzweideutig feststellbar sind.[11] Gleichwohl ergeben sich prinzipielle Grenzen der Möglichkeit, Verträge oder Gesetze direkt durch Algorithmen abzubilden, sowohl im Hinblick auf das Steuerungspotential in Sprache gefasster Regeln als auch im Hinblick auf die Leistungsfähigkeit des Rechts, durch verknüpfte Prozesse der Rechtsanwendung Änderungen in der Umwelt entwicklungsoffen verarbeiten zu können.[12]

c) Effiziente und vorhersehbare Implementation

Schließlich zeichnen sich digitalisierte Anwendungen wegen der elektronischen Verarbeitung der Daten durch eine im Grundsatz schnelle, kostengünstige und vorhersehbare Umsetzung der einzelnen Programmschritte aus.[13] Diese Effizienz in der Implementation macht einen wesentlichen Teil des Rationalisierungspotentials digitaler Anwendungen in Unternehmen, Institutionen oder sonstigen Anwendungskontexten aus.[14]

---

11 Dies gilt etwa für smart contracts, *D. Timmermann*, Legal Tech-Anwendungen, Baden-Baden 2020, S. 72 ff.; *Nink*, Justiz und Algorithmen (Fn. 7), S. 210 m.w.N., 244.
12 Siehe unten, III.1. und 2.
13 Mit digitalisierten Anwendungen gehen daher Erwartungen zu Effizienzvorteilen und auch eine leichtere Erreichbarkeit einher. In der Verwaltung unterstützen zum Beispiel Chatbots die Mitarbeiter:innen (https://govii.de/). In der Buchhaltung werden oftmals Software-Roboter eingeführt; vgl. BMWK, ...und was tun Sie, Impulspapier, S. 3. In der „Industrie 4.0" werden Chancen in der Veränderung der Geschäftsmodelle und Potential neue Geschäfte zu entwickeln gesehen; *A. Roth*, Industrie 4.0 – Hype oder Revolution?, in: A. Roth (Hrsg.), Einführung und Umsetzung von Industrie 4.0, Berlin 2016, S. 3.
14 Durch die „Digitalisierung der Justiz" verspricht man sich durch E-Akten, und Videoverhandlungen mehr Leistungsfähigkeit und einen besseren Zugang zur Justiz; vgl. EU-Justizbarometer 2021, S. 4.

Auch im Zusammenhang mit der Rechtsanwendung ist dieses effizienzerhöhende Potential relevant. Der Markterfolg von Legal-Tech-Anwendungen, die in bestimmten Bereichen die Durchsetzung rechtlicher Positionen übernehmen, beruht neben der unter Umständen besonders verlässlichen Informationsgrundlage maßgeblich auf den geringen Kosten der elektronischen Verarbeitung.[15] Die Vorteile der Kostenstruktur betreffen darüber hinaus nicht nur Anwendungen, die die Rechtslage in einem Fall unmittelbar prognostizieren, sondern auch Legal-Tech-Anwendungen, die einzelne Vorleistungen erbringen, etwa im Rahmen einer *due diligence* Dokumente auswerten, Argumente aus Schriftsätzen extrahieren oder Dokumente generieren. Ähnlich wie in anderen Bereichen liegt es nahe, dass Legal-Tech-Anwendungen auf dem Anwaltsmarkt durch den von der Effizienz der Algorithmen ausgehenden Wettbewerbsdruck dazu führen, dass Anwält:innen den Anteil ihrer Arbeitsleistung an der Wertschöpfungskette genauer reflektieren müssen.[16] Von Anwält:innen, die Legal Tech-Anwendungen als Vorleistungen effizienzerhöhend einsetzen, geht ein Anpassungsdruck für Kolleg:innen aus.

Algorithmenbasierte Anwendungen führen in diesem Zusammenhang typischerweise dazu, dass Dienstleistungen in aufeinander bezogene Teile einer Wertschöpfungskette zerlegt und die einzelnen Glieder auf die Möglichkeit überprüft werden, durch algorithmenbasierte Anwendungen ersetzt oder zumindest ergänzt zu werden. Dabei ergeben sich typischerweise auch Verschiebungen in der Struktur der Wertschöpfungskette; auf dem Markt für Rechtsdienstleistungen möglicherweise dahingehend, dass Anwält:innen Legal-Tech-Anwendungen entweder als Vorleistung in eigener Sache besonders effizienzerhöhend einsetzen, etwa in Massenverfahren oder in besonders materialintensiven Mandaten, oder dass sie Legal-Tech-Anwendungen spezifisch für einzelne Mandanten konfigurieren.[17] Darüber hinaus kann ein Anwendungsfall von effizienzerhöhender Wirkung von Le-

---

15 Zu den unterschiedlichen Geschäftsmodellen *Timmermann*, Legal Tech-Anwendungen (Fn. 11), S. 162 ff.
16 *R. Susskind*, Tomorrow's Lawyers, 2. Aufl., Oxford 2017, S. 20 f.
17 Berechnungssoftware kann die Effizienz erhöhen, vgl. die Beschreibungen zu den Berechungssoftwares WinFam/Gutdeutsch und ErbFam/Gutdeutsch bei *Timmermann*, Legal Tech-Anwendungen (Fn. 11), S. 103. Die Sachverhaltserfassung und die Generierung bestimmter Dokumente kann durch Software erstellt werden; *Timmermann*, Legal Tech-Anwendungen (Fn. 11), S. 114 ff. Auch ist es denkbar, dass Schmerzensgeldrechner stärker genutzt werden, vgl. *R. Rollberg*, Algorithmen in der Justiz, Baden-Baden 2020, S. 196 ff.

gal-Tech-Anwendungen auch darin liegen, die Kosten einer Rechtsdienstleistung in einem bestimmten Fall zu reduzieren und dadurch den Zugang zur Rechtsdienstleistung zu erleichtern, etwa wenn gemeinnützige Vereine Legal-Tech-Anwendungen im Bereich des Sozial- oder Aufenthaltsrechts kostenlos oder zu geringen Kosten bereitstellen.[18]

Neben dem Einsatz von Legal-Tech-Anwendungen auf dem Markt für Rechtsdienstleistungen ist auch denkbar, Legal-Tech-Anwendungen zur Entlastung der Justiz und dabei insbesondere zur Verkürzung der Verfahrensdauer einzusetzen.[19] Das betrifft nicht nur Anwendungen zur Optimierung der Kommunikation und des Dokumenten-Managements in der Justiz,[20] sondern auch Überlegungen, algorithmenbasierte Anwendungen zur Prognose einer gerichtlichen Entscheidung im Einzelfall einem gerichtlichen Verfahren vorzuschalten und die klagende Person über die Prognose der Erfolgsaussicht zu informieren oder die Legal-Tech-Anwendung als Informationsquelle zur Vorbereitung der gerichtlichen Entscheidung zu nutzen.[21]

d) Digitale Währungen als Beispiel eines digitalen Regimes

Digitale Währungen wie die private Währung „Bitcoin" sind als Anwendungsbeispiel für die Koordination durch Algorithmen in mehrfacher Hinsicht instruktiv. Die Ausgestaltung der Blockchain-Technologie bei der virtuellen Währung „Bitcoin" zeigt zum einen, wie die Kombination aus asymmetrischer Kryptographie, einer dezentralen Speicherung der Blockchain auf mehreren Knoten und der Koordination der Knoten durch einen Validierungsmechanismus, der auf die dezentral erbrachte Arbeitsleistung abstellt (*proof-of-work*) und durch die Verknüpfung mit der Schöpfung neuer Bitcoin zugleich Anreize zur laufenden Validierung setzt. Die Kom-

---

18 Beispiele aus dem Bereich des Sozialrechts bei *B. Völzmann*, Digitale Rechtsmobilisierung, DÖV 2021, 474 (478 f.).
19 *Rollberg*, Algorithmen in der Justiz (Fn. 17), S. 33 ff. Auch das digitalisierte Mahnverfahren sollte zur Verfahrensverkürzung beitragen; vgl. *Nink*, Justiz und Algorithmen (Fn. 7), S. 156 m.w.N.
20 Durch elektronische Akten und digitalisierte Dokumente werden Übertragungen in andere Systeme erleichtert und etwa das automatische Auslesen ermöglicht, *Rollberg*, Algorithmen in der Justiz (Fn. 17), S. 160 ff. Vergleichsvorschläge könnten automatisch generiert werden, *Rollberg*, Algorithmen in der Justiz (Fn. 17), S. 212. Programme in der Justiz könnten mit bestimmten Datenbanken verknüpft werden, *Rollberg*, Algorithmen in der Justiz (Fn. 17), S. 208.
21 Zu den Auswirkungen auf die Rechtsanwendung s.u., III.3.b) und c).

bination lässt eine digitale Einheit einschließlich der Möglichkeit ihres Transfers entstehen. Dadurch bietet die digitale Anwendung ein funktionales Äquivalent zu Geld und ist dabei – je nach Ausgestaltung – in keiner Weise auf eine rechtliche Anerkennung oder auf eine sonstige Verknüpfung mit rechtlichen Regeln angewiesen. Zum anderen ist dieses Beispiel auch deshalb instruktiv, weil es infolge einer ex ante-Programmierung an einer Meta-Governance fehlt, die auf unvorhergesehene Entwicklungen reagieren und Anpassungen vornehmen könnte. Bekannte, damit verbundene Schwierigkeiten betreffen etwa eine möglicherweise oligopolistische Struktur der *miner* und deren Eigeninteressen, Schwierigkeiten, den Algorithmus noch zu ändern, die hohen Stromkosten oder unvorhergesehene Kapazitätsgrenzen.

3. Maschinelles Lernen

Diese Art der Kombination von Elementen der Digitalisierung wird noch deutlich vertieft durch die Möglichkeit, Daten nach statistischen Grundsätzen zu analysieren und die Ergebnisse dann ihrerseits wieder als Faktor der Anpassung oder als Faktor des Trainings der Algorithmen zu nehmen.[22] Unter diesem sogenannten maschinellen Lernen versteht man Algorithmen, die ihre Qualität der Verarbeitung oder deren Modalitäten der Verarbeitung in Abhängigkeit des bisherigen Outputs verbessern können. Digitalisierung bedeutet in diesem Kontext nicht nur, dass einzelne Daten binär codiert werden, sondern meint implizit, dass sich sowohl die Menge und Quellen der Daten als auch die Verarbeitungskapazität erhöhen. Die Möglichkeit, diese Daten nach statistischen Grundsätzen auf Zusammenhänge, Wahrscheinlichkeiten und Nutzen zu untersuchen, einschließlich einer anderen Art von Wissen, erlaubt zugleich, Algorithmen anhand von Daten zu trainieren und auf der Grundlage einer Bewertung ihres Outputs laufend fortzuentwickeln (*Machine Learning*). Dies führt dazu, dass die Daten nicht nur zur Automatisierung von einzelnen Sachverhalten eingesetzt werden – also eine bloße Beschleunigung bewirkt wird –, sondern die Möglichkeit entsteht, Informationen zu generieren, die man durch Beobachtungen und damit auch durch Erfahrungen nur schwer gewinnen kann. Man kann diesen ganzen Bereich des maschinellen Lernens verein-

---

22 P. von Bünau, Künstliche Intelligenz im Recht, in: S. Breidenbach/F. Glatz (Hrsg.), Rechtshandbuch Legal Tech, 2. Aufl., München 2021, 3 Rn. 14 ff., Rn. 19 ff.

facht und schlagwortartig charakterisieren als bestimmte Art und Weise mit einer nicht mehr überschaubaren Vielzahl von Zuständen oder Situationen in einem prinzipiell strukturierten Kontext umzugehen.[23]

II. Veränderungen von Bereichen durch Digitalisierung

Inwieweit sich gesellschaftliche Bereiche im Zuge der Digitalisierung verändern, hängt davon ab, inwieweit die jeweiligen Akteure in ihren Entscheidungen auf die unterschiedlichen Angebote zurückgreifen und zudem davon ausgehen, dass auch andere Akteure das tun.

1. Ökonomie

In ökonomischen Zusammenhängen steht Automatisierung zunächst einmal für eine Erhöhung der Effizienz. Die Erschließung dieser Effizienzpotentiale führt typischerweise zu einer Rekonfiguration von Wertschöpfungsketten. Jede einzelne Stufe, die automatisiert werden kann, wird durch den Wettbewerbsdruck automatisiert. Dies kann beispielsweise für Anwält:innen bedeuten, dass bisher manuelle Aufgaben (wie etwa die Dokumentenanalyse) automatisiert werden. In der Folge liegt die Tätigkeit der Anwältin oder des Anwaltes eher in einer Organisation und Überwachung des Einsatzes algorithmenbasierter Anwendungen – in der Kanzlei oder unmittelbar durch die Mandanten. Es ändern sich dadurch die Geschäftsmodelle, sowohl bei der Kanzleiorganisation und Mandatsakquise als auch bei der inhaltlichen Bearbeitung der Mandate.[24]

Daneben bringt die Relevanz von Daten für maschinelles Lernen datenbasierte, marktübergreifende Geschäftsmodelle hervor, vor allem auf

---

23 Mit Blick auf die Funktionsweise allgemein beschrieben bei *von Bünau*, Künstliche Intelligenz im Recht (Fn. 22), 3 Rn. 22: „Maschinelles Lernen ist zur Bewältigung standardisierter kognitiver Aufgaben nützlich, zu deren Lösung alle relevanten Informationen in standardisierten, strukturierten Datenquellen auffindbar sind.".

24 *T. Gansel/P. Caba*, Digitalisierung und der Beruf des Anwalts, in: S. Breidenbach/F. Glatz (Hrsg.), Rechtshandbuch Legal Tech, 2. Aufl., München 2021, 3 Rn. 4 ff.; aus Beraterperspektive siehe nur die vom Deutschen Anwaltverein in Auftrag gegebene Studie von Prognos, Der Rechtsdienstleistungsmarkt 2030. Eine Zukunftsstudie für die deutsche Anwaltschaft, 2013, https://anwaltverein.de/de/anwaltspraxis/dav-zukunftss tudie (zuletzt aufgerufen: 24.10.2022); zu potentiellen Strategien übergreifend *Susskind*, Tomorrow's Lawyers (Fn. 16), S. 20 f.

digitalen Plattformen. Bereits im analogen Zeitalter wiesen Plattformen ab einer gewissen Größe aufgrund indirekter und direkter Netzwerkeffekte die Tendenz zur Marktmachtkonzentration auf. Seit der Digitalisierung entstehen durch Daten Größenvorteile, ohne dass es hierzu allgemeingültige kontextübergreifende Beschreibungen oder ökonomische Modelle gibt.[25] Es lässt sich allerdings eine allgemeine Strategie von Plattformbetreibern beobachten, die dahin geht, in einem ersten Schritt möglichst schnell Marktanteile zu gewinnen, dann Märkte künstlich abzuschotten und schließlich Marktmacht auf angrenzenden Märkten einzusetzen.[26]

2. Rahmenbedingungen der Meinungsbildung

Kommunikationsprozesse der Meinungsbildung – ähnlich auch bei der Verbreitung und Rezeption von Kunst – werden durch die Digitalisierung nicht unmittelbar verändert. Vielmehr wirkt sich die Digitalisierung mittelbar, aber nachhaltig auf die Art und Weise, in der kommuniziert oder in der Kommunikation erwartet wird, aus.[27] Digitalisierung stellt lediglich die Grundlage für ein soziales Netzwerk bereit, welches zur Kommunikation genutzt wird. Die Nutzung und auch die Erwartung der Nutzung durch andere führen dazu, dass sich andere soziale Praktiken herausbilden. Die digitale Transformation setzt an ökonomischen und technischen Rahmenbedingungen der kommunikativen Prozesse an. Dabei waren ökonomische Rahmenbedingungen freilich bereits in der analogen Welt zentral. Unter den veränderten Bedingungen der Digitalisierung wird es allerdings anspruchsvoller zu beschreiben, was sich tatsächlich ändert und inwieweit diese Änderungen für den jeweiligen Bereich relevant sind. Hinzu kommen die Auswahlentscheidungen der Rezipient:innen, deren Rolle sich durch die differenzierte Relevanz dieser Auswahlentscheidungen für die Produk-

---

25 Aus der Literatur BKartA, Arbeitspapier Marktmacht von Plattformen und Netzwerken, 2016, S. 48 ff.; Monopolkommission, Sondergutachten 68, Wettbewerbspolitik: Herausforderung digitale Märkte, S. 31 ff.; *J. Crémer/Y.-A. de Montjoye/H. Schweitzer*, Competition policy for the digital era, 2019, S. 19 ff.
26 *H. Schweitzer/J. Haucap/W. Kerber/R. Welker*, Modernisierung der Missbrauchsaufsicht für marktmächtige Unternehmen, Baden-Baden 2018, S. 20 f.
27 Vgl. *A. Heidtke*, Meinungsbildung und Medienintermediäre: Vielfaltssichernde Regulierung zur Gewährleistung der Funktionsbedingungen freier Meinungsbildung im Zeitalter der Digitalisierung, Baden-Baden 2020, S. 66 ff.

tion und Distribution der Inhalte sowie der Zuordnung kommerzieller Kommunikation nicht länger auf die bloße Rezeption beschränkt.[28]

3. Forschung

In der Forschung betrifft die digitale Transformation zum einen den Gegenstand und zum anderen die Methoden. In vielen Disziplinen verändert sich der Forschungsgegenstand durch die digitale Transformation zumindest teilweise, etwa in den Wirtschaftswissenschaften, den Politikwissenschaften oder der Soziologie. In methodischer Hinsicht könnte die Breitenwirkung der digitalen Transformation für die Forschung noch weiter reichen.[29] Es ist denkbar, dass einzelne Facetten von Digitalisierung, insbesondere in Bezug auf Daten, Mehrwerte bieten, die ohne Digitalisierung nicht erkennbar wären. Inwiefern sich neue Erkenntnisse durch Digitalisierung ergeben, bestimmt sich nach den Regeln der jeweiligen Disziplin, dem jeweiligen Erkenntnisinteresse als auch nach den jeweiligen methodischen Standards. Ihre Identifikation ist voraussetzungs- und anspruchsvoll, was sich beispielsweise anhand von Diskussionen um methodische Standards, insbesondere in Bezug auf datenbezogene Analysen, darstellen lässt. Folglich finden vielschichtige Veränderungsprozesse (in Kommunikationsbeziehungen) statt.

Zusammenfassend lässt sich festhalten, dass Veränderungen in Folge von Digitalisierung durch die eigenen Mechanismen der Bereiche aufgegriffen und verarbeitet werden. Digitalisierung verändert folglich nicht die Bereiche. Sie ändern sich im Sinne ihrer Eigenrationalität vielmehr selbst auf der Grundlage von Digitalisierung.

---

28 R. Broemel, Rezeptionsentscheidungen in der Rundfunkordnung, in: Y. Hermstrüwer/J. Lüdemann (Hrsg.), Der Schutz der Meinungsbildung im digitalen Zeitalter, Tübingen 2021, S. 35 ff.

29 Zu den Sozialwissenschaften vgl. nur die Beiträge zur Reichweite und den Rahmenbedingungen sowie zu den Anwendungsfeldern bei U. Engel/A. Quan-Haase/S. Xun Liu/L. Lyberg (Hrsg.), Handbook of Computational Social Science, Vol. 1, London 2021; differenzierende Einschätzungen zu übertriebenen Erwartungen an die Digitalisierung bei der Generierung, Kommunikation und Bewertung wissenschaftlichen Wissens in: N. Mößner/K. Erlach (Hrsg.), Kalibrierung der Wissenschaft, Berlin 2022.

III. Recht

Für das Recht wird damit die Frage aufgeworfen, wie Eigenrationalitäten des Rechts, insbesondere bei der Gesetzesanwendung, zu den verschiedenen Formen der Digitalisierung stehen. Die Frage nach den Veränderungen des Rechts durch die Digitalisierung führt dabei zum Teil zu impliziten Annahmen zur Funktionsweise des Rechts, die typischerweise für die Rechtsanwendung im Einzelfall nicht relevant sind und kaum thematisiert werden. Die digitale Transformation weckt dadurch den Bedarf, die Funktionsweise der Steuerung durch Recht und die methodischen Prämissen der Rechtsanwendung eingehender zu reflektieren, damit die digitalen Anwendungen rational verarbeitet werden können. Dabei ist zwischen der Gesetzgebung und der Anwendung von Gesetzen zu differenzieren.

1. Gesetzgebung

Bei der Gesetzgebung beziehen sich Überlegungen zur Digitalisierung auf die Schaffung digitaler oder zumindest digitaltauglicher Gesetze.[30] Hinter den Überlegungen steht die Rationalisierung des Gesetzesvollzugs,[31] weniger im Sinne einer gleichförmigen, diskriminierungsfreien Gesetzesanwendung. Vielmehr soll der Gesetzesvollzug schnell sowie kostengünstig erfolgen und zugleich den Aufwand von Bürger:innen bei der Mitwirkung, etwa bei der Antragstellung oder bei der Bereitstellung von Informationen, erleichtern. Wesentlich verstärkt worden sind diese Ansätze zur Digitalisierung des Vollzugs durch rechtliche Vorgaben aus dem Onlinezugangsge-

---

30 A. *Guckelberger*, Modernisierung der Gesetzgebung aufgrund der Digitalisierung, DÖV 2020, 797; Nationaler Normenkontrollrat/msg systems ag/RUB Bochum, Digitale Verwaltung braucht digitaltaugliches Recht, 2021, https://www.normenkontrollrat.bund.de/nkr-de/aktuelles/nkr-gutachten-digitale-verwaltung-braucht-digitaltauglic hes-recht-der-modulare-einkommensbegriff-1930016 (zuletzt aufgerufen: 24.10.2022); *H. Hill*, Gesetzgebung neu denken, ZG 2022, 125 (138 f.); *S. Breidenbach*, Entscheidungen, Prozesse und Rechtsanwendung automatisieren: Das Schicksal von Regeln ist Code, in: S. Breidenbach/F. Glatz (Hrsg.), Rechtshandbuch Legal Tech, 2. Aufl., München 2021, 2.2.; *A.-S. Novak/V. Huber/S. Virkar*, Digital legislation: Quo vadis?, DG.O'21, 515 ff., https://doi.org/10.1145/3463677.3463702 (zuletzt aufgerufen: 24.10.2022); differenzierend *M. Seckelmann*, Algorithmenkompatibles Verwaltungsrecht?, Die Verwaltung 54 (2021), 251.

31 *Breidenbach*, Entscheidungen, Prozesse und Rechtsanwendung automatisieren (Fn. 30), 2.2. Rn. 4.

setz (OZG), das Bund und Länder einschließlich der Kommunen verpflichtet, Verwaltungsleistungen bis Ende 2022 weitgehend auch elektronisch anzubieten.[32]

Offen bleibt bei dieser Verpflichtung aus § 1 Abs. 1 OZG, Verwaltungsleistungen elektronisch über Verwaltungsportale anzubieten, allerdings, inwieweit über die Beantragung und die Kommunikation des Ergebnisses hinaus weitere Schritte des Verwaltungsverfahrens, insbesondere die eigentliche Entscheidung und ihre Vorbereitung, elektronisch erfolgen sollen oder müssen. Während die Definition des Begriffs „Verwaltungsleistung" innerhalb des OZG[33] lediglich auf eine Digitalisierung der Kommunikationswege, unabhängig von der eigentlichen Entscheidungsfindung, abstellt, sprechen die aus anderen Bereichen bekannten Effizienzpotentiale der Automatisierung von Verarbeitungsvorgängen für eine weitergehende Digitalisierung der einzelnen Schritte des Verwaltungsverfahrens. Forderungen nach einer Digitalisierung von Gesetzen zielen entsprechend im Kern auf eine vollständige Digitalisierung des Verwaltungsverfahrens, einschließlich der Entscheidungen; dass die Gesetze digital gefasst werden, ist für diese Form der Automatisierung lediglich eine Voraussetzung.[34] Die Digitaltauglichkeit von Gesetzen meint demgegenüber je nach Begriffsverständnis die mehr oder weniger weitgehende Vorbereitung oder Ermöglichung des digitalen Vollzuges.[35]

Eine solche Automatisierung setzt allerdings voraus, dass die Entscheidungskriterien ex ante feststehen.[36] Beispiele für die Möglichkeiten digitaler Gesetze beziehen sich deshalb regelmäßig auf einfach gelagerte Sachverhal-

---

32 § 1 Abs. 1 OZG.
33 Nach § 2 Abs. 3 OZG meinen Verwaltungsleistungen im Sinne des OZG die elektronische Abwicklung von Verwaltungsverfahren und die dazu erforderliche elektronische Information des Nutzers und Kommunikation mit dem Nutzer über allgemein zugängliche Netze.
34 *Seckelmann*, Algorithmenkompatibles Verwaltungsrecht? (Fn. 30), 258.
35 Die Empfehlungen des Normenkontrollrates für eine Verbesserung der Digitaltauglichkeit von Gesetzen aus dem Juli 2021 differenzieren zwischen einer Digitaltauglichkeit im engeren und im weiteren Sinn. Im engeren Sinne digitaltauglich sollen Gesetze dann sein, wenn sie einen durchgehend digitalen Vollzug und die Verwirklichung des One-Only-Prinzips ermöglichen. Für die Digitaltauglichkeit im weiteren Sinne soll es demgegenüber ausreichen, wenn die Gesetze einerseits Möglichkeiten des digitalen Vollzugs bereits bei der Gestaltung des Verwaltungsprozesses einbeziehen und andererseits digitalisierungsförderliche Vorgaben machen, die einen bewusst datengetriebenen und (teil)automatisierten Vollzug fördern.
36 Siehe oben, I.2.b).

te der Massenverwaltung, bei denen nur wenige Faktoren zu berücksichtigen sind, diese Faktoren typischerweise einfach festzustellen oder die erforderlichen Informationen von den Antragsteller:innen beizubringen sind und das Effizienzpotential wegen der hohen Zahl der Fälle groß ist.[37] Im Normalfall sind gesetzliche Regelungen demgegenüber komplexer. Die Digitaltauglichkeit solcher Gesetze stößt dann im Kern dadurch an Grenzen, dass die Vagheit und Unschärfe gesetzlicher Tatbestandsmerkmale Spielräume in der Rechtsanwendung eröffnen, die eine Anpassung des Rechts an sich laufend verändernde Umweltbedingungen überhaupt erst ermöglichen.[38] Diese Spielräume in der Rechtsanwendung machen die Anpassungsfähigkeit gesetzlicher Regelungen aus und sind mit einer ex ante Definierbarkeit der einzelnen Tatbestandsmerkmale prinzipiell nicht vollständig vereinbar. Maschinenlesbare Regeln[39] wären für eine weitergehende Automatisierung vorteilhaft, schließen aber die Anpassungsfähigkeit aus. Indem Ansätze zur Förderung der Digitaltauglichkeit von Gesetzen versuchen, unbestimmte Rechtsbegriffe zu vermeiden und eindeutige sowie abschließende Entscheidungskriterien vorzugeben,[40] zielen sie darauf, die Unschärfe gesetzlicher Tatbestände zu reduzieren, ohne dabei das Problem der Entwicklungsoffenheit und Anpassungsfähigkeit grundsätzlich zu lösen. Gleiches gilt für Ansätze, bestimmte Begriffe in gesetzlichen Regelungen zu modularisieren.[41] Eine solche Modularisierung ermöglicht die gesetzesübergreifend einheitliche Verwendung bestimmter Begriffe oder ihrer Bestandteile und erleichtert zugleich eine tatbestandsspezifische Konkretisierung. Sie optimiert damit die Möglichkeiten der systematischen Verein-

---

37 Beispiele etwa bei *Breidenbach*, Entscheidungen, Prozesse und Rechtsanwendung automatisieren (Fn. 30), 2.2. Rn. 1 f.; zu den Voraussetzungen näher *Seckelmann*, Algorithmenkompatibles Verwaltungsrecht? (Fn. 30), 255 f.
38 Näher unten, III.2.
39 So die Perspektive in Normenkontrollrat, Empfehlungen für eine Verbesserung der Digitaltauglichkeit von Gesetzen, Juli 2021.
40 Vgl. die Faktoren der Digitaltauglichkeit von Gesetzen in Normenkontrollrat, Empfehlungen für eine Verbesserung der Digitaltauglichkeit von Gesetzen, Juli 2021; weitere dort genannte Faktoren beziehen sich auf Rahmenbedingungen der Verwaltungsprozesse, etwa die einfache, nutzerfreundliche sowie IT-förderliche Gestaltung des Prozess-Workflows, die Parallelisierung von Verwaltungsprozessen, die grundsätzliche Prüfung, welche Prozessbestandteile zentral erledigt werden können sowie die Vorgabe von technischen Standards, von Datenformaten, von Datenschutz- und Datensicherheitsbestimmungen sowie von Infrastrukturen und Basiskomponenten.
41 Nationaler Normenkontrollrat/msg. AG/RUB, 2021, Studie „Digitale Verwaltung braucht digitaltaugliches Recht".

heitlichung bei gleichzeitiger bereichsspezifischer Ausdifferenzierung.[42] Die einzelnen Begriffsverständnisse bleiben dabei allerdings statisch; eine Anpassung in der Rechtsanwendung an wandelnde Umweltbedingungen ist nicht vorgesehen.

Ein flexibler Wechsel von einer automatisierten in eine manuelle Fallbearbeitung[43] ist demgegenüber schon eher geeignet, die dynamische Leistungsfähigkeit gesetzlicher Tatbestände zu gewährleisten. Je nach der Vielgestaltigkeit der Fälle und der Dynamik des Lebensbereichs ist dabei allerdings offen, ob die automatisierte Bearbeitung den Regel- oder den Sonderfall darstellt. Zudem bleibt die Frage, nach welchen Kriterien vorab festgelegt werden soll, ob eine Anpassung einzelner vorab definierter Kriterien im jeweiligen Fall erforderlich ist. Um einen solchen Übergang von einer automatisierten zu einer manuellen Fallbearbeitung festzulegen, dürfte kein ex ante bestimmbares, materielles Kriterium, sondern nur ein prozedurales Einschreiten durch einen Mitarbeiter oder eine Mitarbeiterin der Verwaltung oder durch die betroffene Person in Frage kommen.

Die Digitalisierung von Gesetzen oder die Erhöhung ihrer Digitaltauglichkeit ändert damit in der Sache am Recht wenig. Sie betrifft die Automatisierung des Vollzugs, wirkt dadurch mittelbar auf die Konzeption materieller und vor allem prozeduraler und organisationsbezogener Normen ein. Vor allem laufen Vorstellungen einer Digitaltauglichkeit im engeren Sinn auf eine vollständige Automatisierung nach ex ante umfassend festgelegten Kriterien hinaus und blenden dadurch die Voraussetzungen für eine Anpassungsfähigkeit des Rechts aus.

2. Methodischer Umgang mit der Unschärfe in der Rechtsanwendung

Dass die Unschärfe gesetzlicher Tatbestände und die mit ihr verbundenen Spielräume in der Rechtsanwendung unvermeidbare, die Anpassungsfähigkeit gewährleistende Eigenschaften des Rechts sind, ist in der Rechtstheorie und Methodenlehre unbestritten. In der deutschen Methodenlehre hat sich allerdings überwiegend ein Zugang entwickelt, der sich als normativer

---

42 Nationaler Normenkontrollrat/msg. AG/RUB, 2021, Studie „Digitale Verwaltung braucht digitaltaugliches Recht", S. 93 ff.
43 So die Empfehlung zur Erhöhung der Digitaltauglichkeit von Gesetzen in Normenkontrollrat, Empfehlungen für eine Verbesserung der Digitaltauglichkeit von Gesetzen, Juli 2021.

Zugang[44] versteht und durch die damit gemeinte Ausrichtung an materiell-rechtlichen Wertungen andere Aspekte der Spielräume ausblendet. Die digitale Transformation wird Anlass geben, diese bislang für die Praxis nur punktuell relevanten blinden Flecken der Methodenlehre stärker in den Blick zu nehmen.

Dabei ist es allerdings nicht so, dass es an methodischen oder theoretischen Beschreibungsangeboten zur Unschärfe des Rechts und den Spielräumen sowie der rechtsetzenden Funktion der Rechtsanwendung fehlen würde.[45] Für die Rechtspraxis, insbesondere in der Justiz, und den großen Teil juristischer Forschung, die dogmatische Fragen zum Gegenstand hat, spielen diese Beschreibungsangebote allerdings eine nur untergeordnete Rolle. Sie plausibilisieren gleichwohl aus ganz unterschiedlichen Perspektiven, wie das Recht auf den Spielräumen und Verknüpfungen der dezentral getroffenen Entscheidungen beruht.

Methodische Zugänge, die Rechtsanwendung als strukturierten Prozess der Aufarbeitung sowohl der Rechtstexte als auch des Normbereichs verstehen[46] und dadurch einen auch sprachwissenschaftlich informierten Zugang zu Normativität anbieten, sind zur Anleitung inhaltlicher Fragen der Rechtsanwendung im Einzelfall und damit für die Rechtspraxis kaum anschlussfähig.[47] Systemtheoretische Beschreibungen nehmen die kommunikativen Verknüpfungen einzelner rechtlicher Entscheidungen zum Ausgangspunkt für die Herausbildung des Rechtssystems und schreiben der durch den Kommunikationszusammenhang gerahmten Varianz der Entscheidungen die Möglichkeit des Rechtssystems zu, auf veränderte Umweltbedingungen zu reagieren.[48] Rechtswissenschaftliche Methodik, wie sie weit überwiegend in der juristischen Praxis und der auf Dogmatik bezogenen Forschung zu Grunde gelegt wird, stellt solche Spielräume in der

---

44 *K. Larenz/C.-W. Canaris*, Methodenlehre der Rechtswissenschaft, 3. Aufl., Berlin 1995, S. 20, S. 24 f.
45 *H.-H. Trute*, Die konstitutive Rolle der Rechtsanwendung, in: H.-H. Trute/T. Groß/H. C. Röhl/C. Möllers (Hrsg.), Allgemeines Verwaltungsrecht – zur Tragfähigkeit eines Konzepts, Tübingen 2008, S. 211 (215 ff.).
46 *F. Müller*, Strukturierende Rechtslehre, 2. Aufl., Berlin 1994, S. 225 ff.
47 Zur Rezeption *H. Hamann*, Strukturierende Rechtslehre als juristische Sprachtheorie, in: E. Felder/F. Vogel (Hrsg.), Handbuch Sprache im Recht, Berlin 2017, S. 175 (181 f.); als methodische Grundlage in der Forschung aus jüngerer Zeit exemplarisch *K. Goldberg*, Rechtsanwendungsprozesse im internationalen Steuerrecht, Baden-Baden 2021, S. 50 ff.
48 *N. Luhmann*, Recht und Automation in der öffentlichen Verwaltung, 2. unveränderte Aufl., Berlin 1997, S. 52 f., S. 58 f.

Rechtsanwendung und ihrer Funktion für die Entwicklung des Rechts in Rechnung. Normauslegung wird danach nicht als Ermittlung einer allein aus der Norm zu ermittelnden, einzig richtigen Entscheidung, sondern als diskursiver Prozess verstanden.[49] Dieser Prozess ist nach der Formulierung von *K. Larenz/C.-W. Canaris* nicht durch lineares Denken gekennzeichnet, sondern vielmehr durch ein Hin-und-Her-Denken.[50]

Leitend für den diskursiven Prozess sollen normative, aus den gesetzlichen Regelungen abgeleitete Wertungen sein,[51] die in Dogmatik kondensiert werden. Dogmatik lässt sich in dieser Hinsicht als eine Zwischenschicht zwischen Rechtsnorm und Rechtsanwendung beschreiben,[52] die zum einen die Kohärenz, Konsistenz und Rationalität der gesetzlichen Tatbestände absichert.[53] Zum anderen enthält sie auf mittlerer Abstraktionshöhe vertypte Beschreibungen und Bewertungen der einschlägigen Sachverhalte. Beispielhaft für diese normative Aufbereitung der Wirklichkeit stehen etwa die sog. wertenden Typusbegriffe, wie unter anderem das Tatbestandsmerkmal des Besitzdieners.[54] Die Konkretisierung dieser normativ vorgeprägten Begriffe soll einen Abgleich der praktischen Konsequenzen unterschiedlicher Auslegungsvarianten mit den gesetzlichen Wertungen voraussetzen.[55] Dieser Abgleich bewirkt zugleich eine laufende Anpassung der gesetzlichen Tatbestände in ihrer jeweiligen Konkretisierung an Veränderungen in der Wirklichkeit.[56]

---

49 „Dialektischer Prozess" *Larenz/Canaris*, Methodenlehre (Fn. 44), S. 33 ff.
50 *Larenz/Canaris*, Methodenlehre (Fn. 44), S. 28 f.; S. 304.
51 *Larenz/Canaris*, Methodenlehre (Fn. 44), S. 16: Jurisprudenz deckt Maßstäbe für ausgewogene Normen und Entscheidungen in den leitenden Prinzipien des geltenden Rechts selbst auf; S. 25: geltendes Recht ist in seinem normativen Sinn zu verstehen; S. 61 zum Erkenntniswert der Methoden wertorientierten Denkens.
52 *M. Eifert*, Zum Verhältnis von Dogmatik und pluralisierter Rechtswissenschaft, in: G. Kirchhof/S. Magen/K. Schneider (Hrsg.), Was weiß Dogmatik?, Tübingen 2012, S. 79 (81): kohärenzsichernde, operationalisierende Zwischenschicht zwischen den Rechtsnormen und der Rechtsanwendung im Einzelfall.
53 *E. Schmidt-Aßmann*, Das allgemeine Verwaltungsrecht als Ordnungsidee, 2. Aufl., Berlin 2006, Kapitel 1 Rn. 5 f.: Dogmatik als Systemnutzung und Systembildung zugleich.
54 *Larenz/Canaris*, Methodenlehre (Fn. 44), S. 42 f.; S. 290 ff.
55 *Larenz/Canaris*, Methodenlehre (Fn. 44), S. 43: ‚Normativer Realtypus' meint zwar einen in der sozialen Realität vielfach anzutreffenden Sachverhalt, erhält aber seine rechtliche Relevanz dadurch, dass ihm eine bestimmte Rechtsfolge ‚angemessen' ist.
56 *Larenz/Canaris*, Methodenlehre (Fn. 44), S. 35: „Neben der unveränderten Anwendung der Norm (in der ihr einmal von den Gerichten gegebenen Auslegung) gibt es ebenso immer wieder neue Auslegungen, durch die ihr Inhalt – mit beispielgebender Wirkung für künftige Entscheidungen – weiter konkretisiert, präzisiert, abgewandelt

Vereinfacht lässt sich die normative Methode als ein Zugang charakterisieren, der auch unter den Bedingungen von Ungewissheit und Komplexität der Umwelt den Akzent auf das Ziel der einzelnen Regelungen, Systematik und Kohärenz legt und dadurch die Verarbeitung der Wirklichkeit davon abhängig macht, welche Wirklichkeitsbeschreibung für die jeweilige dogmatische Konstruktion anschlussfähig ist und inwieweit die außerrechtlichen Wissensbestände danach relevant sind.

Dieser Zugang wirkt sich auf den Gegenstand rechtswissenschaftlicher Forschung aus. Er setzt die Dogmatik als Bezugspunkt.[57] Arbeit an der Dogmatik bedeutet, die übergreifenden Zusammenhänge in der Auslegung der Tatbestände systematisch herzustellen und dadurch die Rationalität und Kohärenz des Rechts zu erhöhen.[58] Insbesondere durch die typischen Publikationsformate wie Kommentare und Handbücher leistet die Rechtswissenschaft dadurch einen Beitrag zur Rechtssicherheit und Vorhersehbarkeit der Rechtsanwendung.

Als Kehrseite dieser Ausrichtung an dogmatischer Kohärenz weist die Methodik Schwächen bei der Berücksichtigung solcher Umstände auf, die sich zwar auf Entscheidungen im Prozess der Rechtsanwendung auswirken, aber nach den Kriterien der Dogmatik keine Rolle spielen oder nicht einmal spielen dürfen.

Dazu zählt zum einen der Umgang mit unterschiedlichen Formen außerrechtlicher Beschreibungen. Ein dogmatischer Zugang, der einen Zugriff auf „die" Wirklichkeit unterstellt, entwickelt keine Strukturen für einen reflektierten Umgang mit Wirklichkeitsbeschreibungen, die je nach Erkenntnisinteresse und Perspektive unterschiedliche Zusammenhänge

---

wird. Beides, die Maßstabsfunktion der Norm – die ihre gleichmäßige Anwendung verlangt – und ihre immer erneut zutage tretende (weitere) Auslegungsbedürftigkeit, schließlich die ‚Rückwirkung' der einmal erfolgten Auslegung und Konkretisierung auf die weitere Anwendung der Norm müssen gesehen werden, soll der – seiner Struktur nach ‚dialektische' Prozess der Rechtsanwendung nicht nur einseitig und deshalb unrichtig gedeutet werden."; theoretisch als Funktion der Unbestimmtheit und Mehrdeutigkeit beschrieben bei *Luhmann*, Recht und Automation in der öffentlichen Verwaltung (Fn. 48), S. 52 ff.

57 *Larenz/Canaris*, Methodenlehre (Fn. 44), S. 37, S. 45 ff.; aus der neueren Literatur zur Methodenlehre nur *T. Möllers*, Juristische Methodenlehre, 3. Aufl., München 2020, S. 316 ff.

58 *Larenz/Canaris*, Methodenlehre (Fn. 44), S. 48: dogmatische Arbeiten suchen die Gesetzliche Regelung als das Ergebnis eines Zusammenspiels der Rechtsprinzipien des jeweiligen Bereichs, besser zu verstehen, Abgrenzungen vorzunehmen, Lücken zu schließen und Entscheidungen aufeinander abzustimmen.

sichtbar machen, ohne sich zwangsläufig zu widersprechen. Die Anschlussfähigkeit für dogmatische Konzepte wird implizit und faktisch zum methodischen Meta-Kriterium des Umgangs mit Wissensbeständen anderer Disziplinen, obwohl die normative Relevanz der Konstruktion einer Wirklichkeitsbeschreibung, auch durch die Auswahl unter den Beschreibungsangeboten, außer Frage steht. Methodische Zugänge, die Normativität als einen strukturierten Prozess der aufeinander bezogenen Aufbereitung von Normtexten und Normbereichen verstehen,[59] sind für dogmatische Fragen nicht anschlussfähig.

Zum anderen betrifft ein blinder Fleck der dogmatikbezogenen Methodik die Relevanz der Rahmenbedingungen, unter denen Rechtsanwendung stattfindet. Im Hinblick auf den Hintergrund und die Perspektive der individuell entscheidenden Person steht die Bedeutung eines „Judizes" außer Frage.[60] Mit diesem „Judiz" ist ein implizites Wissen über Modalitäten der Rechtsanwendung gemeint, das über Sozialisation in Studium, Referendariat und der anschließenden beruflichen Tätigkeit erworben wird und die Herangehensweise an die Rechtsanwendung prägt.[61] Trotz der offensichtlichen Bedeutung des „Judizes" für das Ergebnis der Rechtsanwendung wird es in den methodischen Kriterien der dogmatikbezogenen Perspektive nicht abgebildet. Die Person und Umstände der Rechtsanwendung bilden, abgesehen von punktuellen Regelungen des Verfahrensrechts,[62] kein materiell-rechtliches Kriterium. „Judiz" wird daher als wichtig, aber infolge der Ausbildung als funktional unterstellt. In der Folge werden diese Umstände der Rechtsanwendung, weil sie normativ nicht relevant sind, in der normativ angeleiteten Methodik nicht verarbeitet. So gibt es zwar eine Reihe von

---

59 *Müller*, Strukturierende Rechtslehre (Fn. 46), S. 225 ff.
60 *Larenz/Canaris*, Methodenlehre (Fn. 44), S. 29: ‚Vorverständnis' im Anschluss an *J. Esser*, Vorverständnis und Methodenwahl in der Rechtsfindung, Frankfurt a.M. 1972, S. 10, als Ergebnis eines langwierigen Lernprozesses, in den sowohl die während der Ausbildung oder später erworbenen Kenntnisse als auch mannigfache berufliche und außerberufliche Erfahrungen, nicht zuletzt über soziale Tatsachen und Zusammenhänge, eingegangen sind; die Bedeutung dieses Vorverständnisses als Vorbedingung adäquaten Verstehens könne nicht überschätzt werden.
61 „Vorerfahrung" vgl. *Larenz/Canaris*, Methodenlehre (Fn. 44), S. 30; „wertorientiertes Denken" S. 45 u. S. 109 ff.
62 Etwa zur Besorgnis der Befangenheit wegen begründeten Misstrauens gegen eine unparteiische Amtsausübung, typischerweise wegen besonderer persönlicher Verhältnisse oder infolge des vorhergehenden Verhaltens des Amtswalters, zum Verwaltungsverfahrensrecht näher *M. Heßhaus* in: J. Bader/M. Ronellenfitsch (Hrsg.), BeckOK VwVfG, 57. Edition, München 2022, § 21 VwVfG Rn. 4 ff.

Untersuchungen zum Einfluss der Sozialisation von Richter:innen auf die Entscheidungspraxis,[63] zu den situativen, an der Person ansetzenden Einflussfaktoren auf die Entscheidung[64] und vor allem zu den Auswirkungen des medialen Kontexts auf die Relevanzkriterien in der Rechtsanwendung und damit verbunden die Leistungsfähigkeit des Rechts.[65] Diese Untersuchungen wandern jedoch in angrenzende Forschungsbereiche, etwa in die Rechtssoziologie, ab und stehen dadurch neben der im engeren Sinn rechtswissenschaftlichen Forschung, ohne die Rechtsanwendung anzuleiten.

3. Auswirkungen der digitalen Transformation

Die digitale Transformation löst in mehrfacher Hinsicht Reflektionsbedarf für die Methoden der Rechtswissenschaft aus. Die von der digitalen Transformation hervorgebrachten strukturellen Änderungen einzelner Lebensbereiche bedeuten für das Recht strukturelle Änderungen des Regelungsgegenstands, die den Prämissen, die einzelnen Tatbeständen oder der Dogmatik zu Grunde liegen, zum Teil nicht mehr entsprechen. Struktureller Wandel der Lebensbereiche lässt sich dann nicht ohne weiteres bestehenden dogmatischen Kategorien zuordnen. Vielmehr setzt die Anpassung der Dogmatik neue außerrechtliche Beschreibungen zu den Zusammenhängen und Hintergründen des jeweiligen Regelungsgegenstands voraus. Auch der

---

63 Überblick bei *M. Rehbinder*, Rechtssoziologie, 8. Aufl., München 2014, Rn. 134 ff.; S. 173 ff.; Ansatzpunkte für Reflexionsangebote zur gesellschaftlichen Gebundenheit des Rechts *E. Kocher*, Objektivität und gesellschaftliche Positionalität, KJ 2021, 268 (279 ff.).

64 *S. Danziger/J. Levav/L. Avnaim-Pesso*, Extraneous factors in judicial decisions, PNAS, Bd. 108, Nr. 17, S. 6889; Aufgegriffen im deutschen rechtswissenschaftlichen Schrifttum etwa von *Nink*, Justiz und Algorithmen (Fn. 7), S. 74 ff.; *K. Chatziathanasiou*, Der hungrige, ein härterer Richter? Zur heiklen Rezeption einer vielzitierten Studie, JZ 2019, 455; *F. Reimer*, Was ist die Frage, auf die die Juristische Methodenlehre eine Antwort sein will?, in: F. Reimer (Hrsg.), Juristische Methodenlehre aus dem Geist der Praxis?, Baden-Baden 2016, S. 11 (24); *R. Rubel*, Richterliche Entscheidungsroutinen als Gegenstand und Leitfaden juristischer Methodenlehre: verwaltungsrichterliche Perspektiven, in: F. Reimer (Hrsg.), Juristische Methodenlehre aus dem Geist der Praxis?, Baden-Baden 2016, S. 91 (92).

65 Vgl. etwa die vier Bände von *T. Vesting*, Die Medien des Rechts: Sprache, Schrift, Buchdruck und Computernetzwerke, Weilerswist 2011, 2011, 2013 und 2015, sowie *T. Vesting*, Medienwechsel und seine Folgen für das Recht und die rechtswissenschaftliche Methode, in: M. Eifert (Hrsg.), Digitale Disruption und Recht, Berlin 2020, S. 9 ff.; *C. Vismann*, Akten: Medientechnik und Recht, Frankfurt a. M. 2001.

Umgang mit den unterschiedlichen Formen von Legal Tech-Anwendungen, die Rechtsanwendung durch Personen vollständig ersetzen oder vorbereitende Leistungen erbringen, erhöht die Relevanz des methodischen Verständnisses von Rechtsanwendung.

a) Methodischer Reflektionsbedarf infolge von Änderungen des Gegenstands

Eine auf Dogmatik ausgerichtete Methodik, die tatbestandsübergreifende Wertungen entwickelt und die Konsequenzen unterschiedlicher Auslegungsvarianten für den Lebensbereich mit diesen Wertungen abgleicht,[66] verarbeitet automatisch Veränderungen des Lebensbereichs. Veränderte oder gänzlich neue Sachverhalte werden bestehenden Kategorien nach abstrakten Merkmalen zugeordnet. Diese Abstraktion der für die dogmatischen Begriffe und Figuren charakteristischen Merkmale bildet die Grundlage für die Kategorisierungsleistung, die einen generellen, fallübergreifenden Anspruch einer kohärenten Regelung mit einer Flexibilität und Angemessenheit im Einzelfall verbindet.

Beispiele für eine solche Kategorisierungsleistung betreffen etwa die Verbindlichkeit zivilrechtlicher Willenserklärungen in Online-Auktionen auf digitalen Plattformen[67] oder die bankenaufsichtsrechtliche Einordnung virtueller Währungen wie Bitcoin.[68]

Die Möglichkeit der Kategorisierung digitaler Sachverhalte in etablierte dogmatische Begriffe stößt allerdings auf besondere Schwierigkeiten, wenn die den digitalen Sachverhalten zu Grunde liegenden Hintergründe von denen ihres analogen Pendants erheblich abweichen, etwa weil die auf Daten

---

66 Siehe oben, III.2.
67 § 156 S. 1 BGB; sowohl die Abgrenzung zum zivilrechtlichen Begriff der Versteigerung als auch die grundsätzliche Verbindlichkeit sowohl des Angebots als auch der einzelnen Gebote nach dem Erwartungshorizont der Nutzer:innen der jeweiligen Plattform und schließlich auch die Grenzen der Verbindlichkeit unter bestimmten Voraussetzungen, etwa im Fall eines Irrtums, erfolgen anhand einer Übersetzung in die etablierten zivilrechtlichen Strukturen anhand einer Bewertung der entsprechend abstrahiert bewerteten Interessen.
68 Im Bankenaufsichtsrecht lassen sich virtuelle Geldeinheiten, etwa Bitcoin, als Recheneinheit und damit als Finanzinstrument kategorisieren mit der Folge, dass eine Bandbreite kommerzieller Aktivitäten in den Anwendungsbereich der aufsichtsrechtlichen Tatbestände fällt. Das bankenaufsichtsrechtliche Bespiel der Einordnung virtueller Einheiten zeigt zugleich, dass die Kategorisierung derselben Situation in Begriffe des Straf- oder Ordnungswidrigkeitenrechts wegen des Analogieverbots abweichend ausfallen kann.

und maschinellem Lernen beruhenden Geschäftsmodelle andere, marktübergreifende Geschäftsmodelle und dadurch andere Handlungsstrategien hervorbringen oder weil die digitalen Anwendungen differenziertere Möglichkeiten der Steuerung zulassen. Wenn die der Kategorisierungsleistung zu Grunde liegenden abstrahierten Kriterien die Charakteristika des digitalen Sachverhalts nicht mehr treffen, führt die Anwendung der Regelung auf den digitalen Sachverhalt unter Umständen nicht mehr zu angemessenen, dem Regelungsziel entsprechenden Ergebnissen.

Bei dem digitalen Euro, dessen mögliche Ausgestaltungsformen derzeit von der Europäischen Zentralbank eruiert werden,[69] liegt auf den ersten Blick nahe, ihn als digitales Äquivalent zum Bargeld einzuordnen. Bei einem näheren Blick unterscheiden sich die Eigenschaften gleichwohl erheblich.[70] Im Gegensatz zur Ausgabe von Bargeld kann die Ausgabe einer digitalen hoheitlichen Währung, zumal wenn ihr der Status eines gesetzlichen Zahlungsmittels zukommt, Geschäftsmodelle etablierter Kreditinstitute, insbesondere im Einlagengeschäft, beeinträchtigen.[71] Digitales Zentralbankgeld, das genauso flexibel und komfortabel in der Nutzung wie das von den kommerziellen Kreditinstituten ausgegebene Giralgeld ist, aber durch den Status der Zentralbank eine höhere Sicherheit aufweist, kann in Phasen plötzlicher Marktunsicherheit Nutzer:innen zu einem Umtausch bestehender Einlagen in digitales Zentralbankgeld bewegen. Solche Phänomene eines Ansturms auf die Bankschalter (*bank run*), welche typischerweise einzelne Kreditinstitute betreffen, aber gleichwohl systemische Risiken auslösen können, können bei einem Umtausch in digitales Zentralbankgeld das Giralgeld schlechthin und damit sämtliche kommerzielle

---

69 Die derzeit laufende *investigation phase* zielt auf die Ausarbeitung eines Konzepts und soll als Grundlage für die Entscheidung über eine etwaige Einführung dienen, näher *U. Bindseil/F. Panetta/I. Terol*, Central Bank Digital Currency: functional scope, pricing and controls, ECB Occasional Paper Series No 286, 2021, S. 1 ff. Ähnliche Überlegungen werden von einer Reihe Zentralbanken weltweit angestellt, *A. Kosse/I. Mattei*, Gaining momentum – Results of the 2021 BIS survey on central bank digital currencies, BIS Papers No 125, 2022, S. 3 ff.; *C. Boar/A. Wehrli*, Ready, steady, go? – Results of the third BIS survey on central bank digital currency, BIS Papers No 114, 2021.
70 Näher *R. Broemel*, Recht und Interessen bei der Ausgestaltung digitalen Zentralbankgelds, in: J. Eisfeld/M. Otto/L. Pahlow/M. Zwanzger (Hrsg.), Recht und Interesse, Duncker & Humblot, i.E.
71 *R. Adalid et al.*, Central bank digital currency and bank intermediation, ECB Occasional Paper Series No 293, 2022, S. 15 ff.

Kreditinstitute betreffen (*systemic bank run*).[72] Auch unabhängig von den im Einzelnen unterschiedlichen Einschätzungen zur Plausibilität eines solchen Szenarios und den Vermeidungsmöglichkeiten setzt die potentielle Umtauschmöglichkeit Geschäftsmodelle etablierter Kreditinstitute unter Druck. Die Entstehung von Wettbewerbsdruck durch die Einführung einer weiteren Alternative für Nutzer:innen ist per se für Märkte kein untypischer Vorgang und kann sogar Ineffizienzen, die aus faktischen Marktzutrittsschranken resultieren, kompensieren.[73] Bei der Einführung digitalen Zentralbankgelds geht die Befürchtung jedoch dahin, dass der digitale Euro so umfangreich nicht nur als Zahlungsmittel, sondern auch zur Aufbewahrung von Vermögen eingesetzt werden kann, dass das etablierte Kooperationsmodell aus Zentralbank und privaten kommerziellen Banken (Zwei-Säulen-System) beeinträchtigt wird. Davon wären in der Folge auch geldpolitische Transmissionskanäle, also die Ansatzpunkte währungspolitischer Instrumente der Zentralbank zur Gewährleistung der Preisstabilität, betroffen. Ein zentraler Aspekt bei den Überlegungen zur Ausgestaltung sind daher die Maßnahmen, um die Nutzung des digitalen Zentralbankgelds so zu regulieren, dass es in bestimmtem Umfang als Zahlungsmittel, aber nicht zu weitgehend und vor allem nicht in größerem Ausmaß zur Wertaufbewahrung genutzt wird.[74] Die im Raum stehenden Formen der Ausgestaltung greifen dabei auf Optionen zurück, die nur auf der Grundlage der Digitalisierung möglich sind.[75] Digitale Ausgestaltungsoptionen werden mit anderen Worten genutzt, damit sich die strukturellen Auswirkungen des digitalen Zentralbankgelds auf dem Markt gegenüber der Ausgabe von Bargeld nicht zu sehr unterscheiden.

---

72 ECB, Report on a digital euro, 2020, S. 17; Einordnung der Vermeidemöglichkeiten *Adalid et al.*, Central bank digital currency (Fn. 71), S. 35 ff.
73 Näher zu den divergierenden Studien über die Wohlfahrtseffekte und den Auswirkungen auf den Wettbewerbsdruck durch die Einführung digitalen Zentralbankgelds bei *R. Auer/G. Cornelli/J. Frost*, Rise of the central bank digital currencies: drivers, approaches and technologies, BIS Working Papers No 880, 2020, S. 15 ff.
74 Überblick über die verschiedenen Ansätze der technischen und ökonomischen Ausgestaltung bei *U. Bindseil/F. Panetta/I. Terol*, Central Bank Digital Currency: functional scope, pricing and controls, ECB Occasional Paper Series No 286, 2021, S. 11 ff.
75 Etwa die gestufte Verzinsung der Guthaben, *U. Bindseil*, Tiered CBDC and the financial system, ECB Working Paper Series No 2351, 2020, S. 22 ff., oder die Einführung von Kapazitätsgrenzen, vgl. die Überlegung bei *F. Panetta*, 21st century cash: central banking, technological innovation and digital currency, SUERF Policy Note No 40, 2018, S. 6; näher zum Ganzen *Bindseil/Panetta/Terol*, Central Bank Digital Currency (Fn. 74), S. 11 ff.

Aus rechtswissenschaftlicher Perspektive sind die Modalitäten der Ausgestaltung neben den datenschutzrechtlichen Anforderungen vor allem für die Frage relevant, inwieweit sich die Ausgabe digitalen Zentralbankgelds durch die Europäische Zentralbank auch unter Berücksichtigung der unterschiedlichen Ausgestaltungsvarianten auf einen unionsrechtlichen Kompetenztitel stützen lässt.[76] Den Begriff der „Banknote" in der Regelung der Zuständigkeit der Europäischen Zentralbank für die Genehmigung der Ausgabe von Banknoten so zu verstehen, dass er einen digitalen Euro nur dann erfasst, wenn er dieselben Eigenschaften aufweist wie eine physische Banknote,[77] würde die Möglichkeiten zur Ausgestaltung des digitalen Euro einschränken, ohne dass die Einschränkung dem Regelungsanliegen des Kompetenztitels entsprechen würde.[78] Dass Geldscheine ohne Mitwirkung eines Intermediärs, etwa eines Kreditinstituts, übertragbar sind, macht einen wesentlichen Aspekt ihrer Verkehrsfähigkeit aus; bei digitalen Währungen wird eine ähnliche Form der Verkehrsfähigkeit oftmals erst durch digitale Dienste hergestellt. Die zivilrechtlichen Voraussetzungen der Übertragung und insbesondere eines gutgläubigen Erwerbs von Bargeld sind Folge ihrer Einordnung als körperliche Gegenstände. Von digitalem Zentralbankgeld eine ähnliche Struktur der Übertragung zu verlangen, würde den Unterschieden der verschiedenen Ausgestaltungsformen digitalen Zentralbankgelds bei dem Austarieren der Interessen des Verkehrsschutzes und des Bestandsschutzinteresses bisheriger Inhaber:innen nicht Rechnung tragen. Dass Bargeld im Gegensatz zu Zentralbankgeld in Form von Guthaben gegenüber Zentralbanken unverzinslich ist, geht wesentlich auf praktische Schwierigkeiten der Umsetzung einer solchen Verzinsung zurück. Aus diesen Umständen auf ein Verbot der Verzinslichkeit auch digitalen Zentralbankgelds zu schließen,[79] würde selbst solche Ausgestaltungsformen

---

76 *S. N. Grünewald/C. Zellweger-Gutknecht/B. Geva*, Digital Euro and ECB Powers, CMLR 58, 2021, 1029 (1033 f.); *C. Zellweger-Gutknecht/B. Geva/S. N. Grünewald*, The ECB and € E-Banknotes, 2020, S. 64; *K. Muscheler/C. Hunt*, Recent Legal Developments in the Area of Crypto-Assets and a Digital Euro, ILF Working Paper No 164, 2021, S. 4.

77 *Grünewald/Zellweger-Gutknecht/Geva*, Digital Euro and ECB Powers (Fn. 76), 1036; *Muscheler/Hunt*, Recent Legal Developments in the Area of Crypto-Assets and a Digital Euro (Fn. 76), S. 4.

78 Näher *Broemel*, Recht und Interessen bei der Ausgestaltung digitalen Zentralbankgelds (Fn. 70).

79 *Muscheler/Hunt*, Recent Legal Developments in the Area of Crypto-Assets and a Digital Euro (Fn. 76), S. 8; *Grünewald/Zellweger-Gutknecht/Geva*, Digital Euro and ECB Powers (Fn. 76), 1047.

des digitalen Zentralbankgelds ausschließen, die darauf zielen, die Nutzung des digitalen Zentralbankgelds so zu regulieren, dass sich durch die Einführung die Marktstrukturen gegenüber der alleinigen Ausgabe von Bargeld möglichst wenig verändern. Dabei kommt der Unverzinslichkeit des Bargelds im Hinblick auf den Kompetenztitel keine Funktion zu. Es lässt sich nicht einmal sagen, dass das Bargeld im Hinblick auf die Effekte der währungspolitischen Instrumente bei der Gewährleistung der Preisstabilität wegen seiner Unverzinslichkeit neutral wäre, da die Unverzinslichkeit der Absenkung der Leitzinsen in den negativen Bereich Grenzen setzt und dadurch die Einsetzbarkeit konventioneller Instrumente der Währungspolitik in Niedrigzinsphasen einschränkt.[80]

Eine schematische Kategorisierung des digitalen Euros führt mit anderen Worten zu einer Konkretisierung der Kompetenznorm, die den Hintergründen und Regelungsbedarfen unter den Bedingungen der digitalen Transformation nicht entspricht. Gleichwohl stellen weltweit zu beobachtende Überlegungen der Zentralbanken zu einer etwaigen Ausgabe digitalen Zentralbankgelds in der einen oder anderen Weise Reaktionen auf die digitale Transformation dar, entweder weil sie die Erfüllung von Aufgaben der Zentralbanken auch angesichts geänderter Zahlungsgewohnheiten sicherstellen[81] oder weil sie die Möglichkeiten digitaler Zahlungsmittel zur Förderung finanzieller Inklusion nutzen wollen.[82] Angesichts dieser Motive für eine etwaige Ausgabe digitalen Zentralbankgelds sprechen die besseren Gründe dafür, digitales Zentralbankgeld nicht allein als funktionales Äquivalent für physisches Bargeld, sondern als Element der Ausgestaltung digitaler Märkte zu konzipieren und bei der Konkretisierung der Kompetenztitel den abweichenden Charakteristika digitaler Märkte Rechnung zu tragen.[83]

Beispiele für die Notwendigkeit des Rechts, bei der Anwendung bestehender Regelungen strukturelle, auf die digitale Transformation zurückge-

---

80 *C. Ohler*, Unkonventionelle Geldpolitik, Tübingen 2021, S. 132.
81 ECB, Report on a digital euro, 2020, S. 9 ff.; *R. Auer et al.*, CBDC: motives, economic implications and the research frontier, BIS Working Papers No 976, 2021, S. 6 f.
82 *R. Auer et al.*, Central Bank digital currencies: a new tool in the financial inclusion toolkit, FSI Insights No 41 2022, Rn. 5, 9; *A. Kosse/I. Mattei*, Gaining momentum – Results of the 2021 BIS survey on central bank digital currencies, BIS Papers No 125, 2022, S. 6 f.
83 *R. Broemel*, Digitales Zentralbankgeld als Wissensinfrastruktur, in: R. Broemel/S. Kuhlmann/A. Pilniok (Hrsg.), Forschung als Handlungs- und Kommunikationszusammenhang, i.E.

hende Veränderungen zu verarbeiten, sind vielfältig.[84] Allgemein formuliert liegt bei der Einordnung neuer, durch die digitale Transformation geprägter Sachverhalte in bestehende dogmatische Figuren, Begriffe oder Kategorien ein Akzent auf der Analyse der jeweils zu Grunde liegenden Strukturen des Sachbereichs. Aus der Analyse dieser Strukturen folgt, inwieweit sich die Kriterien der etablierten Dogmatik übertragen lassen. Diese Relevanz der Sachbereichsanalyse als eine der Dogmatik vorausliegende Frage weicht in gewisser Weise von der „normativen" Methode wertorientierten Denkens ab, die die Relevanzkriterien dogmatischer Strukturen zum Ausgangspunkt der Rezeption außerrechtlicher Wissensbestände nimmt.[85]

b) Algorithmenbasierte Rechtsanwendung

Neben den Veränderungen des Rechts, die sich aus den Änderungen seines Gegenstands ergeben, betrifft die digitale Transformation auch die Rechtsanwendung selbst. Algorithmenbasierte (Legal Tech-)Anwendungen, die darauf ausgerichtet sind, die Rechtslage in einem Einzelfall zu ermitteln, werden als effiziente Alternativen zur Rechtsanwendung durch Menschen herangezogen. Sie ermöglichen in jeweils abgegrenzten Bereichen etwa eine schnelle und kostengünstige Bewertung der Rechtslage in einem Einzelfall als Informationsgrundlage für die Entscheidung über die Durchsetzung der Forderung. Dadurch können sie die Kosten für die Durchsetzung von Ansprüchen in Beförderungs- oder Mietverträgen reduzieren,[86] die Hürden bei der Überprüfung aufenthalts- oder sozialrechtlicher Bescheide senken[87] oder die Verwaltung bei der Bearbeitung von Vorgängen der Massenverwaltung unterstützen.[88]

---

[84] Im Kartellrecht etwa bei der Abgrenzung sachlich relevanter Märkte oder der Bewertung unternehmerischer Aktivitäten nach den Tatbeständen der Missbrauchsaufsicht auf digitalen Plattformen, aus der Literatur nur BKartA, Marktmacht von Plattformen und Netzwerken, 2016, S. 7 ff.; im Medizinrecht etwa bei der Konkretisierung des „Stands medizinischer Erkenntnisse" im Medizinrecht, *K.-H. Ladeur*, Regulierung des Gesundheitswesens unter den Bedingungen der „datenbasierten Medizin", MedR 2016, 650 ff.; im Zusammenhang mit der evidenzbasierten Medizin *K. Ertl*, Der allgemein anerkannte Stand der medizinischen Erkenntnisse, NZS 2016, 889 ff.
[85] *Larenz/Canaris*, Methodenlehre (Fn. 44), S. 61; siehe oben, III.2.
[86] *Timmermann*, Legal Tech-Anwendungen (Fn. 11), S. 168 ff., S. 170 ff., S. 175 ff.
[87] *Völzmann*, Digitale Rechtsmobilisierung (Fn. 18), 478 f.
[88] Anhand eines Beispiels *Breidenbach*, Entscheidungen, Prozesse und Rechtsanwendung automatisieren (Fn. 30), 2.2, Rn. 1 ff.

In all diesen Anwendungsfällen leisten die Legal Tech-Anwendungen, sofern sie die Rechtslage im Einzelfall für die Zwecke der jeweiligen Anwendung hinreichend genau abbilden, sinnvolle Beiträge. Für Private senken sie die Transaktionskosten der Rechtsdurchsetzung und machen dadurch auch bei kleineren Beträgen, hoher Unsicherheit oder einer erhöhten individuellen Hemmschwelle eine Durchsetzung individueller Rechtspositionen wahrscheinlicher.[89] Für die öffentliche Verwaltung können sie produktiv zur zeitnahen Bearbeitung einer Vielzahl gleichgelagerter Fälle beitragen.[90]

Die algorithmenbasierten Anwendungen zur Ermittlung der Rechtslage tragen allerdings nicht zur Fortentwicklung des Rechts bei. Auf Grund der Kriterien, anhand derer sie die Rechtslage ermitteln oder den Inhalt einer gerichtlichen Entscheidung prognostizieren, sind sie auf die Reproduktion des derzeit etablierten Stands ausgerichtet.[91] Expertensysteme, die Entscheidungsprogramme von Tatbeständen Tatbestandsmerkmal für Tatbestandsmerkmal nachbilden, setzen eine Festlegung der Kriterien aller Tatbestandsmerkmale in der für die Anwendung erforderlichen Detailtiefe voraus. Solche Systeme ermöglichen eine Nachvollziehbarkeit der Entscheidung und können bei hinreichender Transparenz auch durch Richter:innen zur Vorbereitung einer Entscheidung eingesetzt werden, ohne dass die verfassungsrechtlichen Anforderungen an die Unabhängigkeit der Justiz prinzipiell entgegenstünden.[92] Praktisch beschränken sich die Fälle, deren Entscheidungskriterien sich hinreichend genau ex ante bestimmen lassen, jedoch auf wenige Ausschnitte von Massenverfahren. Wenn individuelle Anpassungen bei der Konkretisierung einzelner Tatbestandsmerkmale möglich, also von vorneherein optional vorgesehen sind, relativiert der mit ihnen verbundene Aufwand die Effizienz der Automatisierung. Vor allem setzt die Anpassung der Rechtsanwendung an eine komplexe, sich wandelnde Umwelt eine prinzipiell nicht automatisierbare Flexibilität

---

89 *Völzmann*, Digitale Rechtsmobilisierung (Fn. 18), 478 f.
90 *Breidenbach*, Entscheidungen, Prozesse und Rechtsanwendung automatisieren (Fn. 30), 2.2, Rn. 16 ff.
91 Näher *R. Broemel*, Algorithmen in der Rechtsanwendung, in: M. Kuhli/F. Rostalski (Hrsg.), Normtheorie im digitalen Zeitalter, i.E.
92 Einsatz von KI und algorithmischen Systemen in der Justiz, Grundlagenpapier zur 74. Jahrestagung der Präsidentinnen und Präsidenten der Oberlandesgerichte, des Kammergerichts, des Bayerischen Obersten Landesgerichts und des Bundesgerichtshofs vom 23.-25. Mai 2022, S. 7, S. 11, S. 40; *Rollberg*, Algorithmen in der Justiz (Fn. 17), S. 101; *Broemel*, Algorithmen in der Rechtsanwendung (Fn. 91).

voraus.[93] Dass solche Anpassungsleistungen des Rechts über die konstitutive Rolle der Rechtsanwendung[94] erfolgen, die dafür erforderliche Vagheit auch vermeintlich bestimmter Tatbestandsmerkmale eine Voraussetzung der Leistungsfähigkeit des Rechts ist und diese Verarbeitung veränderter Umweltbedingungen in der rechtlichen Dogmatik nicht formalisierbar und dadurch einer algorithmenbasierten Automatisierung nicht zugänglich ist, ist bereits in einer frühen Phase der Diskussion um die maschinenbasierte Automation herausgestellt worden.[95] An diesen prinzipiellen, auch mit den Modalitäten der Entstehung von Wissen im Recht zusammenhängenden Grenzen der Automatisierbarkeit hat sich auch durch die Fortentwicklung der Algorithmen, die Zunahme der verfügbaren Rechenkapazität sowie der Datenmengen in den letzten Jahrzehnten nichts Grundsätzliches geändert.[96]

Algorithmenbasierte Anwendungen, die Gerichtsentscheidungen auf der Grundlage einer Auswertung vorhergehender Entscheidungen und rechtlich relevanter Dokumente[97] nach Verfahren des maschinellen Lernens auswerten (*prediction of judgments*),[98] gelangen auf einem anderen Weg

---

93 N. *Luhmann*, Recht und Automation in der öffentlichen Verwaltung, 2. unveränderte Aufl. 1997, S. 52 ff.
94 H.-H. *Trute*, Die konstitutive Rolle der Rechtsanwendung, in: H.-H. Trute/T. Groß/H. C. Röhl/C. Möllers (Hrsg.), Allgemeines Verwaltungsrecht – zur Tragfähigkeit eines Konzepts, Tübingen 2008, S. 211 (215 ff.).
95 Und zwar sowohl im Hinblick auf die Notwendigkeit der Unbestimmtheit und der damit verbundenen Flexibilität im Umgang mit einer komplexen Umwelt als auch im Hinblick auf die Absorption der dadurch hervorgebrachten Unsicherheit durch die nur begrenzt schematisierbare Begründung, *Luhmann*, Recht und Automation (Fn. 93), S. 52, S. 60.
96 Hinweise auf die theoretische Möglichkeit der Rechtsanwendung durch eine „starke KI" laufen auf die Vorstellung hinaus, menschliche Intelligenz kontextübergreifend zu ersetzen; Zu einer solchen „allgemeinen Intelligenz" wie auch den technischen Grenzen *D. Timmermann/K. Gelbrich*, Können Algorithmen subsumieren? Möglichkeiten und Grenzen von Legal Tech, NJW 2022, 25 (28).
97 Zum Teil ziehen sie auch Kriterien heran, die mit der materiellen Rechtslage in keinem unmittelbaren Zusammenhang stehen, sondern an die Person des Richters oder der Richterin oder sein/ihr Verhalten in der Verhandlung anknüpfen, *D. M. Katz/M. J. Bommarito II/J. Blackman*, A general approach for predicting the behavior of the Supreme Court of the United States, PLoS ONE 12(4): e017498, https://doi.org/10.1371/journal.pone.0174698 (zuletzt aufgerufen: 21.11.2022).
98 Typischerweise verknüpfen Anwendungen Elemente von Expertensystemen, die bestimmte, leicht zu ermittelnde Kriterien als eine Art Vor-Filter abfragen, mit einem Training des Algorithmus anhand historischer Daten, *von Bünau*, Künstliche Intelligenz im Recht (Fn. 22), 3 Rn. 15.

zur Einschätzung der Rechtslage im Einzelfall, stoßen allerdings bei der Verarbeitung gesellschaftlichen Wandels an dieselben Grenzen.[99] Trainingsdaten bilden den Bestand historischer Entscheidungen mehr oder weniger vollständig und mehr oder weniger unverzerrt ab. Für die Einordnung neuartiger Sachverhalte sind sie nicht konzipiert.[100] Offen bleibt, inwieweit die Anwendung im Einzelfall Hinweise darauf gibt, ob der Fall in den Bereich der verfügbaren historischen Trainingsdaten fällt.

Daraus folgt zugleich, dass die algorithmenbasierten Anwendungen zur Ermittlung der Rechtslage auf ein Rechtssystem angewiesen sind, das durch eine hinreichende Menge an Einzelfallentscheidungen die Auslegung der bestehenden Tatbestände bestätigt, fortentwickelt oder in sonstiger Weise modifiziert. Legal Tech-Anwendungen verändern das Recht nicht, stellen also keine Rechtsanwendung im Sinne einer einzelnen Entscheidung in einer Kette aufeinander folgender, dezentraler Entscheidungen dar, sondern sie ermitteln lediglich statisch den Stand des Rechts zu einer spezifischen Frage zu einem bestimmten Zeitpunkt.

c) Algorithmen als Entscheidungsgrundlage in der Rechtsanwendung

Ein wesentlicher, methodisch nur unvollständig aufgearbeiteter Bereich betrifft den Einsatz der Bandbreite von Algorithmen zur Vorbereitung der Rechtsanwendung. Die methodischen Anforderungen an einen angemessenen Umgang mit solchen Legal Tech-Anwendungen bei der Rechtsanwendung hängen von der Funktionsweise der Anwendung und der Relevanz ihrer Ergebnisse für die Rechtsanwendung ab. Methodische Grundsätze oder gar normative Vorgaben zum Einsatz von Legal Tech-Anwendungen zur Vorbereitung rechtlicher Entscheidungen sind typischerweise zu dem ersten Aspekt – der Funktionsweise von Legal Tech-Anwendungen – deutlich schärfer. Beschreibungen oder gar Anforderungen zur Art und Weise, wie sie in rechtliche Entscheidungen eingehen, bleiben hingegen typischerweise unscharf.

---

99 *M. Hildebrandt*, Code driven Law: Freezing the Future and Scaling the Past, in: S. Deakin/C. Markou (Hrsg.), Is Law Computable?, Oxford 2020, S. 67 (73).
100 *von Bünau*, Künstliche Intelligenz im Recht (Fn. 22), 3 Rn. 21.

aa) Anwendungen zur Analyse und Aufbereitung des Sachverhalts

Zunächst beziehen sich Anwendungen, die den der Entscheidung zu Grunde liegenden Sachverhalt aufbereiten, indem sie bereits verfügbare Informationen auf übersichtliche Weise strukturieren und dadurch leichter zugänglich machen oder indem sie typischerweise auf der Grundlage maschinellen Lernens wahrscheinlichkeitsbasierte Prognosen erstellen, nicht auf die Auslegung von Tatbeständen. Sie wirken sich dadurch zumindest nicht unmittelbar auf das Recht aus, sondern auf die Frage, inwieweit die Voraussetzungen eines bestimmten Tatbestandsmerkmals im Einzelfall festgestellt werden können. Mittelbar bleibt es für die Auslegung des Tatbestands allerdings regelmäßig nicht ohne Folgen, wenn Sachverhalte strukturell auf eine bestimmte Weise aufbereitet, etwa Aspekte hervorgehoben oder Fragen gestellt, werden.

Methodische Anforderungen, die für solche Anwendungen formuliert werden, beziehen sich in erster Linie auf Anforderungen der Statistik, etwa die Qualität der Trainings- und Validierungsdaten oder den Umgang mit Verzerrungsrisiken.[101] Solche Anforderungen lassen sich zu einem gewissen Grad bereichsübergreifend standardisieren, wie beispielsweise der Vorschlag für das KI-Gesetz[102] für eine Reihe von Anwendungen, die aus unterschiedlichen Gründen als Hochrisiko-System eingestuft werden,[103] einheitliche Anforderungen unter anderem an das Risikomanagement, die Qualität der Trainings- und Validierungsdaten sowie an die Transparenz vorsieht.[104] Der Regelungsvorschlag greift neben Elementen kritischer Infrastrukturen im Hinblick auf die Rechtsanwendung vor allem Systeme der Strafrechtspflege[105] sowie allgemein den Einsatz von Algorithmen in der

---

101 Zu den Rahmenbedingungen des Einsatzes von KI im Recht *von Bünau*, Künstliche Intelligenz im Recht (Fn. 22), 3 Rn. 25 ff.
102 Europäische Kommission, Vorschlag für eine Verordnung des Europäischen Parlaments und des Rates zur Festlegung harmonisierter Vorschriften für künstliche Intelligenz (Gesetz über künstliche Intelligenz) und zur Änderung bestimmter Rechtsakte der Union, COM (2021) 206 final.
103 Art. 6 Abs. 1 und 2 in Verbindung mit Anhang II und III des Vorschlags für ein Gesetz über künstliche Intelligenz; näher, auch zu den Anforderungen *P. Roos/C. A. Weitz*, Hochrisiko-KI-Systeme im Kommissionsentwurf für eine KI-Verordnung, MMR 2021, 844 (845 ff.).
104 Art. 9, 10 und 13 des Vorschlags für ein Gesetz über künstliche Intelligenz.
105 Anhang III Nr. 6 lit. a) - g) des Vorschlags für ein Gesetz über künstliche Intelligenz.

Wie verändert sich das Recht durch Digitalisierung?

Justiz,[106] mittelbar aber auch etwa Anwendungen zum Kredit-Scoring im Rahmen von Vertragsverhandlungen,[107] auf.

Kehrseite dieses übergreifenden Ansatzes ist allerdings, dass die Spezifika des jeweiligen Kontexts in die Bewertung des Regelungsbedarfs nicht eingehen, also etwa nicht berücksichtigt wird, ob und inwieweit den Betroffenen Ausweichmöglichkeiten zur Verfügung stehen oder mit welcher Intensität die Anwendung voraussichtlich oder typischerweise in die rechtliche Entscheidung eingeht. Bei Anwendungen, die sich mittelbar auf die Rechtsanwendung durch Private auswirken, hängt der Regelungsbedarf von den Alternativen der betroffenen Personen und der Intensität der bereichsspezifischen Regulierung ab. Bei der Nutzung der Anwendung für Zwecke der Strafrechtspflege oder durch die Justiz hängt das gebotene Maß an Sorgfalt bei der Sachverhaltsermittlung ebenfalls vom jeweiligen Kontext ab, etwa der Frage, inwieweit die am Verfahren Beteiligten eine Darlegungs- und Beweislast trifft und welche weiteren Möglichkeiten zur Aufklärung des Sachverhalts für die Beteiligten oder das Gericht zur Verfügung stehen.

Legal Tech-Anwendungen, die bestimmte Inhalte markieren oder strukturieren und dadurch die Auffindbarkeit relevanter Inhalte erleichtern, wirken sich in vielen Fällen auf den Inhalt der richterlichen Entscheidung nicht aus.[108] Je größer allerdings die Zeitersparnis ausfällt und je höher der Aufwand wäre, das Informationsmaterial ohne eine vorstrukturierende Aufbereitung inhaltlich vollständig auszuwerten, desto mehr kommt der Legal Tech-Anwendung eine Filterfunktion zu, die die Perspektive auf den Verfahrensgegenstand und damit mittelbar auch das Ergebnis beeinflusst.

Unter Umständen sind die Sachverhaltsanalysen durch eine Legal Tech-Anwendung auch als ein Element der Sachverhaltsaufklärung zu den weiteren Ansätzen der Sachverhaltsaufklärung in Beziehung zu setzen, auch um die Ursachen potentieller Divergenzen zu plausibilisieren. Ergebnisse der algorithmenbasierten Sachverhaltsanalysen gehen dann wie andere Elemente der Sachverhaltsaufbereitung auch in eine Würdigung des Vortrags

---

106 Anhang III Nr. 8 a) des Vorschlags für ein Gesetz über künstliche Intelligenz; differenzierte Kritik zu diesem Anwendungsbereich in der Stellungnahme des Bundesrats, Beschluss v. 17.9.2021, BR-Drucks. 488/21, S. 20 ff.; daran anknüpfend *U. Berlit*, „Legal Tech" in der Rechtsprechung, in: Broemel/Kuhlmann/Pilniok (Hrsg.), Forschung als Handlungs- und Kommunikationszusammenhang (Fn. 83).

107 Anhang III Nr. 5 lit. b) des Vorschlags für ein Gesetz über künstliche Intelligenz.

108 So die Einschätzung in Einsatz von KI und algorithmischen Systemen in der Justiz, Grundlagenpapier zur 74. Jahrestagung der Präsidentinnen und Präsidenten der Oberlandesgerichte, des Kammergerichts, des Bayerischen Obersten Landesgerichts und des Bundesgerichtshofs vom 23.-25. Mai 2022, S. 7.

zum Sachverhalt oder in eine Beweiswürdigung ein, in der sowohl die Inhalte des jeweiligen Vortrags als auch die spezifischen Voraussetzungen und die Belastbarkeit des Erkenntnismittels im konkreten Fall gewürdigt und aufeinander bezogen werden. Regelungen zur Gewährleistung von Transparenz und zur Verringerung der Wahrscheinlichkeit von Verzerrungen bilden dabei einen zentralen Faktor für das Gewicht, das den Ergebnissen der Legal Tech-Anwendung zukommt, decken aber die Anforderungen an einen rationalen Umgang noch nicht ab.

bb) Datenbanken

Unabhängig von den Anwendungen zur Sachverhaltsaufbereitung wirken sich Legal Tech-Anwendungen, die für die Auslegung relevante Rechtsprechung und Literatur zur Verfügung stellen, auf die Rechtsanwendung aus.[109] Unter den Bedingungen der digitalen Transformation ergänzen oder ersetzen sie zunehmend die gedruckten Materialien, die den Kontext der Auslegung von Rechtsgrundlagen und damit die Begriffsverständnisse und Perspektiven prägen.[110] Dabei entsteht der spezifische Einfluss der Algorithmen auf die medialen Rahmenbedingungen der Rechtsanwendung noch nicht allein dadurch, dass etablierte Materialien, etwa Kurzkommentare, digital bereitgestellt werden, auch wenn sich die Art der Rezeption digitaler Werke möglicherweise von derjenigen gedruckter Exemplare unterscheidet, etwa durch die Suchfunktion oder die Nutzung von Verlinkungen. Vielmehr verändern digitale Datenbanken den medialen Kontext, indem sie auf der einen Seite eine größere Menge an Entscheidungen und Literatur verfügbar machen und dabei den Aufwand für den Zugriff gegenüber der Nutzung gut ausgestatteter Bibliotheken prinzipiell verringern.[111] Auf der anderen Seite macht dieses Überangebot an Materialien die Filterung und die Kriterien der Sortierung für die Auffindbarkeit, zumal angesichts zumindest im Durchschnitt begrenzter zeitlicher Ressourcen,[112] relevant.

---

109 *M. Morlok*, Intertextualität und Hypertextualität im Recht, in: F. Vogel (Hrsg.), Zugänge zur Rechtssemantik, Berlin 2015, S. 69 (76 ff.).
110 *Morlok*, Intertextualität und Hypertextualität im Recht (Fn. 109), S. 73 ff.
111 *Morlok*, Intertextualität und Hypertextualität im Recht (Fn. 109), S. 74 f.: Hierarchie der Zugriffswahrscheinlichkeit.
112 *Morlok*, Intertextualität und Hypertextualität im Recht (Fn. 109), S. 74; *S. Kuhlmann*, Forschungszugang zu den Intermediären des Rechts, in: Broemel/Kuhl-

Der Einfluss juristischer Datenbanken auf die Berücksichtigung von Rechtsprechung und Fachliteratur bei der Vorbereitung juristischer Entscheidungen weist dadurch Parallelen zu den Effekten der digitalen Transformation auf die Medienrezeption auf. Zum einen erhöht sich im Zuge der digitalen Transformation die Menge an potenziell verfügbaren Medien, sowohl bei den linear verbreiteten Medien im Hörfunk und Fernsehen als auch bei den auf Abruf verfügbaren Telemedien im Internet. Zudem erweitern sich durch die Digitalisierung die Übertragungskapazitäten und die Übertragungskosten sinken. Für die Inhalteanbieter wie auch für Gerichte ist es möglich, eine Plattform mit den eigenen medialen Inhalten oder Gerichtsentscheidungen im Internet bereitzustellen. Durch das Überangebot an Inhalten wird die Auffindbarkeit der einzelnen Inhalte typischerweise zum zentralen Faktor der Rezeption. Auf Medienplattformen beeinflusst die Art der Präsentation der Inhalte, insbesondere die Sortierung, die Wahrscheinlichkeit ihres Abrufs. Bei Inhalten im Internet hängt die Wahrnehmung bekanntlich wesentlich von dem Ranking zu Suchmaschinenergebnissen bei der Suche einschlägiger Begriffe ab. So wie im Medienrecht auch der konkrete Regulierungsbedarf, der aus diesen Rahmenbedingungen der Medienrezeption folgt, von einer genaueren, auch empirisch belastbaren Analyse der Auswirkungen auf die kommunikativen Prozesse der Meinungsbildung abhängt,[113] wären auch die strukturellen Effekte der juristischen Datenbanken auf Rechtsprechung und Forschung[114] sowie die Folgen für die Methodik der Rechtsanwendung, die Anforderungen an Datenbanken und die juristische Ausbildung näher zu untersuchen. Einzelne Entwicklungen lassen sich als Ausgangspunkt jedoch bereits beobachten.

---

mann/Pilniok (Hrsg.), Forschung als Handlungs- und Kommunikationszusammenhang (Fn. 83).

113 Zum einen lassen sich die für den Umgang mit Engpässen bei Übertragungskapazitäten im linearen Fernsehen entwickelten Maßnahmen zur Gewährleistung von Vielfalt, etwa must carry-Verpflichtungen, nicht ohne weiteres auf den digitalen Kontext übertragen, *Broemel*, Rezeptionsentscheidungen in der Rundfunkordnung (Fn. 28), S. 35 ff. Zum anderen haben sich theoretisch plausible Mechanismen der Verengung inhaltlicher Vielfalt wie Filterblasen und Echokammern, die zur Begründung eines Regulierungsbedarfs herangezogen worden sind, empirisch nur begrenzt nachweisen lassen, aus der Literatur nur *B. Stark/M. Magin/P. Jürgens*, Maßlos überschätzt. Ein Überblick über theoretische Annahmen und empirische Befunde zu Filterblasen und Echokammern, in: M. Eisenegger/M. Prinzing/P. Ettinger/R. Blum (Hrsg.), Digitaler Strukturwandel der Öffentlichkeit, Baden-Baden 2021, S. 303 ff.

114 *Morlok*, Intertextualität und Hypertextualität im Recht (Fn. 109) S. 76 ff.; *Kuhlmann*, Forschungszugang (Fn. 112).

Die Auswahl und Zusammenstellung der für einzelne Normen relevanten Entscheidungen und Literaturbeiträge erfolgt tendenziell weniger, zumindest nicht mehr überwiegend durch Expert:innen nach Kriterien inhaltlicher Relevanz, etwa in Kommentaren, auch wenn diese Form der Aufbereitung absehbar einen gewichtigen Stellenwert behalten wird. Auch ist zu beobachten, dass juristische Plattformen eigene Reihen von Kommentaren bereichsübergreifend als Marken aufbauen und dazu etablierte Kommentare eingliedern oder neue Werke auflegen. Diese Kommentarreihen werden auch über die Gestaltung der Datenbank und den Zuschnitt der angebotenen Module prominent vermarktet. Plattformbetreiber realisieren mit anderen Worten die Synergieeffekte einer vertikalen Integration aus Bereitstellung der Inhalte und ihrer Distribution über die Plattform.

Unabhängig von diesen Formen der vertikalen Integration sind auf Datenbanken jedoch die Inhalte, die in Kommentaren ausgewählt und zusammengestellt sind, typischerweise über die Datenbank selbst erhältlich und zwar prinzipiell mit demselben Aufwand wie der Kommentar selbst. Während der gedruckte Kommentar, vor allem im Format eines Kurzkommentars, oftmals den Ausgangspunkt einer inhaltlichen Recherche zu Einzelfragen der Rechtsanwendung bildete und einen Überblick über die Strukturen des jeweiligen Bereichs sowie die Kasuistik der Rechtsprechung bot und gegebenenfalls Anlass zu einer punktuell vertieften Recherche gab,[115] macht der Kommentar in der digitalen Datenbank nur noch einen Treffer unter vielen aus. Die Orientierungsleistung eines Kommentars wird ersetzt durch die algorithmenbasierte Aufbereitung der Suchergebnisse. Die Kriterien für diese Aufbereitung der Suchergebnisse folgen einer anderen Logik als die Aufbereitung durch Expert:innen nach inhaltlichen Kriterien. Die Algorithmen ermitteln typischerweise nach Verfahren des maschinellen Lernens Proxies für die Relevanz der Ergebnisse für eine bestimmte Anfrage. Diese algorithmenbasierte Analyse der Relevanzkriterien setzt bei anspruchsvollen Ranking-Algorithmen zum einen bei der Analyse des Ziels der Suchanfrage anhand ihres Kontexts an, etwa durch eine semantische Analyse der Anfrage oder einer Auswertung ihrer Umstände wie Zeit und Ort einschließlich der Suchhistorie. Zum anderen werden die verfügbaren Ergebnisse nach bestimmten Relevanzkriterien sortiert, wobei die Kombination und Gewichtung der Relevanzkriterien von den Ergebnissen der Analyse der Suchanfrage abhängen. Nach Ausgabe der Ergebnisse wertet

---

115 *Morlok*, Intertextualität und Hypertextualität im Recht (Fn. 109), S. 74 f.

die Suchmaschine typischerweise die Reaktion der Nutzer:innen aus, um die Annahmen über die Relevanz zu überprüfen, also die Leistungsfähigkeit des Systems zu messen, und neue Daten zur laufenden Anpassung der Kriterien zu gewinnen. Einmal abgesehen von den aus kommerziellen Kontexten bekannten Anreizen, einzelne konzerneigene Inhalte oder Inhalte von Partnerunternehmen im Ranking aus strategischen Gründen prominent darzustellen,[116] kann ein solches algorithmenbasiertes Ranking einen sehr produktiven Umgang mit der Komplexität an Inhalten ermöglichen. Anhand der dezentralen Auswahlentscheidungen der Nutzer:innen werden laufend Kriterien der Clusterung entwickelt, die einen gezielten, strukturierten Zugriff ermöglichen. Freilich ist es angesichts der Komplexität der Algorithmen und der Kontextabhängigkeit der Ranking-Kriterien sowie ihrer Gewichtung nur begrenzt möglich, Kriterien für Nutzer:innen transparent zu machen.[117] Können Nutzer:innen auf unterschiedliche Suchangebote zurückgreifen, geht von diesem zumindest potentiellen Wettbewerbsdruck ein erheblicher Anreiz aus, als leistungsfähige Suchmaschine wahrgenommen zu werden, also die tatsächlich als relevant eingestuften Ergebnisse zu präsentieren, zumal die laufende Erhebung des Nutzungsverhaltens substantiell zur relevanten Datengrundlage beiträgt, die Intensität der Nutzung also die Aktualität und Leistungsfähigkeit der Suchmaschine beeinflusst. Fehlt es an diesem Wettbewerbsdruck, etwa weil Alternativen zu der spezialisierten Plattform fehlen oder weil der Wechsel für die Nutzer:innen mit Kosten oder einem sonstigen Aufwand verbunden ist, bestehen für den Plattformbetreiber größere Spielräume bei der Ausgestaltung der Ranking-Kriterien.

Im Hinblick auf das Ranking der Sortierung auf juristischen Plattformen sind mehrere, teilweise divergierende Effekte vorstellbar. Wird etwa das Nutzungsverhalten bei der Auswahl bestimmter Ergebnisse ausgewertet, kann die bisherige Nutzung selbstverstärkende Effekte nach sich ziehen mit der Folge, dass zu einem frühen Zeitpunkt veröffentlichte Inhalte oder Inhalte prominenter Quellen, etwa letztinstanzlicher Gerichte, überdurch-

---

116 Kartellrechtliche Einordnung als Missbrauch in EuG, Urt. v. 10.11.2021, T-612/17, Google und Alphabet/Kommission (Google Shopping), ECLI:EU:T:2021:763, Rn. 150 ff.; zu den Konsequenzen *R. A. Achleitner*, Selbstbegünstigung als Konzept des Markmissbrauchs unter Art. 102 AEUV, EuR 2022, 253 (257 ff.).

117 Näher, auch zu den Folgen für die Gewährleistung von Vielfalt bei der Nutzung von Medienintermediären nach § 93 MStV *R. Broemel*, in: R. Binder/T. Vesting (Hrsg.), Beck'scher Kommentar zum Rundfunkrecht, 5. Aufl., München i.E., § 93 Rn. 20 ff.

schnittlich prominent platziert werden.[118] Möglich ist auch, dass einzelne Akteure die Bereitstellung ihrer Inhalte im Hinblick auf die Ranking-Kriterien optimieren, um die Sichtbarkeit des eigenen Standpunkts im Diskurs zu erhöhen. Solche juristischen Formen der Suchmaschinen-Optimierung sind etwa möglich bei Anwält:innen, die Gerichtsentscheidungen mit günstigem Inhalt strategisch einspeisen, oder bei Richter:innen mit einem Interesse an plattformweiter Aufmerksamkeit. Die Modalitäten der Aufnahme einzelner Entscheidungen in Datenbanken sind soweit ersichtlich noch nicht als eine für die Rechtsanwendung relevante Frage formuliert worden. Nicht, dass es unbedingt einer Regulierung des Zugangs bedürfte. Allerdings ist in einzelnen Kontexten schon möglich, dass strategische oder pfadabhängige Asymmetrien in der Bereitstellung der Entscheidungen oder der Erhebung der Relevanzkriterien die Präsentation der Ergebnisse strukturell beeinflussen.

Gegenüber anderen Arten von Suchmaschinen sind bei juristischen Datenbanken zudem die kommerziellen Anreize zu berücksichtigen, die sich aus einer Verknüpfung des Betriebs der Suchmaschine sowie der Bereitstellung der Inhalte ergibt. Im Gegensatz zu Suchmaschinenbetreibern, die keine Inhalte vermarkten, beruht das Geschäftsmodell der Datenbankbetreiber nicht auf Werbeerlösen, sondern auf der Vermarktung der Inhalte, die über die Suchmaschine vermittelt werden. Zugleich lassen sich die Inhalte, etwa die Entscheidungssammlung, als Trainingsdaten für weitere Anwendungen nutzen, etwa zur Optimierung von Dokumentengeneratoren oder von Anwendungen, die Entscheidungen vorhersagen (*prediction of judgments*). Die Daten über die Nutzung der Angebote auf der Plattform geben dabei zusätzliche Ansatzpunkte zur weiteren Strukturierung. Für Betreiber juristischer Plattformen ist es aus diesen Gründen insgesamt eine rationale Strategie, die auf der Plattform verfügbaren Inhalte miteinander zu verlinken und das Ökosystem nach außen abzuschotten, um einen Wechsel der Nutzer:innen zu erschweren sowie Marktzutrittsschranken für andere Anbieter zu erhöhen. Dazu zählt auch, die Möglichkeiten zur Beeinflussung der Ranking-Kriterien zu begrenzen und Entscheidungen oder sonstige Inhalte nur für punktuelle Recherchen, aber keine Formate oder Schnittstellen für flächendeckende, systematische Erhebungen vorzusehen. Im Verhältnis zu Wettbewerbern ist die Begrenzung der Abrufbar-

---

118 So für die Platzierung höchstgerichtlicher Entscheidungen die Vermutung bei *Morlok*, Intertextualität und Hypertextualität im Recht (Fn. 109), S. 79: Präjudizienfixiertheit.

keit nachvollziehbar. Im Verhältnis zur nicht-kommerziellen Forschung ist diese Begrenzung schwerer zu rechtfertigen, zumal die amtlichen Entscheidungen gemeinfrei sind und die Lizenzen an den Fachbeiträgen von den Plattformbetreibern in der Regel zu Konditionen erworben werden, die die Kosten der Erstellung der Inhalte nicht annähernd decken. So vergibt die Abschottung Potential zur Aufarbeitung grundlagenbezogener methodischer Fragen,[119] zumal bereits die Veröffentlichungspraxis der Justizverwaltungen aus unterschiedlichen Gründen und vor allem bei instanzgerichtlichen Entscheidungen Einschränkungen unterliegt.[120]

Die Modalitäten der Aufbereitung juristischer Inhalte in Datenbanken wirken sich schließlich auf die Strategien ihrer Nutzung aus. Für vertiefte Recherchen, etwa zur rechtswissenschaftlichen Forschung, liegt es nahe, soweit verfügbar, mehrere Datenbanken auszuwerten und die Recherche in Datenbanken mit der inhaltlichen Auswertung der Beiträge einschließlich der darin enthaltenen Verweise zu verschleifen. Datenbanken werden zu einem Element einer übergreifenden, iterativ verschleiften Recherchestrategie, die auch unabhängig von der digitalen Transformation schon unterschiedliche Kanäle unter Berücksichtigung der Zwischenergebnisse auslotet. Die Varianz der in juristischen Datenbanken eingesetzten Algorithmen sowie die Möglichkeiten der Nutzer:innen, die Kriterien gezielt zu variieren, trägt dabei zur Entwicklungsoffenheit der Forschung bei. Solche übergreifenden Recherchestrategien kosten allerdings Zeit. Für anwendungsnahe Recherchen wird es oftmals attraktiver sein, wenn die Datenbank die für die jeweilige Frage einschlägige Rechtsprechung komprimiert aufbereitet und gegenüber der Darstellung des Spektrums an variierenden Beiträgen in der Literatur priorisiert.

Mittelbar kann die soziale Praxis der Nutzung von Datenbanken schließlich die Herangehensweise von Nutzer:innen an juristische Probleme beeinflussen. Nach anekdotischer Evidenz steht ein analog sozialisierter Typus von Personen, der rechtliche Fragen zunächst anhand des Gesetzestextes und des „Judizes"[121] löst, für die sich dabei ergebenden Schwerpunkte und Fragen einen Kurzkommentar konsultiert und ggf. vertiefende Entscheidungen oder weiterführende Literatur heranzieht, einem digital sozialisierten Typus von Personen gegenüber, der schlagwortartige Beschreibun-

---

119 *Kuhlmann*, Forschungszugang (Fn. 112).
120 Eingehend *M. Heese*, Veröffentlichungen gerichtlicher Entscheidungen im Zeitalter der Digitalisierung, in: C. Althammer/C. Schärtl (Hrsg.), Dogmatik als Fundament für Forschung und Lehre, Tübingen 2021, S. 283 (286 ff., 289 ff.).
121 Siehe oben, III.2.

gen des Falles oder der Rechtsfrage zunächst in eine Suchmaschine eingibt. Bezeichnenderweise wird dabei oftmals zunächst nicht das Suchfeld einer juristischen Datenbank, sondern eine allgemeine, aber bei der Analyse von Suchanfragen leistungsfähige Suchmaschine herangezogen. Auf diese Weise erhalten die Nutzer:innen auch ohne nähere Vorüberlegungen einschlägige Entscheidungen und Dokumente mit Hinweisen auf einschlägige Probleme, die sie „in die Nähe" der eigenen Falllösung bringen. Auf dieser Grundlage ist dann zu überlegen, inwiefern die gefundenen Entscheidungen übertragbar sind und die Argumentation der Quellen plausibel und im Hinblick auf die individuelle Fallfrage vollständig ist. Mit einiger Vereinfachung formuliert können die Leistungsfähigkeit von Suchmaschinen sowie die Gewohnheit ihrer Nutzung es nahelegen, Recht im Einzelfall nicht deduktiv von der Systematik gesetzlicher Tatbestände, ihrer Anwendungsvoraussetzungen und Rechtsfolgen anzuwenden, sondern induktiv von bereits entschiedenen, potentiell vergleichbaren Fällen auszugehen, weil sich die potentiell ähnlichen Fälle mit erheblich weniger Vorwissen und schneller finden lassen. Die Grundperspektive und die Auswahl der relevanten rechtlichen Probleme sind bei dieser induktiven Vorgehensweise allerdings zumindest zunächst gesetzt. Ein reflektierter Umgang mit der Zeitersparnis setzt eine Reflektion der Argumentationsketten und ihrer unter Umständen nicht erwähnten Alternativen voraus. In der juristischen Ausbildung sind die Modalitäten der Nutzung von Datenbanken sowie allgemeiner die Implikationen algorithmenbasierter Empfehlungssysteme für unterschiedliche Recherchestrategien näher zu berücksichtigen. Einführungen in die Nutzung von Datenbanken sollten nicht bei den Bibliotheken angesiedelt und auf technische Aspekte der Nutzung von Suchmasken, Datenbanken und Kataloge beschränkt, sondern als Element von Einführungen in das rechtswissenschaftliche Arbeiten auf die Rechtsanwendung und die rechtswissenschaftliche Forschung bezogen werden.

d) Algorithmen als Instrument zur Beobachtung der Rechtsanwendung

Eine Reihe unterschiedlicher digitaler Anwendungen zielt schließlich darauf, das Recht, vor allem bestimmte Modalitäten der Rechtsanwendung, sichtbar zu machen. Solche Beobachtungen und Beschreibungen des Rechts von einer Meta-Ebene können je nach Kontext theoretische Perspektiven oder dogmatische Annahmen empirisch unterlegen. Sie können auch auf Zusammenhänge aufmerksam machen, die für die Rechtsanwendung unbemerkt eine Rolle spielen.

So können Anwendungen der *Legal Linguistics* Annahmen zum Sprachgebrauch in der Rechtsanwendung, etwa zur Bedeutung bestimmter Begriffe im Rechtsverkehr, über den subjektiven Eindruck einer rechtanwendenden Person hinaus empirisch überprüfbar,[122] oder allgemeine Muster im Sprachgebrauch, auch in der zeitlichen Entwicklung, sichtbar machen.[123] Im Zuge der Gesetzgebung lässt sich das Begriffsverständnis in der Anwendung anders einschätzen.[124] Zitationsanalysen können Aufschluss über den Einfluss und die Entwicklung bestimmter Entscheidungen, Publikationsformate oder Beiträge, aber auch über die diskursverschließenden Effekte bestimmter plattformbasierter Geschäftsmodelle oder Anhaltspunkte zur Selbstreflexion der Forschung über die Funktion der Fußnoten in der Praxis geben.[125] Freilich sind solche Anwendungen nicht voraussetzungslos. Insbesondere müssen in Qualität und Quantität hinreichende Daten überhaupt verfügbar[126] und in für die jeweilige Anwendung geeigneter Weise codiert sein.[127] Zudem ist für die jeweilige Anwendung weiter zu überlegen, was aus der Beobachtung für theoretische Beschreibungen von Recht, für die methodischen Zugänge der Rechtsanwendung, dogmatisch für die Konkretisierung einzelner Tatbestandsmerkmale, rechtspolitisch für die Rechtsetzung oder für sonstige Fragen folgt. Dass die Digitalisierung der Rechtslinguistik Auftrieb gibt, liegt nahe. Aus der Perspektive einer „normativen Methode"[128] ist wiederum verständlich, dass bestimmte, in einzelnen Tatbestandsmerkmalen bereits mehr oder weniger normativ ausdrücklich angelegte empirische Fragen eher mit Methoden der *Legal*

---

122 H. Hamann, Der „Sprachgebrauch" im Waffenarsenal der Jurisprudenz, in: Vogel (Hrsg.), Zugänge zur Rechtssemantik (Fn. 109), S. 184 (200 ff.).
123 H. Hamann/F. Vogel, Die kritische Masse – Aspekte einer quantitativ orientierten Hermeneutik am Beispiel der computergestützen Rechtslinguistik, in: M. Schweiker/J. Hass/A. A. Novokhatko/R. Halbleib (Hrsg.), Messen und Verstehen in der Wissenschaft, Berlin 2017, S. 81 (87 ff.).
124 S. Höfler, Making the Law More Transparent. Text Linguistics for Legal Drafting, in: F. Vogel (Hrsg.), Legal Linguistics Beyond Borders, Berlin 2019, S. 229 ff.
125 H. Hamann, Die Fußnote, das unbekannte Wesen – Potential und Grenzen juristischer Zitationsanalyse, RW 2014, 501 (505 ff.).
126 Zur eher punktuellen Veröffentlichungspraxis der instanzgerichtlichen Rechtsprechung H. Hamann, Der blinde Fleck in der deutschen Rechtswissenschaft, JZ 2014, 656 ff.; zu den Rahmenbedingungen der Nutzung juristischer Datenbanken für empirische Forschung Kuhlmann, Forschungszugang (Fn. 112).
127 C. Coupette/A. M. Fleckner, Quantitative Rechtswissenschaft, JZ 2018, 379 (380 ff.).
128 Siehe oben, III.2.

Linguistics verknüpft werden können als andere.[129] Auch insoweit spricht manches dafür, dass die Digitalisierung das Methodenverständnis in Forschung, Rechtsanwendung und Ausbildung stärker in den Fokus der Aufmerksamkeit rücken wird.

IV. Zusammenfassender Ausblick

Aus den vielschichtigen Veränderungen des Rechts, die aus der digitalen Transformation hervorgehen, lassen sich mit einiger Vereinfachung zwei Stränge ausmachen. In dem einen Strang zielen algorithmenbasierte Anwendungen auf eine effiziente oder überhaupt praktikable Bewältigung von Massenverfahren: forensisch bei der Durchsetzung gleichgelagerter Ansprüche, spiegelbildlich in der Justiz bei der Bearbeitung algorithmenbasiert vorbereiteter Klagen, in der Behörde bei der Bewältigung von Vorgängen der Massenverwaltung oder aus der Sicht der Gesetzgebung bei der Vorbereitung einer automatisierten Implementation. Die Automatisierung ist in bestimmten Segmenten produktiv, je nach den Umständen für eine angemessene Bearbeitung sogar notwendig. Voraussetzung dieser Automatisierbarkeit ist dabei im Kern die Standardisierbarkeit der Sachverhalte. Modularisierte und benutzerfreundlich gestaltete Anwendungen erleichtern individuelle Anpassungen und Ausgestaltungen der Legal Tech-Anwendungen, setzen für die Vorteile der Automatisierung aber auch eine hinreichende Zahl passender Anwendungsfälle voraus. Der Anspruch des Rechts, für eine unbestimmte Vielzahl unterschiedlicher Sachverhalte einschließlich ihrer permanenten Veränderungen angemessene normative Vorgaben bereitzustellen, setzt diesem Zugang der Automatisierung prinzipielle Grenzen. Die Entwicklungsoffenheit und die Eignung des Rechts zum Umgang mit Komplexität erfordern eine methodisch eingebundene Flexibilität in der Rechtsanwendung. Diese Flexibilität und die mit ihr verbundene Entwicklung des Rechts in aufeinander bezogenen Entscheidungen der Rechtsanwendung schließen eine anfängliche Festlegung aller Tatbestandsmerkmale aus.

---

129 Zum überraschenden Charakter arbeitsvertraglicher Klauseln nach dem Recht für allgemeine Geschäftsbedingungen *A. Stöhr*, Die Bestimmung der Transparenz im Sinne von § 307 Abs. 1 S. 2 BGB. Ein Plädoyer für eine empirische Herangehensweise, AcP 216 (2016), 558 ff.; zu den methodischen Voraussetzungen näher *H. Hamann/L. Hoeft*, Die empirische Herangehensweise im Zivilrecht, AcP 217 (2017), 311 ff.

Anwendungen des anderen Strangs sind im Kern dadurch charakterisiert, dass sie die Aufbereitung des Sachverhalts oder rechtsrelevanter Dokumente erleichtern und dabei vorstrukturieren, sei es, dass sachverhaltsrelevante Dokumente und Umstände oder einschlägige Entscheidungen ermittelt werden. Diese die Entscheidung vorbereitenden, assistierenden Funktionen wirken sich mittelbar darauf aus, welche Fragen auf welche Weise im Prozess der Rechtsanwendung gestellt werden.

In beiden Strängen bringt ein Spannungsverhältnis zwischen ökonomischen Anreizen zur Automatisierung und den Voraussetzungen der Entwicklungsoffenheit des Rechts für den reflektierten Einsatz der Legal Tech-Anwendungen eine Reihe von Fragen hervor, sowohl bei der automatisierten Ermittlung der Rechtslage im Einzelfall als auch bei der Aufbereitung einzelner Teilaspekte der Rechtsanwendung. Diese Fragen sind teilweise normativ, etwa die Anforderungen an die richterliche Unabhängigkeit oder die Gewährleistung der Verfahrensposition betroffener Personen. Sie betreffen vor allem aber auch methodische Rahmenbedingungen der Qualität von Entscheidungen, die unterschiedliche Zugänge der Aufbereitung des Sachverhalts und der Normen verbinden. Nicht zuletzt wirkt sich die Einbindung der unterschiedlichen Formen von Legal Tech-Anwendungen auf die Anforderungen an die juristische Ausbildung aus.

Drei Wege, die juristische Ausbildung an ein digitalisiertes juristisches Berufsfeld anzupassen[1]

Werner Schäfke-Zell und Ida Helene Asmussen

1. Einleitung: Automatisierung kann zur Deprofessionalisierung der „juristischen Ware" führen

Die zunehmende Automatisierung der Kernaufgaben von Juristen, wie die juristische Entscheidungsfindung (z.B. die Bewertung von Fakten und deren Subsumtion) oder die Abbildung des geltenden Rechts (z.B. das Verfassen eines Rechtsgutachtens zu einer bestimmten Angelegenheit oder die Durchführung einer politischen Analyse), ist ein fortlaufender und ergebnisoffener Prozess. Sie stellt eine dringende Herausforderung für die juristische Profession dar, da sie die Anforderungen des Rechtsmarktes an die Angehörigen von Rechtsberufen und künftige Absolventen verändert. Es handelt sich also um eine Herausforderung, auf die auch die juristischen Fakultäten reagieren müssen. Unsere Kernfrage lautet daher: Wie muss die juristische Ausbildung gestaltet werden, damit sie Jurastudierende für die Arbeit in einem Rechtsberuf in einer digitalisierten Welt qualifiziert? Diese Frage setzt eine weitere Frage voraus: Was werden die Kernaufgaben der Juristen von morgen sein, auf die die juristischen Fakultäten ihre Studierenden vorbereiten müssen?

In diesem Artikel werden wir drei sich nicht gegenseitig ausschließende Hypothesen aufstellen über die Richtungen, in die sich der Rechtsberuf entwickeln könnte, und die Kernkompetenzen, die Juristen von morgen benötigen werden. Diese Wege basieren auf derzeit zu beobachtenden Trends innerhalb der juristischen Profession, die durch deren Digitalisierung verstärkt und beschleunigt werden können. Basierend auf soziologischen Modellen der Dynamik der juristischen Profession haben wir solche Trends und die dazugehörigen Wege ausgewählt, weil sie zu den möglichen Prozessen passen, die eine Digitalisierung auf dem Rechtsmarkt und in der

---

1 Dieser Aufsatz ist eine deutsche Übersetzung der Publikation *Schäfke-Zell, Werner/Asmussen, Ida Helene*, The Legal Profession in the Age of Digitalisation. An Outline of Three Potential Transformations in Legal Education, 15 Utrecht Law Review 2019, Nr. 1, S. 65–79, DOI: 10.36633/ulr.454.

juristischen Profession auslösen können. In Übereinstimmung mit den drei Wegen werden wir für drei entsprechende Transformationen in der juristischen Ausbildung plädieren, die sicherstellen würden, dass Jurastudierende von morgen erfolgreich auf den Eintritt in einen zunehmend digitalisierten Rechtsberuf vorbereitet werden.

Der erste Weg stützt sich auf die Entstehung eines neuen Berufsfeldes – der Rechtstechnologie –, das zweifellos auf unvorhersehbare Weise anwachsen wird. Der zweite und der dritte Weg beziehen sich auf bereits bestehende Zweige der juristischen Profession, d.h. die alternative Streitbeilegung (Alternative Dispute Resolution – ADR) und die öffentliche Verwaltung. Diese würden an Bedeutung gewinnen, wenn die juristische Profession ihr Image als Förderer der sozialen Kohäsion stärken würde. Die beiden Wege letzteren betreffen auch das Ausmaß, in dem die juristische Profession diese Zweige des Rechtsmarktes kontrolliert, in denen Juristen horizontal mit anderen Professionen und Berufen konkurrieren.

Darüber hinaus sind die drei Wege durch ein übergeordnetes Konzept miteinander verbunden: Vertrauen.[2] Dazu gehören das Vertrauen in (voll-)automatisierte Rechtsdienstleistungen im Allgemeinen (erster Weg), das Vertrauen in die Rechtsstaatlichkeit und die Behörden (dritter Weg), sowie das Vertrauen auf der Mikro-, Meso- und Makro-Ebene der Gesellschaft (zweiter Weg), um das verringerte menschliche Element zu kompensieren, das eine unvermeidliche Folge der zunehmenden Nutzung von (voll-)automatisierten Rechtsdienstleistungen ist. Während es logisch erscheint, dass die Digitalisierung Vertrauen erfordert, kann sie auch dazu beitragen, zu verstehen, warum grundlegende soziale „Werkzeuge" zur Gewährleistung von Vertrauen in den Formen entwickelt wurden, die im zweiten und dritten Weg beschrieben werden: die Übertragung der Aufsicht über die Rechtsstaatlichkeit an Fachleute und die Entwicklung einer stärker auf den Menschen ausgerichteten Methode der Konfliktlösung in Form von ADR.

---

2 Vertrauen wird hier im Sinne der „encapsulated interest"-Sichtweise von Vertrauen verstanden (*K.S. Cook*, Trust, in: G. Ritzer/J.M. Ryan (Hrsg.), The Concise Encyclopedia of Sociology, 2010, S. 659): A vertraut B in Bezug auf x (einen bestimmten Tätigkeitsbereich), wenn A glaubt, dass ihre Interessen in der „Nutzenfunktion" ("utility function") von B enthalten sind, sodass B das, was A wünscht, wertschätzt, weil B gute Beziehungen zu A aufrechterhalten oder sich in dem Beziehungsnetz, in das die A-B-Beziehung eingebettet ist, einen Ruf als vertrauenswürdig erhalten möchte.

2. Zwei denkbare Dynamiken auf dem Rechtsmarkt

Es wurde viel über den externen horizontalen Wettbewerb[3] zwischen den Rechtsberufen und den nichtjuristischen Berufen, insbesondere im Hinblick auf den Wettbewerb zwischen Juristen und Wirtschaftswissenschaftlern, geforscht.[4] Auch wenn sich die Automatisierung der juristischen Arbeit grundlegend auf die Art der von Juristen ausgeführten Aufgaben auswirken kann, bedeutet dies nicht zwangsläufig, dass Nicht-Juristen solche Aufgaben ohne eine gewisse Betreuung durch einen Juristen ausführen können.

Wir werden uns daher nicht auf den externen horizontalen Wettbewerb zwischen Juristen und Angehörigen nichtjuristischer Berufe, wie beispielsweise Wirtschafts- oder Politikwissenschaftlern, konzentrieren. Stattdessen konzentrieren wir uns auf die Art und Weise, in der sich die juristischen Aufgaben durch die Automatisierung vermutlich verändern werden und wie sich die juristische Ausbildung an diesen veränderten Rechtsmarkt

---

3 Externer horizontaler Wettbewerb bedeutet, dass die juristische Profession als Ganzes oder ein Teil von ihr im Wettbewerb mit einer anderen Gruppe von Akteuren außerhalb der juristischen Profession steht (extern), im Gegensatz zum Wettbewerb zweier Gruppen von Akteuren, die beide der juristischen Profession angehören, z.B. kleine Anwaltskanzleien gegen große Anwaltskanzleien (intern). Der externe horizontale Wettbewerb bezieht sich auf den Zugang zum Rechtsmarkt (horizontal) und nicht auf die soziale Hierarchie innerhalb des Marktes, z.B. durch Eigentum an den Produktionsmitteln oder höheren sozialen Status (vertikal); *R.L. Abel*, American Lawyers, Oxford 1991, S. 15, 20.

4 *E. Mak*, The T-Shaped Lawyer and Beyond: Rethinking legal professionalism and legal education for contemporary societies, 2017, S. 14–15; *O. Hammerslev*, Where have all the jurists gone? Law, power and professions, in: A. Blok/P. Gundelach (Hrsg.), The Elementary Forms of Sociological Knowledge: Essays in honor of Margareta Bertilsson, 2014; *O. Hammerslev*, Empiriske undersøgelser af den juridiske profession i nationale og transnationale kontekster, in: A. Storgaard/B. Lemann Kristiansen (Hrsg.), Nordisk retssociologi: Status – aktuelle udfordringer – visioner, 2010; *O. Hammerslev*, The Development of the Danish Legal Profession, 53 Scandinavian Studies in Law 2008, 283 ff.; *M.R. Madsen*, Return to the Copenhagen Magic Circle: First Elements of Longitudinal Study of Large Law Firms in Denmark, 53 Scandinavian Studies in Law 2008, 303–319; *Y. Dezalay/B.G. Garth*, The Confrontation between the Big Five and Big Law: Turf Battles and Ethical Debates as Contests for Professional Credibility, 29 Law & Social Inquiry 2009, 615–638; *M. Bertilsson*, Inledning, in: M. Bertilsson (Hrsg.), Rätten i förvandling: Jurister mellan stat och marknad, 1995; *V. Aubert*, The Changing Role of Law and Lawyers in Nineteenth- and Twentieth-Century Norwegian Society, in: J.G. Wilson et al. (Hrsg.), Lawyers in their Social Setting, 1976; *B.-M. Blegvad*, De juridiske eksperter: Tre professioner', in: H. Gullestrup et al. (Hrsg.), Eksperterne og magten: Professionelt rolle i organisationer og samfund, 1975.

anpassen kann. Unser Fokus liegt daher auf der Frage, wie die Automatisierung von juristischer Arbeit den internen vertikalen Wettbewerb verschärft und wie dies zu höheren Anforderungen an die Kompetenzen der Juristen führt.

Die folgenden Überlegungen gehen von der Hypothese aus, dass die Automatisierung der juristischen Arbeit zu einer Emanzipation der Mandanten von der juristischen Profession führt. Die juristische Profession kann daher ihren Status nur mithilfe zweier Reaktionen aufrechterhalten: durch Besitz sowie Kontrolle der Produktionsmittel für automatisierte juristische Dienstleistungen und durch die Aufrechterhaltung des Kundenwunsches nach einem menschlichen Element der juristischen Dienstleistungen.

Die letztgenannte Reaktion weist auf einen relevanten Faktor in der hypothetischen Entwicklung der juristischen Profession im Zeitalter der Digitalisierung hin: Unabhängig davon, inwieweit eine Automatisierung der juristischen Arbeit möglich ist, wird die Akzeptanz der automatisierten juristischen Dienstleistungen und schließlich ihr wirtschaftlicher Erfolg unter anderem vom Vertrauen der Mandanten in diese (teilweise oder vollständig) digitalisierte Dienstleistung abhängen. Die Rolle des Vertrauens in eine digitalisierte juristische Profession wird im Zusammenhang mit den konkreten Wegen und Transformationen diskutiert. In den nächsten beiden Unterabschnitten wird untersucht, wie die Automatisierung juristischer Arbeit die Wahrnehmung juristischer Arbeit durch Nicht-Juristen verändern kann und welche allgemeinen Merkmale nicht automatisierbare juristische Arbeit haben kann.

2.1 Automatisierung führt zu verstärktem internen Arbeitsplatzwettbewerb

Ausgangspunkt für die Untersuchung der Art und Weise, in der die Automatisierung juristischer Dienstleistungen zu neuen Formen des internen Wettbewerbs der juristischen Profession führt, ist ein Phänomen, das in der Professionssoziologie als „Entmystifizierung" bezeichnet wird.[5] Entmystifizierung kann verschiedene Prozesse bezeichnen, die den unreflektierten Glauben (von Teilen) der Gesellschaft an die Exklusivität der Kompetenz

---

5 Im Original „demystification"; *Abel*, American Lawyers (Fn. 3), S. 19; *N. Toren*, Deprofessionalization and its Sources, Sociology of Work and Occupations, 1975, S. 323–337; *R. Susskind/D. Susskind*, The Future of the Professions: How technology will transform the work of human experts, 2015, S. 140 f.

und des Status einer Profession untergraben.[6] Während ein solcher Prozess die Entlarvung von Fachwissen als politische Herrschaft[7] sein kann, kann ein anderer Prozess, der zu einer Entmystifizierung führt, die „Rationalisierung"[8] und „Automatisierung" der beruflichen Arbeit sein, „verstärkt durch die Entwicklungen in der Informationstechnologie".[9]

Max Weber definiert Rationalisierung als die Entwicklung eines allgemeinen Glaubens, dass „im Prinzip" alles „durch Berechnung beherrscht werden kann".[10] Versteht man die beruflichen Aufgaben der Juristen in diesem Sinne, so kann die Rationalisierung der juristischen Arbeit dazu führen, dass sie in der Gesellschaft als letztlich vollständig automatisierbar wahrgenommen wird.

Allein diese Wahrnehmung würde die juristische Arbeit als eine rein technische Aufgabe entwerten, die nicht von einem Angehörigen der juristischen Profession erledigt werden muss. Darüber hinaus kann die tatsächliche Automatisierung der juristischen Tätigkeit die Anzahl der Juristen verringern, die benötigt werden, um den Bedarf des Rechtsmarktes an juristischen Dienstleistungen zu decken, da die Automatisierung der juristischen Arbeit mehr Effizienz bei der Erbringung juristischer Dienstleistungen bedeuten würde. Um zu beurteilen, wie sich Rationalisierung und Automatisierung auf die Rechtsberufe auswirken könnten, ist ein genauerer Blick auf den Begriff der Automatisierung erforderlich.

Automatisierung bedeutet die Auslagerung von *Routine*aufgaben[11] an Maschinen – in diesem Fall an die Rechtstechnologie. Derartige Aufgaben würden sonst von Juristen der unteren Ebene oder von „paralegals", also Arbeitern, die keine Volljuristen sind, ausgeführt.[12] Teilweise werden diese Aufgaben sogar in Back-Offices im Ausland erledigt.[13] Eine solche Automatisierung führt nicht zwangsläufig zu einer Entmystifizierung. Es macht juristische Dienstleistungen möglicherweise nur effektiver. Die Automatisierung kann jedoch zu einer Entmystifizierung führen, wenn eine Aufgabe

---

6 *Abel*, American Lawyers (Fn. 3).
7 *Abel*, American Lawyers (Fn. 3); *P. Boreham/A. Pemberton*, Towards a Reorientation of Sociological Studies of the Professions, in: *P. Boreham et al.* (Hrsg.), The Professions in Australia: A critical appraisal, 1976, S. 28–33.
8 *M. Weber*, Wissenschaft als Beruf, 1919, S. 15.
9 Org. *Abel*, American Lawyers (Fn. 3), S. 19; übersetzt durch Verfasser.
10 *Weber*, Wissenschaft (Fn. 8), S. 16.
11 *Toren*, Deprofessionalization (Fn. 5).
12 *Susskind/Susskind*, The Future of the Professions (Fn. 5), S. 68.
13 *Madsen*, Return (Fn. 4), 310.

automatisiert wird, die zuvor als notwendiges Monopol der Mitglieder einer Profession angesehen wurde.

In der Professionssoziologie argumentieren die Angehörigen einer Profession in der Regel, dass nur sie mit der Erfüllung bestimmter Aufgaben betraut werden sollten und dass diese Aufgaben ein wissenschaftlich fundiertes Expertenwissen und eine lange Ausbildung erfordern.[14] Diese Strategie einer Profession zielt darauf ab, die „Abhängigkeit der Verbraucher" von der „professionellen Arbeit" sicherzustellen.[15] So können Unternehmer beispielsweise von Steuerberatern abhängig sein, um die Steuervorschriften einzuhalten. Sie können auch von Datenschutzberatern abhängig sein, um die Einhaltung der Datenschutzvorschriften zu gewährleisten, und das nicht nur, um die Arbeitslast zu delegieren, sondern auch, weil die Einhaltung der Vorschriften ausreichendes Expertenwissen erfordert. Die juristische Arbeit ist in diesen Beispielen die Rechtsberatung.

Wenn eine solche zuvor monopolisierte Aufgabe automatisiert werden kann, verlieren die Gründe, die die Abhängigkeit der Verbraucher gewährleisten, ihre Macht. Die Entmystifizierung der professionellen Arbeit, die mit einer solchen Aufgabe verbunden ist, bedroht sodann diese Gemeinschaft mit der Deprofessionalisierung ihrer Arbeit.[16] Um bei den Beispielen zu bleiben: Automatisierte Einkommenssteuererklärungen können die Nachfrage der privaten Haushalte nach Steuerberatung verringern. Was die Nachfrage der Unternehmen nach datenschutzrechtlicher Beratung anbelangt, so kann z.B. die automatisierte Erstellung von Datenverarbeitungsverträgen die Nachfrage nach datenschutzrechtlicher Beratung verringern. Eine solche Automatisierung kann sich jedoch auf die verschiedenen Zweige der Rechtsberufe unterschiedlich auswirken, da sich die Aufgaben unterscheiden und der Anteil des Arbeitsaufwands einer juristischen Aufgabe, der möglicherweise noch von Juristen selbst erledigt werden muss, unterschiedlich groß sein kann.

Wie aber lassen sich die allgemeinen Merkmale des Anteils der Arbeitsbelastung bestimmen, der nicht automatisiert werden kann? Während eine optimistische Sichtweise auf die Fähigkeiten künstlicher Intelligenz jede von Menschen ausgeführte Aufgabe als automatisierbar ansehen würde, darf eine bestimmte Besonderheit professioneller Dienstleistungen – im

---

14 *Abel*, American Lawyer (Fn. 3), S. 18 f.; *T. Parsons*, A sociologist looks at the legal profession, in: T. Parsons (Hrsg.), Essays in Sociological Theory, 1952, S. 372.
15 Orig. *Abel*, American Lawyer (Fn. 3), S. 19; übersetzt durch Verfasser.
16 *Abel*, American Lawyer (Fn. 3), S. 19; *Toren*, Deprofessionalization (Fn. 5), S. 329.

Gegensatz zu Dienstleistungen, die von Nicht-Profis erbracht werden – nicht übersehen werden, nämlich, wie *Abel* es ausdrückt, dass:

> Freiberufliche Dienstleistungen ein nicht reduzierbares Element der Unsicherheit oder des Ermessens enthalten – ein empfindliches Gleichgewicht zwischen Unbestimmtheit und Technizität, Kunst und Wissenschaft. Wenn es zu viel Kunst gibt, verlieren die Verbraucher das Vertrauen (wie bei der Quacksalbermedizin oder der Anlageberatung); wenn es zu viel Wissenschaft gibt, können die Verbraucher die Dienstleistung selbst erbringen oder auf nicht-professionelle Berater zurückgreifen (Do-it-yourself-Hausreparaturen oder Scheidungen).[17]

Überträgt man diese Argumentation auf die Herausforderungen, die die Digitalisierung für die Rechtsberufe mit sich bringt, so ist der letzte Teil der Ausführungen besonders relevant: Ein zu großes Vertrauen in die Wissenschaft kann dazu führen, dass sich die Kunden von den professionellen Dienstleistungen loslösen.

Im Rahmen dieser Argumentation gibt es zwei mögliche Reaktionen auf die technologische Entmystifizierung der juristischen Arbeit. Eine mögliche Reaktion könnte darin bestehen, die juristische Arbeit als Technik zu begreifen, die Kontrolle über die Produktion von automatisierten juristischen Dienstleistungen zu erlangen und diese Kontrolle für die juristische Profession zu monopolisieren. In der Professionssoziologie wird diese Tendenz, Teile des Marktes für Nichtmitglieder einer Profession abzuschotten, als „soziale Abschottung" bezeichnet, und sie kann z.B. durch die Kontrolle über die erforderliche Ausbildung und Zulassung sowie über Peer-Evaluierung erreicht werden.[18] Für den Bereich der Rechtstechnologie würde dies bedeuten, dass die Profession der Juristen die Kontrolle über die einschlägige Ausbildung, die Zulassung und die Beurteilung der Hersteller von Rechtstechnologie durch Fachkollegen übernimmt (vgl. den ersten Weg, die Regulierung und Kodierung der Rechtstechnologie).

Eine andere mögliche Reaktion könnte darin bestehen, sich auf den ersten Teil der Ausführung zu konzentrieren: die Kunst als nicht redu-

---

17 *Abel*, American Lawyers (Fn. 3), S. 18.
18 Orig. *Abel*, American Lawyers (Fn. 3), S. 21; *Parsons*, Legal Profession (Fn. 14), S. 372; übersetzt durch Verfasser; *Parsons* stellt fest, dass nur die Mitglieder einer Profession das Recht haben, die „Tradition" der Profession zu interpretieren, d.h. ihre professionellen Kenntnisse und Fähigkeiten sowie die Qualität, mit der die einzelnen Praktiker diese Kenntnisse und Fähigkeiten anwenden, zu bewerten.

zierbares Element der professionellen Arbeit. Mit dieser Argumentation scheint ein übermäßiger Rückgriff auf die Kunst eine aussichtslose Lösung für die drohende Entmystifizierung zu sein, da sie das Vertrauen in juristische Arbeit verringern könnte. Eine Möglichkeit, den gordischen Knoten zu durchschlagen, bestünde darin, den künstlerischen Aspekt der professionellen Dienstleistungen in der Wissenschaft zu verankern. Dies kann auf zweierlei Weise geschehen. Zum einen kann man sich auf die Rolle der Juristen als Hüter des Rechtsstaates berufen, eine Berufsrolle, die in den Rechtsberufen vieler europäischer Länder bis in die Nachkriegszeit hinein besonders ausgeprägt war (vgl. den dritten Weg, die Revitalisierung der Juristen als Hüter des Rechtsstaates).[19] Diese Funktion als Hüter der Rechtsstaatlichkeit spiegelt sich in einem aufkeimenden, zeitgemäßen Bild der juristischen Profession wider, das sich vom Dogma des Rechts, welches unter der paradigmatischen Herrschaft der öffentlichen Reformverwaltung subsumiert wird, abhebt: „Die zeitgenössischen Anforderungen fügen sich zu einem neunen Bild zusammen, das die Qualitäten des technologischen Bewusstseins, der nicht-juristischen Kompetenzen und der sozialen Reaktionsfähigkeit der Juristen in den Mittelpunkt stellt".[20]

Die zweite Möglichkeit, das künstlerische Element der juristischen Arbeit in der Wissenschaft zu verankern, bezieht sich auf Elemente der juristischen Arbeit, die eine nicht reduzierbare menschliche Interaktion beinhalten. Im Idealfall ist die juristische Arbeit in der naturphilosophischen Annahme verwurzelt, dass das Recht ein Werkzeug ist, das von Menschen benutzt wird, um eine funktionierende Gesellschaft zu bilden. Während bestimmte automatisierbare Elemente der juristischen Arbeit an Maschinen ausgelagert werden können, gibt es andere Aufgaben, die nur anderen Menschen und nicht Maschinen anvertraut werden können.[21]

Betrachtet man die Rolle der Juristen aus einer funktionalistischen Perspektive, so verwalten Juristen Konflikte zwischen Einzelpersonen und

---

19 *Mak*, T-Shaped Lawyer (Fn. 4), S. 13; *Hammerslev*, Law, Power and Profession (Fn. 4); O. *Hammerslev*, Studies of the Legal Profession, in: R. Banakar/M. Travers (Hrsg.), Law and Social Theory, 2013; O. *Hammerslev*, At studere juridiske eliter, in: H.V. Godsk Pedersen (Hrsg.), Juridiske emner ved Syddansk Universitet, 2011; *Madsen*, Return (Fn. 4); *Dezalay/Garth*, Confrontation (Fn. 4); H. *Schledermann*, Juristerne: En profession under pres, 28 Retfærd 1985, 26–44; *Blegvad*, De juridiske eksperter (Fn. 4); B.-M. *Blegvad*, Juristens rolle i samfundet, 1973.
20 Orig. *Mak*, T-Shaped Lawyer (Fn. 4), S. 14–16; übersetzt durch Verfasser.
21 Vgl. *Susskind/Susskind*, The Future of the Professions (Fn. 5), S. 117.

Gruppen.²² Während diese Perspektive davon ausgeht, dass Juristen Konflikte durch Rationalisierung und Neudefinition von Konflikten als rechtliche Probleme bewältigen,²³ mag es eine Gesellschaft nicht für möglich halten, diese Aufgabe an eine Maschine auszulagern. In der Tat besteht der Wunsch, auch den emotionalen Aspekt von Konflikten im Rechtssystem zu berücksichtigen, wie sich durch Aufkommen von ADR zeigt.²⁴ ADR kann somit ein Beispiel für ein nicht reduzierbares menschliches Element in bestimmten juristischen Aufgaben sein. Doch was bedeutet dies für die künftige Entwicklung der Rechtsberufe? Da immer anspruchsvollere juristische Aufgaben an Maschinen ausgelagert werden, könnte die alternative Streitbeilegung in dem Sinne weiter professionalisiert werden, dass sie auch von Juristen durchgeführt und als Fach in die juristischen Studiengänge integriert werden könnte (siehe zweiten Weg, Erweiterung des Potenzials der alternativen Streitbeilegung). Eine solche Integration einer professionalisierten ADR-Ausbildung für Juristen würde das „künstlerische Element" der professionellen Dienstleistung in der Wissenschaft verankern, was das „Vertrauen" der Verbraucher in die professionelle Dienstleistung sicherstellen kann.

2.2 Interner Wettbewerb führt zu höheren Anforderungen an die Kompetenzen von Juristen

Die Automatisierung der Produktion einer professionellen Ware, d.h. einer juristischen Dienstleistung, setzt voraus, dass die für die Entwicklung, den Bau oder den Kauf der Mittel zur (teilweisen oder vollständigen) Automatisierung der Produktion dieser Ware erforderlichen finanziellen Mittel zur Verfügung stehen. Im privaten Sektor führt diese Voraussetzung in der Regel zu einem erhöhten Druck auf die einzelnen Angehörigen der Profession sowie auf kleine und möglicherweise auch mittlere Anwaltskanzleien. Größere Unternehmen verfügen im Allgemeinen leichter als kleinere über ausreichende finanzielle Mittel, um sich die Automatisierung

---

22 *Parsons*, Legal Profession (Fn. 14), S. 378 f.
23 *N. Christie*, Conflicts as Property, 17 The British Journal of Criminology 1977, 1–15.
24 Z.B. *A. Duursma*, A current literature review of international mediation, 25 International Journal of Conflict Management 2014, 81–98; *Y. Dezalay/B.G. Garth*, Dealing in Virtue: International commercial arbitration and the construction of a transnational legal order, 1996; *L.R. Singer*, Settling Disputes: Conflict resolution in business, families and the legal system, 1994.

professioneller Arbeit leisten zu können. Dies ermöglicht es den größeren Unternehmen, die Vorreiterrolle bei der Automatisierung einzunehmen. Eine solche Technologie, z.B. auf künstlicher Intelligenz basierende juristische Werkzeuge, verbessert im Idealfall die Qualität und Geschwindigkeit, mit der bestimmte juristische Dienstleistungen erbracht werden können. Das bedeutet, dass mittelgroße und vor allem große Kanzleien kleineren Mandanten ihre Dienste effektiver anbieten können. Dies stellt für kleine Anwaltskanzleien und Einzelanwälte, die sich ansonsten um diese Kundengruppe gekümmert haben, ein Problem dar.

Dort, wo Juristen in erheblichem Umfang im öffentlichen Sektor beschäftigt sind – wie z.B. in Dänemark und Deutschland,[25] aber nicht so häufig in den Niederlanden[26] –, wird die Automatisierung ähnliche Folgen haben: eine Verringerung der Anzahl der benötigten juristischen Mitarbeiter. Diese Arbeitnehmer werden jedoch häufig nicht als Angehörige der Rechtsberufe betrachtet. In den Niederlanden und in Deutschland, und in gewissem Maße auch in Dänemark, erbringen Sachbearbeiter und nicht Juristen den Großteil der juristischen Dienstleistungen im öffentlichen Sektor. Juristen besetzen nur die höheren Positionen.[27] Da Juristen in der Regel auf den höheren Ebenen der öffentlichen Verwaltung anzutreffen sind, bedeutet dies, dass die Anzahl der im öffentlichen Sektor beschäftigten Juristen weitaus weniger reduziert werden kann als die Zahl der Sachbearbeiter, die keine Volljuristen sind, in diesem Sektor. Sachbearbeiter im öffentlichen Sektor werden also unter einer „technischen Proletarisierung" leiden, d.h. sie werden entweder durch Technologie ersetzt oder sie werden beschäftigt, um die Maschinen zu bedienen, die sie ersetzen.[28] Betrachtet man diese Entwicklung als eine dialektische Dynamik, so bedeutet dies, dass Juristen im öffentlichen Sektor in der Lage sein müssen, glaubhaft zu behaupten, dass sie neben ihren eher „technischen" juristischen Kompetenzen auch mehr der Kompetenzen besitzen, die sie für ihre Führungspositionen qualifizieren. Diese Dynamik könnte auch im privaten Sektor zu beobachten sein, wenn auch in einer stärker geschichteten Weise.

---

25 *Hammerslev*, Law, Power and Professions (Fn. 4); *T. Lundmark*, Charting the Divide Between Common and Civil Law, 2012.
26 *J. Ballendowitsch*, Strukturwandel im öffentlichen Dienst der Niederlande, 2004.
27 Z.B. *Lundmark*, Divide Between Common and Civil Law (Fn. 25); *Hammerslev*, Law, Power and Profession (Fn. 4).
28 *Abel*, American Lawyer (Fn. 3), S. 33.

Drei Wege, die juristische Ausbildung an ein digitalisiertes Berufsfeld anzupassen

So können beispielsweise selbstständige Einzelanwälte, deren Kunden Privatpersonen und kleine und mittlere Unternehmen sind, den Vorteil einer direkten Beziehung zu ihren Kunden hervorheben, welche einen einfühlsameren Service bei Bewusstsein über die Details der Kundenprobleme bietet, als ein automatisierter Service, der nur die Fakten berücksichtigt, die der Kunde über einen Fragebogen oder einen Chatbot angegeben hat. In Anwaltskanzleien könnten die Grundsätze des „Wettkampfs der Anwälte"[29], wie beispielsweise die Fähigkeit, Rechtsanwaltsgehilfen zu verwalten und die Qualität ihrer Arbeit zu gewährleisten sowie neue Rechtsdienstleistungen zu entwickeln, um die Einnahmen der Kanzlei zu steigern, an Bedeutung gewinnen.

Auch wenn im Zuge der Digitalisierung die Aufgaben der Rechtsanwaltsfachangestellten in der Privatwirtschaft frühzeitig automatisiert werden, so werden doch auch die Aufgaben, die an Juristen der unteren Ebene delegiert werden, irgendwann automatisiert werden. Das bedeutet, dass für Juristen im Privatsektor im Allgemeinen die übergeordneten Kompetenzen an Bedeutung gewinnen werden. Was aber ist mit „übergeordneten Kompetenzen" gemeint, insbesondere in Bezug auf Juristen? Im Bereich der Didaktik gibt es zwei etablierte Kompetenzhierarchien, die den Hochschullehrern aufgrund der Verordnungen im Anschluss an die Bologna-Reformen häufig bekannt sind.[30] Auch wenn das kompetenzorientierte Lernen mit den Bologna-Reformen in Verbindung gebracht wird, die ihrerseits

---

29 Im Orig. "Tournament of Lawyers", *M. Galanter/T.M. Palay*, Why the Big Get Bigger: The Promotion-to-Partner Tournament and the Growth of Large Law Firms, 76 Virginia Law Review 1992, 747–811; übersetzt durch Verfasser.

30 Die Bologna-Reformen zielten auf die „Einführung eines Systems leicht verständlicher und vergleichbarer Abschlüsse", *Ministerkonferenz Bologna 1999*, Joint Declaration of the European Ministers of Education: The Bologna Declaration of 19 June 1999, http://www.ehea.info/cid100210/ministerial-conference-bologna-1999.html (zuletzt besucht am 29. Oktober 2019); übersetzt durch Verfasser. Ausgangspunkt für die Ermöglichung der Vergleichbarkeit von Abschlüssen innerhalb der europäischen Hochschulbildung ist der folgende Bericht über Kompetenzrahmen, der die Vergleichbarkeit von Abschlüssen gewährleistet: *Working Group on Qualifications Frameworks*, A Framework for Qualifications of the European Higher Education Area, 2005, https://ufm.dk/en/publications/2005/files-2005/a-framework-european-higher-education-area.pdf (zuletzt besucht am 29. Oktober 2019), vgl. *D. Vervecken et al.*, Kompetenzorientierte Lehrveranstaltungsevaluation als Instrument der Reformgestaltung, in: S. Nickel (Hrsg.), Der Bologna-Prozess aus Sicht der Hochschulforschung: Analysen und Impulse für die Praxis, 2011, S. 257–270; *E. Weyer et al.*, Kompetenzorientierung: Wie ist das gemeint?, in: E. Cendon (Hrsg.), Die kompetenzorientierte Hochschule: Kompetenzorientierung als Mainstreaming-Ansatz in der Hochschule, 2017, S. 6-12.

als Teil der Anpassung der modernen Universitäten an die Grundsätze des öffentlichen Reformverwaltung betrachtet werden, geben die Hierarchien der Kompetenztypen selbst einen Hinweis darauf, welche allgemeinen Kompetenztypen von Juristen in einem vollautomatisierten Rechtssektor verlangt werden.

Die überarbeitete Bloomsche Taxonomie unterscheidet die folgenden hierarchisierten Kompetenztypen, die vom niedrigsten zum höchsten Kompetenztyp aufgeführt sind: Erinnern, Verstehen, Anwenden, Analysieren, Beurteilen und Gestalten.[31] Es wird oft beklagt, dass sich die traditionelle Juristenausbildung an europäischen Universitäten zu sehr auf das Auswendiglernen konzentriert, statt auf problemorientierte Ansätze, die das Lernen realistischer machen und über die Verwendung fiktiver Lehrbuchfälle hinausgehen.[32]

Auswendiglernen ist offensichtlich am stärksten mit der am schlechtesten bewerteten Kompetenzart verbunden: Erinnern. Das Erinnern von Gesetzen, Grundsätzen und einschlägigen Gerichtsentscheidungen ist für die effiziente Erteilung korrekter Rechtsberatung erforderlich. In diesem Bereich ist es jedoch lediglich instrumentell. Für juristische Aufgaben höherer Ordnung, wie z.B. das Erfassen des geltenden Rechts, das wiederum für Rechtsstreitigkeiten in der Privatpraxis oder für das Treffen korrekter Entscheidungen in der Verwaltungspraxis wichtig ist, ist es eine Voraussetzung. Hier gehen wir vom Verstehen zur Anwendung der juristischen Methode über, um schließlich ein juristisches Dienstleistungsprodukt zu schaffen, wie z.B. die Prozessberatung und -vertretung oder die Erarbeitung von juristischen Entscheidungen.

---

31 *D.R. Krathwohl*, A Revision of Bloom's Taxonomy: An Overview, 41 Theory Into Practice 2002, 212–218; *L.W. Anderson/D.R. Krathwohl*, A Taxonomy for Learning, Teaching, and Assessing: A revision of Bloom's taxonomy of educational objectives, 2001.

32 Z.B. *A. Dyevre*, Fixing European Law Schools, 25 European Review of Private Law 2017, 151–168; *Wissenschaftsrat*, Perspektiven der Rechtswissenschaft in Deutschland, 2012; *S. Jørgensen*, Kønsstereotyper i universitetsuddannelser, 11 Kvinder, Køn & Forskning 2011, 34–38; *P. Rattleff*, Den pædagogiske reform af Københavns Universitets juridiske bacheloruddannelse, in: L. Rienecker (Hrsg.), Universitetspædagogiske praksisser, 2015; *E. M. Frenzel*, Öffentliches Recht in der wissenschaftlichen Lehre, 2015, S. 10.

Dies spiegelt sich auch in der am zweitweitesten verbreiteten Lerntaxonomie, der SOLO-Taxonomie, wider.[33] Hier ist die bloße Identifizierung des relevanten Rechts eine Grundkompetenz, die in der juristischen Arbeit zur Ausübung serieller Fertigkeiten und zur Erläuterung des Zusammenspiels von Regeln beiträgt, was schließlich zur Entwicklung einer originellen Idee zur Lösung eines Problems oder zur Beantwortung einer Forschungsfrage oder zur Entwicklung einer Art von „Produkt", z.B. einer Dissertation, führt.

Im Zusammenhang mit den Lerntaxonomien bedeutet die Digitalisierung, dass die Ausführung weniger anspruchsvoller Aufgaben zunehmend durch technische Hilfsmittel unterstützt oder sogar vollständig ersetzt wird. Dadurch müssen sich die Juristen auf die höherwertigen Aufgaben konzentrieren, die mit der Erstellung eines Rechtsprodukts verbunden sind. Dies wiederum macht es erforderlich, dass sich die juristische Ausbildung stärker auf diese höherwertigen Kompetenzen konzentriert und weniger auf die nachrangigen Kompetenzen, die in einem weniger digitalisierten Rechtssektor von vergleichsweise größerer Bedeutung waren.

Um diese Kompetenzen besser in die juristische Ausbildung zu integrieren, muss eine bessere Kopplung zwischen der oft zu rechtsdogmatisch orientierten Lehre an den juristischen Fakultäten einerseits und der Berufsausbildung andererseits erreicht werden. Wie eine empirische Studie an der Universität Kopenhagen gezeigt hat,[34] lässt sich dies nicht unbedingt dadurch erreichen, dass Praktiker einfach Kurse unterrichten, die von akademischen Mitarbeitern konzipiert wurden. Eine gründliche Herangehensweise an dieses Problem würde bedeuten, die relevanten Fähigkeiten zu erfassen und andere einschlägige akademische Disziplinen heranzuziehen, um die juristischen Lehrveranstaltungen zu bereichern, z.B. durch mündliche oder schriftliche Übungen, die von den Studierenden verlangen, sich mit den neuesten Erkenntnissen der juristischen Rhetorik und der juristischen Kommunikation auseinanderzusetzen.

Das zugrundeliegende Grundprinzip, das bereits in den 1990er Jahren formuliert wurde, besagt, dass eine Lernumgebung der Komplexität der realen Aufgaben, die die Lernenden später ausführen werden, nahekom-

---

33 *J. B. Biggs/C. S-K. Tang*, Teaching for Quality Learning at University: What the student does, 2011; *J.B. Biggs/K.F. Collis*, Evaluating the Quality of Learning: The SOLO taxonomy (structure of the observed learning outcome), 1977.
34 *W. Schäfke et al.*, Socialisation to interdisciplinary legal education: An empirical assessment, 52 The Law Teacher 2018, 273–294.

men sollte, um die Lernenden intellektuell voll zu beschäftigen und kurzfristiges Lernen zu vermeiden. Um die Lernenden bei der Entwicklung der Kompetenzen zu unterstützen, die sie für die Anwendung ihrer Kenntnisse und Fähigkeiten in neuen Kontexten benötigen, sind Variation und Komplexität in den Lehr- und Lernaktivitäten erforderlich.[35]

Der Wunsch, in den Lehrplänen der juristischen Fakultäten Lernaktivitäten vorzusehen, die die Lernenden bei der Entwicklung übergeordneter für die höheren Schichten der juristischen Profession relevanten Kompetenzen unterstützen, geht jedoch von einer bestimmten Ethik aus – der Meritokratie. Sie geht davon aus, dass die Studierenden aufgrund ihrer Fähigkeiten in die juristischen Fakultäten aufgenommen werden und dass die Absolventen, die in die höheren Schichten der juristischen Profession aufsteigen, dies ebenfalls aufgrund ihrer Fähigkeiten tun.

Innerhalb der Elitestudien gibt es jedoch noch eine andere Perspektive, die sich auf die juristische Profession als Mittel der sozialen Reproduktion der Elite eines Landes konzentriert.[36] Die Funktion einer juristischen Fakultät für die soziale Reproduktion läuft den Grundsätzen der Leistungsgesellschaft zuwider, und zwar nicht nur durch die Kontrolle darüber, wer eine solche Schule besuchen kann (z.B. durch Studiengebühren, die in Kontinentaleuropa nicht sehr verbreitet sind), sondern auch durch die Aufrechterhaltung der traditionellen Lehrpläne, die eher eine Prüfung des Willens der Studierenden darstellen, eine lange, anstrengende Ausbildung durchzustehen,[37] um gut bezahlte Dienstleistungen zu rechtfertigen.[38] Wenn innerhalb einer juristischen Fakultät der politische Wille, die (wahrgenommene)[39] Rolle der juristischen Fakultät als einer der Torwächter für die soziale Reproduktion zu begünstigen, stärker ist als der Wille, dem Ideal der Meritokratie zu folgen, könnte es schwierig sein, die oben genannten Lernprinzipien umzusetzen.

Ein Haupthindernis bei der Reform der juristischen Lehrpläne ist dieses Festhalten an der Funktion der juristischen Fakultäten als Teil des Prozesses der sozialen Reproduktion. Diese Rolle der juristischen Fakultäten hat sich jedoch im letzten Jahrhundert abgeschwächt. In Skandinavien

---

35 J.A. Bowden/F. Marton, The University of Learning, 1998, S. 114–129.
36 Z.B. *Hammerslev*, Juridiske Eliter (Fn. 19).
37 *Abel*, American Lawyer (Fn. 3), S. 213.
38 M. *Bertilsson*, Den juridiske profession i et sociologisk perspektiv, in: O. Hammerslev/M. Rask Madsen (Hrsg.), Retssociologi: Klassiske og moderne perspektiver, 2013, S. 670.
39 *Abel*, American Lawyer (Fn. 3), S. 213.

und Deutschland haben das Aufkommen der Massenuniversität sowie der breite Ausbau der Bürokratie in den 1970er und 1980er Jahren die Rolle der juristischen Ausbildung als Instrument der sozialen Reproduktion der Elite verringert.[40] Eine Rückkehr der juristischen Ausbildung zu ihrem früheren, eher exklusiven und elitären Status scheint jedoch weder möglich noch wünschenswert zu sein, wenn eine größere Vielfalt in der juristischen Profession angestrebt wird.[41] Im dänischen Kontext wird die Massifizierung von Bildungsprogrammen durch das dänische Ministerium für Hochschulausbildung und Forschung gefördert, das die direkte Kontrolle über die Budgets der Universitäten hat. Die Anzahl der Studierenden, die sich für einen Studiengang einschreiben können, wird an die Beschäftigungsquote der Absolventen des jeweiligen Studiengangs angepasst. Im niederländischen und deutschen System, in denen Juristen ebenfalls fast ausschließlich an öffentlichen Universitäten ausgebildet werden, existieren ähnliche Mechanismen.[42] In diesen Systemen ist es nicht möglich, hohe Zugangshürden für die juristische Ausbildung zu errichten, damit nur einige wenige ausgewählt werden. Wenn es den juristischen Fakultäten jedoch wichtig erscheint, an der Bildung der künftigen Elite einer Gesellschaft mitzuwirken, müssen neue Wege zur Gewinnung von symbolischem Kapital gefunden werden.

Wie kann dies erreicht werden? In der Professionssoziologie wird das Bestreben einer Profession, ihr soziales Ansehen zu erhöhen und Teil der

---

40 Zur Entwicklung von Massenuniversitäten siehe *W.J. Mommsen*, The Academic Profession in the Federal Republic of Germany, in: B.R. Clark (Hrsg.), The Academic Profession: National, disciplinary and institutional settings, 1987. Die Rolle der juristischen Fakultäten der deutschen Universitäten als Teil der „abstrakten Elite" in Deutschland vor dem Aufkommen der Massenuniversität wird dargestellt in *R. Dahrendorf*, The Education of an Elite: Law Faculties and the German Upper Class, in: International Sociological Association (Hrsg.), Transactions of the Fifth World Congress of Sociology, 1964. Zum geringen Anteil von Juristen in der Elite in Dänemark siehe z.B., *Hammerslev*, Law, power and profession (Fn. 4); *Hammerslev*, Danish Legal Profession (Fn. 4); *Blegvad*, De jurisdiske eksperter (Fn. 4); *Blegvad*, Juristens rolle i samfundet (Fn. 19). Für eine ähnliche Entwicklung in Norwegen siehe z.B. *Aubert*, The Changing Role of Law (Fn. 4). In Schweden siehe z.B. *Bertilsson*, Inledning (Fn. 4). Für einen Überblick über ganz Skandinavien siehe *O. Hammerslev*, Professioner, eliter og strategier: Nordiske og internationale studier af juridiske eliter, Praktiske Grunde 2012, 67–76; *O. Hammerslev*, Skandinaviske studier af den juridiske profession', 31 Retfærd 2008, Nr. 2, 81–100.
41 *Bertilsson*, Den juridiske profession (Fn. 38), S. 671–673.
42 *H. Hirte/S. Mock*, Die Juristenausbildung in Europa vor dem Hintergrund des Bologna-Prozesses, JuS 2005, Beilage.

gesellschaftlichen Elite zu werden, unter der Agenda der „kollektiven sozialen Mobilität" subsumiert.[43] Dies bedeutet, dass keine juristische Eliteausbildung erforderlich ist. Um das soziale Ansehen der Juristen zu erhöhen und damit das Vertrauen in die juristische Arbeit und seinen Wert zu stärken, muss die juristische Ausbildung lediglich einen positiven Beitrag dazu leisten, dass einige ihrer Absolventen in Elitepositionen gelangen und dass sie, wenn sie dies tun, dann in einer Weise zum Image der Juristen beitragen, die das öffentliche Vertrauen in juristische Arbeit stärkt.

Dies bedeutet, dass es sowohl wünschenswert als auch möglich ist, dass Jurastudierende die Fähigkeit entwickeln, aus sozialwissenschaftlicher und ethischer Sicht zu analysieren, wie die juristische Profession in der Gesellschaft funktioniert und idealerweise funktionieren sollte. Das wichtigste Publikum für eine reformierte juristische Ausbildung sind also nicht die Berufsverbände oder die Anwaltskammern, sondern die breite Öffentlichkeit. Die juristischen Fakultäten müssen mehr tun, um die Öffentlichkeit davon zu überzeugen, dass Juristen als säkulare Hüter der sozialen Kohäsion und als Vorreiter im Kampf gesellschaftlicher Gruppen für soziale Gerechtigkeit fungieren.

Eine Umgestaltung, die dem möglichen elitären Konservatismus der juristischen Fakultäten Rechnung trägt, müsste daher mehr Sozialwissenschaften in den Lehrplan aufnehmen: nicht nur Politikwissenschaft, sondern auch Soziologie sowie Kultur- und Religionswissenschaften. Dies würde den Studierenden die Möglichkeit geben, ein Verständnis dafür zu entwickeln, wie verschiedene soziale Gruppen in der Gesellschaft interagieren und wie man ihre Konflikte nicht nur auf der Mikroebene, sondern auch auf der Meso- und Makroebene bewältigen kann. Dazu gehört nicht nur die Lektüre der paradigmatischen Autoren der Gesellschaftstheorie, wie es beispielsweise in der juristischen Ausbildung in Dänemark üblich ist, sondern auch Kurse, die in Zusammenarbeit mit Nichtregierungsorganisationen und verschiedenen Verwaltungseinrichtungen angeboten werden, in denen die Studierenden sich forschend und forschungsbasiert mit sozialen Fragen beschäftigen.

Im Folgenden werden wir die drei Wege vorstellen und dementsprechend mögliche Methoden zur Transformation der juristischen Ausbildung skizzieren. Natürlich gibt es Überschneidungen zwischen diesen Wegen, insbesondere wenn es um die Transformation der juristischen Ausbildung geht. Die Isolierung der Wege trägt jedoch zu einem klareren und verständ-

---

43 Org. *Abel*, American Lawyers (Fn. 3), S. 25–27; übersetzt durch Verfasser.

licheren Überblick über die Gründe bei, die eine solche Umgestaltung der juristischen Ausbildung erforderlich machen.

3. Erster Weg und erste Transformation: Automatisierte Rechtswissenschaft

Unabhängig von den technischen Möglichkeiten zur Automatisierung juristischer Dienstleistungen hängt die Möglichkeit, mit diesen Dienstleistungen Einnahmen zu erzielen, unter anderem vom Vertrauen der Kunden in automatisierte juristische Dienstleistungen ab. Um dieses Vertrauen zu gewährleisten, müssen automatisierte Rechtsdienstleistungen mindestens das gleiche Maß an Rechtssicherheit garantieren wie nicht-automatisierte Dienstleistungen. Voraussetzung für eine qualitativ hochwertige Rechtstechnologie ist, dass die verwendeten Informationen präzise, erschöpfend und aktuell sind. Um diese Informationen zu gewährleisten, sind Juristen erforderlich, die das Recht einschließlich der Grundsätze der Rechtsauslegung, genau kennen. Dabei ist es wichtig, zwischen Routineaufgaben und hochentwickelten juristischen Aufgaben zu unterscheiden, z.B. bei der Anwendung des Rechts in neuen Zusammenhängen, bei der Behandlung einander widersprechender Vorschriften oder Grundsatzentscheidungen usw. Abgesehen von Fragen der digitalisierten Verwaltung (vgl. dritter Weg) stellt sich die Frage, wie die Qualität vollautomatisierter Rechtsdienstleistungen sichergestellt werden kann, z.B. durch eine verstärkte Professionalisierung.

3.1 Erster Weg: Regulierung und Kodierung von Rechtstechnologie

Unter Berücksichtigung der soziologischen Modellierung der Dynamik der juristischen Profession deutet ein aktueller Trend auf die Verdrängungsbewegung eines neuen Akteurs – der Legal-Tech-Start-ups[44] – hin, durch die

---

44 Typische juristische Start-ups sind Tech-Start-ups, die juristische Dienstleistungen, Software oder die juristische Arbeit durch weitere Automatisierung effizienter machen oder eine Plattform für juristische Dienstleistungen anbieten. Ein Beispiel für die Ausweitung der Grundsätze der Plattformökonomie auf den Rechtsmarkt ist das dänische Start-up *Legal Heroes*, https://legalhero.dk/ (zuletzt besucht am 24.05.2019). Legal Heroes bietet eine Plattform für Anwälte und potenzielle Klienten, auf der Klienten ihr Anliegen eingeben können und von den registrierten Anwälten Angebote für Rechtsberatung erhalten. Juristische Start-ups, die selbst Rechtsdienstleistun-

die bestehenden Akteure in kleinen Kanzleien und Einzelanwälte innerhalb der Profession weiter an den Rand gedrängt werden, weil Legal-Tech-Start-ups die gleiche Dienstleistung effektiver, billiger oder mit höherer Kostentransparenz anbieten können. Diese kleinen Kanzleien und Einzelanwälte sind die letzten Überbleibsel der juristischen Elite aus der Zeit, als die juristische Profession ein sicherer Raum für die soziale Reproduktion der juristischen Elite durch das soziale Molekül der bürgerlichen Familie war, deren Familienanwaltskanzlei das Produktionsmittel darstellte. Dieses Modell ist durch den Aufstieg von „Big Law" an den Rand des Rechtsmarktes gedrängt worden, da das „Tournament of Lawyers" sozialen Aufsteigern die Möglichkeit bietet, in höhere Schichten des Rechtsberufs aufzusteigen.[45] Legal-Tech-Start-ups werden kleine Anwaltskanzleien und Einzelanwälte mit Leichtigkeit verdrängen, auch wenn sie diese nicht ersetzen. Stattdessen werden sie ihre Arbeit proletarisieren, indem sie Plattformen für ihre Dienstleistungen anbieten und so deren Waren durch erhöhte Preistransparenz und durch das Gatekeeping ihres Zugangs zum Rechtsmarkt entwerten.[46]

Die Schaffung einer rechtlichen Kontrolle über die Rechtstechnologie, ihre Hersteller und die Ausbilder dieser Hersteller könnte ein gangbarer Weg für die juristische Profession sein, die Kontrolle über Rechtstechnologie zu erlangen und zu behalten. Die rechtliche Kontrolle könnte dabei durch drei strategische Maßnahmen erreicht werden. Erstens die Lizenzierung von Rechtstechnologie; zweitens die Zulassung von Herstellern (und möglicherweise auch von Anwendern) von Rechtstechnologie; drittens die

---

gen anbieten, bieten oft eine Dokumentenautomatisierung an, wie *Green Meadow* https://gmeadow.com/ (zuletzt besucht am 24.05.2019), oder Standardvorlagen, wie *Contractbook* https://contractbook.co/ (zuletzt besucht am 24.05.2019). Standardvorlagen und Dokumentenautomatisierung sind keine Beispiele für radikale, diskontinuierliche Innovation, sondern eher für kontinuierliche, schrittweise Innovation. Contractbook zum Beispiel kombiniert Standardvorlagen mit einem cloudbasierten Dokumentenmanagementsystem für seine Kunden. Die meisten Start-Ups verfolgen zudem eine Bottom-of-the-Pyramid-Innovationsstrategie und richten sich an die zahlreichsten, aber am wenigsten zahlungskräftigen Kunden, wie Privatpersonen, Ehepaare sowie kleine und mittlere Unternehmen. Eine Übersicht über die wachsende Zahl von Legal-Tech-Start-ups findet sich unter https://techindex.law.stanford.edu/ (zuletzt besucht am 29.10.2019).

45 *Madsen*, Return (Fn. 4); *Dezalay/Garth*, Confrontation (Fn. 4).
46 Ein Beispiel für ein ehemaliges juristisches Start-up, das heute so viele Kunden wie eine große Anwaltskanzlei betreut, ist *Rocket Lawyer*, das – wie das bereits erwähnten Legal Heroes – eine Plattform für juristische Dienstleistungen anbietet, https://www.rocketlawyer.com/ (zuletzt besucht am 24.05.2019).

Kontrolle über die Ausbilder dieser Hersteller und Anwender von Rechtstechnologie durch Zertifizierung, d.h. die Kontrolle über die tertiären Bildungseinrichtungen und ihre Studienprogramme. Wenn die juristische Profession keine derartigen Ausschlussmaßnahmen ergreift, könnten Legal-Tech-Start-ups schließlich mit einer noch kleineren Anzahl von Juristen arbeiten.

3.2 Transformation eins: Rechtswissenschaft als angewandte Technik- und Gesellschaftswissenschaft

Die juristische Ausbildung kann der Rechtswissenschaft als angewandte Technik- und Gesellschaftswissenschaft Rechnung tragen, indem sie die Hersteller und Anwender von Legal Tech ausbildet. Dies kann in Form von Informatikern mit Rechtsverständnis in der Art von „T-shaped lawyers"[47] oder in Form von spezialisierten Juristen (vergleichbar mit Juristen-Linguisten) geschehen.

Es gibt jedoch eine Dynamik innerhalb der juristischen Profession, die eine solche Anpassung der juristischen Ausbildung behindern könnte. Die dänische juristische Profession steht beispielsweise einer Spezialisierung eher skeptisch gegenüber, da sie stark dem Dogma der monolithischen Einheit der juristischen Profession folgt. Denkbar wäre die Einführung eines neues Studienprogramm für Rechtstechnologie. Damit Rechtstechnologie gut funktioniert, sollte eine solche Ausbildung nicht einfach ein bi-disziplinärer Frankenstein sein, der ein halbes Informatik- und ein halbes Jura-Studium beinhaltet. Eine automatisierte, digitalisierte Rechtswissenschaft als angewandte Wissenschaft wäre das Studium, das untersucht, wie die Technologie zur Regulierung der Gesellschaft eingesetzt werden kann. Diese Form der Rechtswissenschaft wäre eine angewandte Untersu-

---

47 Während der Begriff „T-Shaped Lawyer" als Modewort verwendet wird (vgl. *Mak*, T-Shaped Lawyer (Fn. 4), S. 7), charakterisiert dieses Ideal des Juristen als „Antwort auf die Herausforderungen der technologischen Entwicklungen, der Veränderungen auf dem Markt für juristische Dienstleistungen und der neuen ethischen Dilemmata für Juristen in einer komplexen Gesellschaft", wobei „argumentiert wird, dass man in der Lage sein muss, diese Herausforderungen auf der Grundlage von fundierten juristischen Kenntnissen und Fähigkeiten - der vertikalen Säule des T - in Kombination mit breitem Wissen über andere Disziplinen und akademischen Fähigkeiten, die eine Zusammenarbeit ermöglichen - der horizontalen Säule des T - zu bewältigen", *Mak*, T-Shaped Lawyer (Fn. 4), S. 7-8, übersetzt durch Verfasser; vgl. *R.A. Smathers*, The 21st-Century T-Shaped Lawyer, 40 Law Practice Magazine 2019, 32–34.

chung der Interaktion zwischen Technologie und Gesellschaft und würde zur angewandten Form der Wissenschafts- und Technologiewissenschaft werden, die eine etablierte Querschnittsdisziplin der Technologie- und Sozialwissenschaften ist.

In Bezug auf diesen ersten Weg und die entsprechende Transformation kann gesagt werden, dass es eine Professionalisierung der rechtstechnologischen Kompetenzen geben muss, wie sie gegenwärtig in einem recht frühen Stadium im Bereich der juristischen Start-ups zu beobachten ist. Dies erfordert eine stärkere Kontrolle des Marktes für Rechtstechnologie, da die Juristen in diesem Bereich mit den Informatikern konkurrieren müssen.

4. Zweiter Weg und zweite Transformation: das nicht reduzierbare menschliche Element

Es liegt auf der Hand, dass mit der zunehmenden Automatisierung juristischer Dienstleistungen der Wettbewerb um den nicht automatisierbaren Teil der juristischen Dienstleistungen zunehmen wird. Wie bereits erwähnt, besteht der nicht automatisierbare Teil der juristischen Arbeit aus den Aufgaben, die die Kunden den Maschinen nicht anvertrauen. Auf diesem Weg untersuchen wir eine Untergruppe dieser Aufgaben, bei denen man davon ausgeht, dass sie ein nicht reduzierbares menschliches Element enthalten – ein Element der Kunst. Ein solches Element kann in der Notwendigkeit eines guten Juristen gesehen werden, der sich in die Situation seines Mandanten einfühlen kann.[48] Ein Bereich des Rechtsmarktes, in dem die Interaktion zwischen Anwalt und Mandant als Element der juristischen Arbeit besonders hervorsticht, ist die alternative Streitbeilegung (ADR). Da die Interaktion zwischen Anwalt und Mandant (oder, allgemeiner ausgedrückt, zwischen Anwalt und Laie) für jeden Zweig des Rechtsberufs als wichtig angesehen werden kann, lassen sich die folgenden Überlegungen auch auf andere Bereiche übertragen.

---

48 Hedeen und Salem führten 2005 eine Online-Umfrage unter 611 Richtern, Familienrechtsanwälten, Mediatoren, Sorgerechtsgutachtern, Rechtsprofessoren und Jurastudenten an zwei juristischen Fakultäten durch. Die Teilnehmer der Umfrage wurden gebeten, die fünf wichtigsten Themen zu nennen, die in einem umfassenden Lehrplan für Familienrecht behandelt werden sollten; *T. Hedeen/P. Salem*, What Should Family Lawyers Know? Results of a survey of practitioners and students, 44 Family Court Review 2006, 601–611; siehe auch *M.C. Nussbaum*, Not for profit: Warum die Demokratie die Geisteswissenschaften braucht, 2016, S. 24–26.

4.1 Zweiter Weg: Ausbau des ADR-Potentials

Während der Verkauf automatisierbarer Rechtsdienstleistungen dazu führen kann, dass die Digitalisierung einige Angehörige von Rechtsberufen vom Rechtsmarkt verdrängt, kann sich ADR als Zufluchtsort für die juristische Profession erweisen. Für Juristen, die die erforderlichen weiteren Kompetenzen entwickeln, bieten Mediation und Verhandlungsführung Möglichkeiten, sowohl neue Dienstleistungen anzubieten und damit ihren Markt zu erweitern als auch ihre bestehenden Rechtsdienstleistungen zu verbessern.[49]

Da juristische Aufgaben höherer Ordnung in der öffentlichen Verwaltung zunehmend von Sachbearbeitern übernommen werden könnten, wird die Einbeziehung der Mediation in die juristische Ausbildung der juristischen Profession zugutekommen. An der juristischen Fakultät der Universität Kopenhagen dient beispielsweise ein kürzlich eingerichteter Masterstudiengang für Sachbearbeiter, Sozialarbeiter und Rechtsanwaltsgehilfen, die über einen berufsqualifizierenden Bachelor-Abschluss verfügen, bereits dem Bestreben dieser Gruppe, Volljuristen in der öffentlichen Verwaltung zu verdrängen. Die Aufnahme der Mediation in die klassische Juristenausbildung kann aber nicht nur dem öffentlichen Bereich der juristischen Profession helfen, seine Position zu halten und zu verbessern. Vielmehr kann sie auch den Anwälten in kleinen und mittleren Kanzleien in der Privatwirtschaft, wo die Digitalisierung zu einer Machtkonzentration in einer bislang noch von kleinen Kanzleien dominierten Branche führt, helfen. Derzeit ist die Abhängigkeit der Kunden von diesen Kanzleien durch den direkten Vertrieb der von ihnen erbrachten Dienstleistungen gewährleistet, ohne dass ein Vermittler eingeschaltet werden muss. Wenn die juristischen Dienstleistungen dieser Branche automatisiert werden, können kleine und mittelgroße Kanzleien die Kundenabhängigkeit nur aufrechterhalten, indem sie die „künstlerischen", „idiosynkratischen" Aspekte ihrer Arbeit hervorheben und behaupten, dass sie das können, was eine App nicht kann.[50]

Da ADR immer noch wächst und sich ausbreitet, haben wir noch nicht das volle Potenzial ihrer Integration in verschiedene Rechtsbereiche gesehen. Die sinkende Nachfrage nach traditionellen Rechtsdienstleistungen wird jedoch mehr Juristen dazu zwingen, sich mit Mediation, Verhandlun-

---

49 *Dezalay/Garth*, Confrontation (Fn. 4); *Dezalay/Garth*, Dealing in Virtue (Fn. 24).
50 *Abel*, American Lawyer (Fn. 3), S. 18.

gen, Schiedsverfahren und Konfliktvermeidung zu beschäftigen. Da die neuen Technologien die Anwendung von ADR bei Konflikten ermöglichen, bei denen die Parteien weit voneinander entfernt leben (Online Dispute Resolution, ODR), erweitert die Digitalisierung den Bereich der ADR.

4.2 Transformation zwei: Rechtswissenschaft als angewandte Kunst und Geisteswissenschaften

Bei einer breiteren Einführung der Mediation in das Studium der Rechtswissenschaften dürfen wir nicht ausschließlich an Studiengänge mit dem Titel „Mediation" denken, in denen mediative Techniken trainiert werden. Mediative Kompetenzen in alle Bereiche des Rechts zu integrieren, bedeutet, Kommunikation als integralen Bestandteil der juristischen Praxis zu betrachten. Um die Vorteile gegenüber automatisierten Diensten behaupten zu können, müssen Juristen auf diesem Weg in der Lage sein, die individuelle Komplexität der von ihnen vermittelten Fälle zu erkennen und ihre mediativen Kompetenzen zu nutzen, um die damit verbundenen Schwierigkeiten zu bewältigen. Mit anderen Worten: Auf diesem Weg müssen sich die Juristen vor allem auf Konflikte auf der Mikroebene konzentrieren. Gleichzeitig ist die Fähigkeit, mit Konflikten auf der Mikroebene umzugehen, die Grundlage dafür, mit ADR auf der Meso- und Makroebene arbeiten zu können, wenn es um die Bewältigung von Konflikten innerhalb und zwischen Organisationen und Institutionen sowie auf internationaler und globaler Ebene geht, z.B. im Rahmen von so komplexen Herausforderungen wie Klimawandel und Migration.

Diese Kombination von Kompetenzen, die sowohl auf menschliche Interaktion als auch auf komplexe Herausforderungen ausgerichtet sind, erfordert eine integrative Perspektive. Eine solche Perspektive kann durch eine Transformation der juristischen Praxis in eine Form der angewandten Kunst- und Geisteswissenschaften erreicht werden – ähnlich dem von *Martha C. Nussbaum* vorgeschlagenen „Modell der menschlichen Entwicklung". Absolventen bräuchten z.B. ein empathisches Verständnis für die Vielfalt der in einer Gesellschaft vertretenen sozialen Realitäten und Biografien, um die Absichten der Gesetzgeber kritisch, aber realistisch zu bewerten und die gesamte soziale Dynamik im Kontext einer globalisierten Welt zu verstehen.[51]

Die primären Kompetenzen, die für Juristen erforderlich wären, sind Mediation, Rhetorik und kommunikative Kompetenz in einer Vielzahl von Kontexten sowie eine Toleranz für Multiperspektivität, Ergebnisoffenheit und die dem menschlichen Dasein innewohnende Ambiguität. Diese Art der Ausbildung trägt bereits dazu bei, dass Absolventen der Geisteswissenschaften in den dänischen Kommunalverwaltungen Fuß fassen.[52] Mediation und Rechtsrhetorik werden in unterschiedlichem Umfang als Wahlfächer in den juristischen Studiengängen angeboten. Kurse in Rechtsphilosophie und Rechtssoziologie sind ebenfalls gut geeignet, um der Multiperspektivität Raum zu geben, wie verschiedene Vorstellungen von (wissenschaftlicher) Wahrheit sowie soziale und politische Machtverhältnisse die Vorstellungen von Menschengruppen darüber prägen, was anwendbares, angemessenes oder idealerweise wünschenswertes Recht ist. Dies bedeutet jedoch, dass wir es wagen müssen, Rechtsauslegung und Rechtsanwendung nicht einfach im Sinne einer technischen Fertigkeit zu lehren, die – wenn sie mit ausreichender Qualität angewandt wird – zum gleichen Ergebnis führt, sondern als ein Projekt, das der Gesellschaft dienen soll.

Da Textauslegung, Argumentation und Kommunikation bereits zu den Kernelementen der Rechtswissenschaft gehören, dürfte es nicht unmöglich sein, die juristische Ausbildung in eine solche Richtung zu verändern. Diese Elemente müssten kontextualisiert werden, ohne dass dabei die Tiefe der Lehre verloren geht. Nach modernen didaktischen Ansätzen wäre das Erlernen dieser Fähigkeiten im Kontext der Rechtsgebiete, mit denen sich die Jurastudierende während ihres Studiums befassen, effektiver als die Auslagerung dieser Fähigkeiten in spezielle „Soft Skills"-Kurse, die sich z.B. der Rechtsrhetorik oder der Rechtssoziologie widmen.[53]

Fasst man diesen zweiten Weg und die damit verbundene Transformation in der juristischen Ausbildung zusammen, so lässt sich sagen, dass Mediation für den juristischen Arbeitsmarkt an Bedeutung gewinnen wird.[54] Dies beschleunigt einen Trend, der bereits in den letzten Jahrzehnten zu

---

51 *Nussbaum*, Not for profit (Fn. 48), S. 24–26.
52 Dies geht aus Daten hervor, die von *Statistics Denmark* für den Zeitraum 2008–2016 erhoben wurden. Die Daten werden nicht veröffentlicht, aber die Autoren haben vom dänischen Verband der Juristen und Ökonomen (DJØF) einen Überblick erhalten.
53 *Bowden/F. Marton*, Learning (Fn. 35), S. 114–129.
54 *P.T. Coleman et al.*, The Handbook of Conflict Resolution: Theory and practice, 2014.

beobachten war. Der jüngste Trend zeigt eine Ausweitung des ADR-Marktes, auf dem Rechtsanwälte mit Mediatoren konkurrieren.[55] Als kostengünstigere, weniger zeitaufwendige und sogar nutzerfreundlichere Methode der Konfliktbewältigung ist ADR eine immer beliebtere Option für die Lösung einer Vielzahl von Rechtskonflikten in verschiedenen Rechtsbereichen.[56] Mediation wird von Juristen und Nichtjuristen praktiziert, da die Schlüsselqualifikationen nicht nur juristische Kompetenzen sind, sondern vertiefte Kenntnisse in den Bereichen Dialog, soziale Interaktion und Verhalten. Eine zunehmende Zahl von Juristen verfügt aber auch über Spezialwissen über das Wesen von Konflikten und Konfliktmanagement[57] und hat – im Rahmen ihres Einblicks in juristische Verfahren – ein besonderes Verständnis dafür, wie und in welchen Zusammenhängen es sinnvoll ist, bestehende Rechtssysteme und -verfahren zu ergänzen oder zu verändern. Da das Potenzial von ADR bei weitem nicht ausgeschöpft ist, besteht für Juristen die Möglichkeit, den Markt für ADR zu erweitern.[58]

5 Dritter Weg und dritte Transformation: digitalisierte Tugend

Die Automatisierung juristischer Entscheidungen wird den Prozess der Entscheidungsfindung intransparent machen. Der Entscheidungsprozess der derzeit entwickelten maschinellen Lernalgorithmen ist für den Menschen nicht interpretierbar: Nur die Zuverlässigkeit ihrer Entscheidungen kann anhand des „Goldstandards" ihrer Trainingsmengen bewertet werden.[59] Dieser Mangel an Transparenz kann zu einem geringeren Vertrauen

---

55 B. Bogoch/R. Halperin Kaddari, Co-optation, competition and resistance: Mediation and divorce professionals in Israel, 14 International Journal of the Legal Profession 2007,115–145.
56 A. Nylund, et al. (Hrsg.), Nordic Mediation Research, 2018; T. J. Stipanowich, ADR and the "Vanishing Trial": The Growth and Impact of "Alternative Dispute Resolution", 1 Journal of Empirical Legal Studies 2004, 843–912.
57 J.M. Nolan-Haley, Lawyers, Non-Lawyers and Mediation: Rethinking the Professional Monopoly from a Problem-Solving Perspective, 7 Harvard Negotiation Law Review 2002, 235–300; J.M. Nolan-Haley/M.R. Volpe, Teaching Mediation as a Lawyering Role, 39 Journal of Legal Education 1989, 571–586.
58 Es wurde diskutiert, ob ein juristischer Hintergrund bei der Ausübung der Mediation kontraproduktiv sein könnte, z.B. J.M. Nolan-Haley, Lawyers, Clients, and Mediation, 73 Notre Dame Law Review 1998, 1369–1390; J. Haynes, Mediators and the legal profession: An overview, 23 Mediation Quarterly 1989, 5–12.
59 B. Sheppard, Warming up to inscrutability: How technology could challenge our concept of law, 68 University of Toronto Law Journal 2018, S. 36 (47–49), Beilage 1; R.

der Öffentlichkeit in die Rechtsstaatlichkeit führen, da die Gründe für bestimmte juristische Entscheidungen den Betroffenen nicht erklärt werden können, sondern nur das Ergebnis der Entscheidung selbst vermittelt werden kann.[60] Wenn die Bürger den von der Rechtstechnologie getroffenen rechtlichen Entscheidungen vertrauen sollen, müssen der Entscheidungsprozess und seine Ergebnisse gegenüber den Bürgern legitimiert werden.[61]

Ein aktuelles Beispiel für diese Problematik ist der Skandal des „Teledaten-Falls" in Dänemark. Im Teledaten-Fall wurden fehlerhafte automatisch verarbeitete Daten in über 3.000 Strafverfahren verwendet, die mit einer Strafe von mehr als sechs Jahren Haft bedroht waren.[62] Der dänische Justizminister erkannte das Ausmaß des Skandals an, als er erklärte, dass „es bei dem Teledaten-Fall um unser Vertrauen in das Rechtssystem geht".[63]

Während sich dieses Beispiel scheinbar auf eine fehlerhafte Automatisierung der juristischen Arbeit bezieht, wird die problematische Intransparenz der automatisierten juristischen Arbeit indirekt in der Erklärung des Justizministers angesprochen: „Ich erwarte, dass alle Fehler jetzt *ans Licht kommen* und *offen* und ordnungsgemäß behandelt werden".[64] Gleichzeitig sind in Dänemark umfassendere Bestrebungen zur Automatisierung der staatlichen Verwaltung im Gange, sodass alle zukünftigen Gesetze ein automatisiertes Fallmanagement, einschließlich automatisierter Verwaltungsentscheidungen, ermöglichen sollen.[65] Solche Bestrebungen zur Automatisierung der öffentlichen Verwaltung und die Frage des Vertrauens unterstreichen sowohl die Notwendigkeit, solche Entscheidungen gegenüber den

---

Brownsword, Technological management and the Rule of Law, 8 Law, Innovation and Technology 2016, 100–140.

60 *Sheppard*, Warming up (Fn. 59); *Brownsword*, Technological management (Fn. 59).
61 Vgl. *V. Abazi/E. Tauschinsky*, Reasons of Control and Trust: Grounding the Public Need for Transparency in the European Union, 11 Utrecht Law Review 2015, 78–90.
62 *J. B. Nielsen/P. Thomsen*, Justitsminister vil have kulegravet teleskandalen, in: Berlingske, 02.07.2019; *A. Biselli*, Vorratsdatenspeicherung in Dänemark: Ein IT-Fehler könnte zu falschen Urteilen geführt haben, in: Netzpolitik.org, 09.07.2019.
63 Original „Teledata-sagen handler om vores tillid til retssystemet", *Justitsministeriet*, Justitsministeren vil have ryddet op i teledata-sagen, 02.07.2019, übersetzt durch Verfasser.
64 Original „Jeg forventer, at alle fejl nu kommer frem i lyset og bliver håndteret åbent og ordentligt", *Justitsministeriet* (Fn. 64), übersetzt durch Verfasser, Hervorhebungen eingefügt.
65 *Finansministeriet*, Bred politisk aftale skal gøre lovgivningen klar til digitalisering, 16.01.2018.

betroffenen Bürgern zu legitimieren,[66] als auch die Notwendigkeit für Juristen, das Zusammenspiel von Technologie und Gesellschaft zu verstehen.

5.1 Dritter Weg: Wiederbelebung der Juristen als Hüter der Rechtsstaatlichkeit

Einzelne Professionen verfügen über eine begrenzte Anzahl von Strategien, die zur Steigerung des Wertes ihrer professionellen Ware eingesetzt werden können.[67] Eine Möglichkeit besteht darin, einen Bedarf für die professionelle Ware zu schaffen. Bei juristischen Dienstleistungen könnte dies etwa durch Maßnahmen wie die Einführung entsprechender Vorschriften erreicht werden. Dies kann jedoch auch auf breiterer Basis geschehen, indem man für die Notwendigkeit von Vorschriften und den allgemeinen Wunsch, Vorschriften zu befolgen, argumentiert. Da die juristische Profession das Nachkriegsideal des Juristen als Hüter der Rechtsstaatlichkeit wiederzubeleben scheint,[68] wird die Notwendigkeit der Rechtsstaatlichkeit zu einer herausragenden Diskursposition. Diese Diskursposition folgt der funktionalistischen Rhetorik der juristischen Profession,[69] die darauf abzielt, das Bild des Juristen als eine die soziale Kohäsion stärkende Kraft in der Gesellschaft zu fördern, d.h. durch Konfliktmanagement, durch Rationalisierung und Umdeutung eines Konflikts als rechtliches Problem.[70]

Auch wenn die Rechtsstaatlichkeit aktuell in Frage gestellt wird, wie z.B. durch den aufkommenden Populismus in Europa,[71] dient die Betonung des funktionalistischen Bildes der juristischen Arbeit auch dazu, den Wert juristischer Dienstleistungen zu steigern. Die Betonung der Rolle von Juristen als Hüter des Rechtsstaats, die sich für die Stärkung der sozialen Kohäsion einsetzen, ist gleichzeitig ein Argument für den Wert von Rechtsdienstleistungen. Es ist wichtig, darauf hinzuweisen, dass diese Form der Wertschöp-

---

66 Vgl. *Abazi/Tauschinsky*, Reasons of Control and Trust (Fn. 61).
67 *Abel*, American Lawyer (Fn. 3), S. 18, 29.
68 *Mak*, T-Shaped Lawyer (Fn. 4), S. 13.
69 *Abel*, American Lawyer (Fn. 3), S. 34–39.
70 *Christie*, Conflicts as Property (Fn. 23).
71 *N. Lacey*, Populism and the rule of law, 15 Annual Review of Law and Social Science 2019. Populismus wird nur in den osteuropäischen Ländern, nicht aber in den westeuropäischen Ländern als Gefahr für den Rechtsstaat angesehen: *B. Bugaric/A. Kuhelj*, Varieties of Populism in Europe: Is the Rule of Law in Danger?, 10 Hague Journal on the Rule of Law 2018, Nr. 1, 21–33.

fung nicht bedeutet, dass ein bedeutender Teil der juristischen Profession tatsächlich direkt dem Staat oder der Öffentlichkeit dient. Da die juristische Profession das Image einer monolithischen Profession pflegt, können alle Mitglieder der Profession von der Wertsteigerung der juristischen Arbeit profitieren. Das Vertrauen der Kunden in die juristische Arbeit wird dadurch erhöht, dass Juristen als am besten qualifiziert angesehen werden, um die soziale Kohäsion zu gewährleisten.[72] Die Kunden schätzen aufgrund dieser monolithischen Wahrnehmung, dass die Juristen mehr oder weniger gleich kompetent sind, ihre Kompetenz hoch genug ein, um ihren Dienstleistungen einen hohen Wert beizumessen.

Im Kontext der jüngeren Geschichte der juristischen Profession ist das vorherrschende Bild des Juristen als Staatsmann durch das des interdisziplinären Unternehmensanwalts ersetzt worden.[73] Die Wiederbelebung des Bildes des Juristen als Hüter des Rechtsstaates knüpft somit an das vom Rechtspositivismus geprägte Bild der Reinheit des Rechts und der juristischen Argumentation an. Eine Herausforderung für die juristische Ausbildung wird darin bestehen, sich nicht auf diesen Diskurs einzulassen, der auf den akademischen Diskurs der Rechtswissenschaftler und Rechtslehrer beschränkt zu sein scheint.[74] Wie funktionalistische Theorien über die juristische Profession bereits gezeigt haben, wird dieses Bild der juristischen Profession nur vorgeschoben, um ihre Kontrolle über den Rechtsmarkt zu legitimieren, indem die juristische Arbeit als abhängig von exklusivem, obskurem Wissen, Orthodoxie und Wissenschaftlichkeit dargestellt wird.[75]

---

72 *Abel*, American Lawyer (Fn. 3), S. 18 f.
73 *Mak*, T-Shaped Lawyer (Fn. 2), S. 14–16.
74 *R. Brouwer*, The Study of Law as an Academic Discipline, 13 Utrecht Law Review 2017, Nr. 3, 41–48; *J. v. H. Holtermann/M.R. Madsen*, Toleration, Synthesis or Replacement? The "Empirical Turn" and its Consequences of the Science of International Law, 29 Leiden Journal of International Law 2016, Nr. 4, 1001–1019; *F.L. Leeuw*, Empirical Legal Research: The Gap between Facts and Values and Legal Academic Training, 11 Utrecht Law Review 2015, Nr. 2, 19–33; *J. Klabbers*, The Relative Autonomy of International Law or the Forgotten Politics of Interdisciplinarity, in: *R.J. Beck* (Hrsg.), Law and Disciplinarity, 2013; *D.W. Vick*, Interdisciplinarity and the Discipline of Law, 31 Journal of Law and Society 2004, Nr. 2, 163–193; *J. Weinstein*, Coming of age: Recognizing the importance of interdisciplinary education in law practice, 74 Washington Law Review 1999, 319–366; *R. Cotterrell*, Why Must Legal Ideas be Interpreted Sociologically?, 25 Journal of Law and Society 1998, Nr. 2, 171–192.
75 *Abel*, American Lawyer (Fn. 3), S. 34–39; *P. Bourdieu*, The Force of Law: Toward a Sociology of the Juridical Field Essay, 38 Hastings Law Journal 1987, 805–813; *T. Parsons*, A sociologist looks at the legal profession (Fn. 14).

Dieses konservative Bild der Anforderungen an Juristen entspricht jedoch nicht den Realitäten der Praxis.[76] Es bedarf einer offeneren Sichtweise, die das ältere Bild des Juristen als Staatsmann mit dem neueren, interdisziplinäreren und dennoch altruistischen Bild des „Cause Lawyers" verbindet.[77] „Cause Lawyering" ist einer der innovativen Wege, die die juristische Profession beschreitet, um das weniger altruistische Image der Unternehmensjuristen abzuschütteln. Es berührt jedoch nicht das Image von Juristen auf der einen oder anderen Seite des Gegensatzes zwischen öffentlichem und privatem Sektor. Es gibt nicht vor, Juristen als Diener aller Bürger zu sehen, sondern nur als Diener der spezifischen Interessengruppen, für die ein Anliegen als relevant angesehen wird. Doch welche Kompetenzen brauchen Juristen als Vorreiter säkularer Werte? Wie können sich die juristischen Fakultäten darauf einstellen, ihre Absolventen auf diesen Weg vorzubereiten?

5.2 Dritte Transformation: Rechtswissenschaft als Instrument zur Stärkung der sozialen Kohäsion

Viele der Kompetenzen, die Juristen in ihrer Rolle als Hüter säkularer Werte benötigen, liegen im Kern dessen, was die Profession für sich beansprucht: 1) ein klares dogmatisches Verständnis der Regeln;[78] 2) eine klare Kommunikation in rechtlichen Angelegenheiten (einschließlich der Kom-

---

76 J. *Tynell*, Mørkelygten: Embedsmænd fortæller om politisk tilskæring af tal, jura og fakta, 2016; P. *Loft*, Hvem har ansvaret? Revner og spraekker i det danske embedsmandssystem, 2016; T. *Knudsen/P.B. Koch*, Ansvaret der forsvandt: Om magten, ministrene og embedsværket, 2014.
77 *Mak*, T-Shaped Lawyer (Fn. 4), S. 16–19.
78 In der Hedeen–Salem Umfrage wurde das Recht selbst oft genannt; *Hedeen/Salem*, What Should Family Lawyers Know (Fn. 48), S. 607 f. Dieses Ergebnis wurde auch durch eine Umfrage unter externen Dozenten an der Universität Kopenhagen bestätigt, die im Wintersemester 2014–2015 von Werner Schäfke und Martine Stagelund Hvidt durchgeführt wurde. Es wurden 219 Antworten gesammelt, in denen die externen Dozenten unter anderem in offenen Fragen gebeten wurden, die drei wichtigsten „Kompetenzen" zu nennen, die idealerweise für einen „guten Juristen" am wichtigsten sind und die als relevante beabsichtigte Lernergebnisse in der juristischen Ausbildung wahrgenommen werden. In allen offenen Fragen wurde die dogmatische Kompetenz (z.B. die Kenntnis der „juristischen Methode" oder die Kenntnis des „Gesetzes") als am wichtigsten angesehen.

munikation mit Laien);[79] und 3) ein Verständnis für Menschen und ihre Konflikte.[80] Während die erste geforderte Kompetenz „Brot und Butter" der juristischen Ausbildung ist, können die letzten beiden Kompetenzen – oder vielmehr Kompetenzgruppen – in erster Linie „on the job" erlernt werden. So etwa (je nach juristischem Ausbildungssystem) während Sommerpraktika, Studentenjobs, im Rahmen des Zweiten Staatsexamens oder der Berufsausbildung (advokatfuldmægtig- oder dommerfuldmægtiguddannelse).

Wesentlich ist jedoch, dass den Studierenden nicht nur exklusives und rechtsdogmatisches Wissen vermittelt wird, sondern auch die Kompetenz, dieses Wissen in der täglichen Praxis tatsächlich anzuwenden. Wenn die Juristenausbildung sicherstellen will, dass ein breiterer Teil der juristischen Profession durch ihre Ausbildung darauf vorbereitet wird, als Hüter des Rechtsstaates zu fungieren, dann darf die Entwicklung dieser Kompetenzen nicht dem Zufall oder dem Lernen am Arbeitsplatz überlassen werden. Jüngste Studien über die Rechtsberufe in den USA und im Vereinigten Königreich stellen eine solche Lücke fest und schlagen vor, die Entwicklung ethischer und moralischer Tugenden besser in die juristische Ausbildung zu integrieren.[81] Eine ähnliche Diskussion wird in Dänemark in Berichten

---

79 In der Kopenhagener Erhebung (ebd.) bilden die „zwischenmenschlichen Kompetenzen" nach den „dogmatischen Kompetenzen" die zweitgrößte Gruppe von Kompetenzen. Die Gruppe „zwischenmenschliche Kompetenzen" enthält hauptsächlich Antworten, die sich auf die Kommunikationsfähigkeiten zwischen Anwalt und Mandant beziehen. Auch in der Hedeen-Salem-Umfrage sind die Kommunikationsfähigkeiten die Fähigkeiten, die von den Praktikern als am wichtigsten für die Tätigkeit im Bereich des Familienrechts angesehen werden. Die vier am häufigsten genannten Fähigkeiten waren z.B. „Zuhören", „realistische Erwartungen an den Mandanten stellen", „den Mandanten in die Entscheidungsfindung einbeziehen" und „die Interessen des Mandanten erkennen" (ebd., S. 605 f.).
80 In der Kopenhagener Umfrage (ebd.) wurde diese Kompetenz in den Antworten als „Einfühlungsvermögen" bezeichnet und zusammen mit den Kommunikationskompetenzen unter dem Cluster „zwischenmenschliche Kompetenzen" subsumiert. In der Umfrage von Hedeen-Salem bezieht sich die Mehrheit der Antworten auf Einfühlungsvermögen, eine gute Ethik und ein Verständnis für die soziale, wirtschaftliche und emotionale Situation der Klienten, während sich die Minderheit auf technisches Wissen über das Recht und das Funktionieren des Sozialsystems bezieht (ebd., S. 605–608).
81 *J. Arthur et al.*, Virtuous character for the practice of law: Research report, 2014; *A. Szerletics*, The Role of Virtues in Legal Education, 7 Oñati Socio-Legal Series 2017, Nr. 8, 1679–1691; *N.W. Hamilton*, Connecting Prospective Law Students' Goals to the Competencies that Clients and Legal Employers Need to Achieve More Competent Graduates and Stronger Applicant Pools and Employment Outcomes, 9 St. Mary's Legal Mal. and Ethics 2019, U of St. Thomas (Minnesota) Legal Studies Research Pa-

der Regierung, von Juristen in populären Medien und von Enthüllungsjournalisten[82] sowie in den Niederlanden geführt.[83] Dabei werden die Auswirkungen auf die juristische Ausbildung direkter betrachtet.[84] Doch was kann die juristische Ausbildung zur Entwicklung dieser Kompetenzen bei Jurastudierenden leisten, was das Lernen am Arbeitsplatz gerade nicht kann?

Eine Möglichkeit sind Kurse, in denen die Studierenden formell in ethischen Verhaltensregeln unterrichtet werden. Solche Kurse werden von Rechtswissenschaftlern als allgemein nützlich für Jurastudierende angesehen, auch wenn sie sie nicht unbedingt auf moralische Dilemmata in der Praxis vorbereiten.[85] Vor diesem Hintergrund werden Legal Clinics als geeignete Maßnahme angesehen.[86] Darüber hinaus können Ethikkurse, die auf die Aufgaben und Dilemmata im juristischen Bereich ausgerichtet sind, die Jurastudierenden systematischer darauf vorbereiten, später oder neben dem Studium mehr aus dem Lernen am Arbeitsplatz zu ziehen.

Zusammenfassend lässt sich zu diesem dritten und letzten Weg und der daraus abgeleiteten Transformation der juristischen Ausbildung sagen, dass das Bild des Juristen als Staatsmann – wie man es in der jüngeren europäischen Nachkriegsgeschichte kannte – wiederbelebt werden muss. Das zeigt sich auch in der aktuellen Betonung der Rechtsstaatlichkeit im politischen Diskurs zeigt.[87] Dies bedeutet, dass zwei Bedrohungen für den sozialen Status der juristischen Profession entgegengewirkt wird. Der Assoziation mit der Unordnung, die durch die Mandanten der Profession repräsentiert wird,[88] wirkt die Assoziation der juristischen Profession mit dem Ideal

---

per No. 19–04, abrufbar unter https://ssrn.com/abstract=3351468 (zuletzt besucht am 29.10.2019); *A.T. Kronman*, The lost lawyer: Failing ideals of the legal profession, 1993.
82 *Bo-Smith-udvalget*, Embedsmanden i det moderne folkestyre, 2015; z.B. *S.T. Kristensen*, Fremtidens jurist: Juridisk håndværker eller retsikkerhedens vogter, 95 Advokaten 2016, Nr. 1, 8–15; *Tynell*, Mørkelygten (Fn. 76); *Loft*, Hvem har ansvaret? (Fn. 76); *Knudsen/Koch*, Ansvaret der forsvandt (Fn. 76).
83 Z.B. *I. van Domselaar*, Moral Quality in Adjudication: On Judicial Virtues and Civic Friendship, 44 Netherlands Journal of Legal Philosophy 2015, Nr. 1, 24–46.
84 *Mak*, T-Shaped Lawyer (Fn. 4), S. 31 f.
85 *Szerletics*, The Role of Virtues (Fn. 81), 1688 f.
86 *Szerletics*, The Role of Virtues (Fn. 81), 1689; *Arthur et al.*, Virtuous character (Fn. 81), S. 23 f.; *L.M. Graham*, Aristotle's Ethics and the Virtuous Lawyer: Part One of a Study on Legal Ethics and Clinical Legal Education, 20 Journal of the Legal Profession 1995/1996, Nr. 5, 5–49.
87 *G. Halmai*, The Possibility and Desirability of Rule of Law Conditionality', 6 Hague Journal on the Rule of Law 2018, Nr. 1, 1 (1–3).
88 *Abel*, American Lawyers (Fn. 3), S. 27.

der Arbeit für soziale Kohäsion entgegen und die erodierende funktionalistischen Apologetik der juristischen Profession wird durch diesen demonstrierten Beitrag der juristischen Profession zum sozialen Zusammenhalt ersetzt.[89]

In der dänischen und deutschen öffentlichen Verwaltung gab es beispielsweise eine Reihe von Vorfällen, bei denen Beamte und Politiker das Recht sehr kreativ auslegten oder sogar rechtswidrig handelten. Sie trafen Entscheidungen auf der Grundlage der Politik und nicht des Rechts.[90] Es wurde die Frage aufgeworfen, ob bei diesen zahlreichen Skandalen die Rechtsstaatlichkeit bei Verwaltungsentscheidungen an Kraft verloren hat und ob nicht eine mögliche Methode, die Verwaltung demokratischer zu machen, darin bestünde, die Ethik der Beamten im Hinblick auf das Ideal der Rechtsstaatlichkeit zu stärken.[91] Auch wenn diese offensichtliche Krise des Rechtsstaatsprinzips die Juristen im öffentlichen Dienst betreffen mag, so stellt sie doch die Legitimität der juristischen Profession in ihrer Gesamtheit in Frage: Diese Gruppe von juristischen Akteuren innerhalb der juristischen Profession gibt ihre Loyalität zu den Normen der Rechtsauslegung und Entscheidungsfindung auf, obwohl von ihnen am ehesten behauptet werden kann, dass sie für das Gemeinwohl der Gesellschaft und nicht für ihren persönlichen Profit arbeiten. Darüber hinaus ist die juristische Profession bestrebt, sich als ein unteilbares Ganzes zu präsentieren, in dem alle Arten von juristischen Akteuren dieselben Grundkompetenzen und Werte teilen.[92]

---

89 Der Funktionalismus verteidigt das Monopol der Juristen, ihren hohen sozialen Status und die hohen Kosten ihrer Dienstleistungen, indem er ihre Arbeit als nützlich für die Gesellschaft an sich charakterisiert, indem sie sich um die gewaltfreie Konfliktlösung und die Resozialisierung krimineller Individuen kümmert; *R.L. Abel*, American Lawyers, S. 16, 34; *Parsons*, Legal Professions (Fn. 14), S. 16–19.

90 *Tynell*, Mørkelygten (Fn. 76); *Loft*, Hvem har ansvaret (Fn. 76); *Knudsen/Koch*, Ansvaret der forsvandt (Fn. 76).

91 *Bo-Smith-udvalget*, Embedsmanden i det moderne folkestyre (Fn. 82).

92 Diese Ethik spiegelt sich besonders deutlich in der juristischen Ausbildung in Deutschland wider, in der Rechtsanwälte, Richter und in der öffentlichen Verwaltung tätige Juristen die gleiche Berufsausbildung durchlaufen (Zweites Staatsexamen). Das dänische System verlangt von Rechtsanwälten in der öffentlichen Verwaltung keine weitere Berufsausbildung und bietet zwei verschiedene Berufsausbildungen für Rechtsanwälte bzw. Richter nach Abschluss eines Masterstudiums in Rechtswissenschaften (cand. jur.). Das niederländische System der juristischen Ausbildung vertritt den generalistischen Ansatz am wenigsten, da die Studenten bereits während ihrer Bachelor-Ausbildung damit beginnen, sich in verschiedenen Rechtsgebieten zu spezialisieren.

6 Schlussfolgerung

Die Antworten auf die in der Einleitung gestellte Kernfrage „was werden die Kernaufgaben der Juristen von morgen sein, auf die die juristischen Fakultäten ihre Studierenden vorbereiten müssen?" folgen drei verschiedenen Trends, die wir identifiziert haben, und führen somit zu drei möglichen Antworten. Die Juristen von morgen müssen das Vertrauen der Öffentlichkeit in das Rechtssystem und das menschliche Element der juristischen Arbeit stärken, indem sie über fundierte Kenntnisse darüber verfügen, wie die Technologie zur Regulierung der Gesellschaft eingesetzt wird und werden kann (Erste Transformation).

Die Automatisierung juristischer Fachaufgaben wird zu einem erhöhten Bedarf an Kompetenzen führen, um mit der Multiperspektivität, Ergebnisoffenheit und Mehrdeutigkeit gesellschaftlicher Konflikte umzugehen und zu deren Lösung klassische juristische, ADR- und transdisziplinäre Arbeit beitragen – insbesondere im öffentlichen Sektor (Zweite Transformation).

Die Bewertung dieser komplexen gesellschaftlichen Probleme und der juristische Beitrag zu ihrer Lösung erfordern zunehmend die Fähigkeit der Juristen, klar und lösungsorientiert mit Nicht-Juristen zu kommunizieren (Zweite und Dritte Transformation). Es wird für die juristische Profession immer wichtiger werden, Berufsethik und Tugenden zu demonstrieren (Dritte Transformation).

Wir gehen davon aus, dass dies für den Teil der juristischen Profession, der als Beamter tätig ist, am wichtigsten sein wird, abgesehen von der Bedeutung der Sichtbarkeit von Anwälten[93] im privaten Sektor. Während die Rolle der juristischen Ausbildung darin besteht, Jurastudierende auf diese neuen Anforderungen vorzubereiten, indem sie Rechtstechnologie und integrative, transdisziplinäre Studien in ihre Lehrpläne integrieren, sind die juristischen Fakultäten nicht gezwungen, einfach darauf zu warten, dass sich die Bedürfnisse ändern. Die juristischen Fakultäten können versuchen, die möglichen Veränderungen aktiv zu steuern, indem sie Absolventen ausbilden, die bereit sind, eine bestimmte Richtung einzuschlagen. Fachübergreifende Abschlüsse in Rechtstechnologie oder in transdisziplinären Rechtswissenschaften sowie starke Elemente zu transdisziplinärer Problemlösung in den traditionellen juristischen Lehrplänen können den Weg dafür ebnen, dass sich die juristische Profession stärker auf die Veränderungen auf dem Rechtsmarkt einstellt, anstatt den Schmerz der Arbeitge-

---

93 *Mak*, T-Shaped Lawyer (Fn. 4), S. 16–19.

ber auf dem juristischen Markt schrittweise zu lindern, was nur zu allzu kurzsichtigen Reformen der juristischen Studiengänge führen könnte.

Legal Design Lab: Virtual Legal Systems

Nóra Al Haider

A. Introduction

The Covid-19 pandemic was the catalyst for numerous societal changes. These changes did not spare the legal system. On the contrary, law was one of the disciplines heavily affected by the pandemic. Litigants could not go to court anymore, law offices had to set up remote work structures and court administrators had to implement new technology for proceedings to continue remotely. On all fronts, the legal system had to experiment, implement and change within a short amount of time. This article, based on a presentation held in April 2022 at the 'Teaching Digitalization in Law' virtual conference organized by the University of Hamburg, delves into the projects that the Stanford Legal Design Lab developed as a response to the legal system during the Covid-19 pandemic.

B. What is Legal Design?

Most attendees are likely familiar with the concept of legal design. Therefore, I will refrain from delving too deep into this section of the presentation, but I will provide a summary for those who are unfamiliar with the concept.

At the Stanford Legal Design Lab, we work at the intersection of law, design, and tech. Law, because we want to improve the legal system and increase access to justice. Design, because we want to create services, products, and systems that people can and most importantly want to use. Emphasis should be put on the last word: 'use'. There is currently a lack of user-friendly and user-centered legal products, services, and systems. Lastly, we also use technology as a way to create human-centered products. Although we are based in Silicon Valley, we are not solely a tech-focused lab. We use technology when we think it can be useful for the user, but our main focus when we start a project is to research the user's needs and then map out the pathways for potential solutions. These could be tech solutions but that is not a requirement.

For those who are interested in a good primer about Legal Design, Margaret Hagan, the Executive Director of the Legal Design Lab wrote a wonderful open-source book about legal design that can be accessed here: https://lawbydesign.co/. She provides two definitions of legal design in her book:

> *"Legal Design is the application of human-centered design to the world of law, to make legal systems and services more human-centered, useable, and satisfying."* And *"Legal design is a way of assessing and creating legal services with a focus on how usable, useful and engaging these services are."* (M.D. Hagan, Law by Design, https://lawbydesign.co/ last accessed 7/19/2022)

As you can note from the two definitions, the word human is emphasized. Legal design is all about user-friendliness and how we can respond to the needs of users. When we talk about design in the context of legal design, we mean looking at the legal system from the perspective of users and focusing on the human experience. We do this by user research: finding out what the problems are from a user's perspective, talking with users, and figuring out their needs. This process happens before we even consider thinking of solutions. Once we get to the stage where we can experiment with solutions, then these solutions are always co-designed with the users and are interdisciplinary based: working across traditional boundaries. This particular stage involves a cycle of experimenting, testing, improving, and testing again. The last stage of the legal design process involves reflecting and evaluating: going back to the community, making sure the intended solution is working as anticipated by the community. We also evaluate the data that we can gather from each pilot to hopefully scale up the intervention and implement it in other jurisdictions.

Usually, after explaining how legal design works, people immediately think of contract design: redesigning terms and conditions in contracts and making them more user-friendly. In Europe, there are some wonderful initiatives when it comes to contract design. Although this is indeed part of the legal design discipline, it is not the only result the field can produce. Consider for example (re)designing legal products, services, organizations, systems, and even policies and regulations.

C. What does the Legal Design Lab do?

During this presentation, I will spotlight two projects that are relevant for this conference. These two projects are part of the larger themes we work on at the Lab. In 2022 there are four themes we focus on:

- Access to Justice & Eviction Prevention: we are implementing and testing several pilots to increase access to justice and address the eviction crisis in the United States.
- Better Legal Internet: this theme is all about how users navigate the internet and gain access to legal information and resources in an online environment.
- Smart Legal Communications: we work on researching new ways to create more user-friendly legal information. We design and test new notices, policies, processes, and guides.
- Virtual Legal Systems: this theme is all about how courts have responded to the digitalization of the legal system. This track examines the redesign of hybrid courts, remote proceedings, and virtual forms.

During this presentation, I will mainly discuss the Lab's projects that fall within the Better Legal Internet and Virtual Legal Systems track.

D. Self-represented litigants

To better explain the work that we are doing at the Lab, it is important to understand the concept of self-represented litigants as this might be an unfamiliar concept in some European countries. Self-represented litigants are people who do not have access to legal representation. In practice, this means that in the United States, there are millions of people each year who have to sort out their civil justice problems, such as evictions, domestic violence or divorce proceedings on their own. Difficulties arise because the legal system is extremely complex. It is not designed to be navigated by non-legal professionals. Moreover, self-represented litigants are oftentimes going through traumatic and high-stress situations, which increases the difficulty of navigating the legal system.

We work on several projects to increase access to justice for self-represented litigants. These projects range from redesigning court documents to developing legal service pilots. For this presentation, however, I'll focus on spotlighting projects from our two tracks: Better Legal Internet and Virtual Legal Systems.

E. Better Legal Internet

As mentioned earlier, a lot of people in the U.S. do not have access to legal representation. In practice, this means that they often have to rely on non-traditional sources, such as Internet platforms, to get access to legal information. A slew of problems arises from legal information on online platforms. First of all, the decentralized system in the U.S. makes it difficult for self-represented litigants to find legal information that applies to their jurisdiction. Top results on search engine pages are usually not jurisdiction specific. This means, that someone who is based in California and is looking for eviction-related information, might receive top results that are only applicable if one lives in New York. Top results on search engine pages might also be outdated or hidden behind a paywall on commercial websites. It is difficult for self-represented litigants to correctly identify all these different factors, including correctly classifying the legal issue they are facing. All these facets make the legal journey of a self-represented litigant difficult.

One of our goals at the Stanford Legal Design Lab is to increase access to reliable, jurisdiction, and issue-specific legal information. We do that through multiple projects. One of the research areas, we are extremely interested in is how to improve a search engine's top results page for legal queries. The field of health information is more advanced than the legal field when it comes to reliable information on search engine result pages. I do not necessarily recommend Googling health problems, but if you would Google 'Help I have a headache', you will receive a health knowledge panel on the right side of the page. This knowledge panel mines information from reliable sources. It summarizes the problem and provides an overview of the symptoms and potential treatment methods. In an ideal world, legal queries would receive the same type of overview on search engine result pages. We are taking steps to achieve this by working with legal aid and other organizations to improve their websites and implement schema mark-ups. Simply put, schema mark-ups are tags that provide information about what one can find on the website and/or at the legal aid organization. These tags are implemented in a website's code. This improves the search queries of users, as search engine crawlers use the information provided in

Schema to create snippets and knowledge panels. We also work together with legal aid and other organizations to improve their online legal information and websites so that self-represented litigants can find the resources and information they need.

Another issue that we have identified in the Better Legal Internet theme is the gap between existing resources and users. Legal aid organizations, courts, and others have been developing and designing resources and information for litigants. This output increased during the Covid-19 pandemic. Guides, flyers, FAQs and other materials were all developed and distributed online to address legal issues and concerns that arose during the pandemic. However, even with this increase in resources, it was still difficult to connect the information to the user with the legal issue. People do not necessarily visit specific legal information websites if they have a problem or a query. Our initial observations indicate that most people would rather remain on the websites and social media platforms they already frequent. One of our main questions is then, therefore: how do we connect legal information and resources to the users who have a query about that particular legal issue? To address this question, we have been experimenting with implementing bots on existing social media platforms. Bots are a potential way to connect people's queries on social media platforms to legal information and resources. In recent years, we have been experimenting and developing a bot on the social media subreddit /r/legaladvice. This platform has 2.2 million subscribers and is used by people when they are in need of legal information. We designed the eviction information bot, to refer individuals who are asking eviction-related questions to jurisdiction and legal issue-specific resources. More research has to be done to evaluate the potential of bots as 'legal information transmitters', but it is a potential first step to tackling the gap between legal information and queries from users. Overall, our main goal with the Better Legal Internet theme is to empower users, whether it is offline or online, to know their rights and potential next steps they can take.

F. Virtual Legal Systems

The Virtual Legal Systems track was set up during the pandemic and examines how courts and other legal organizations respond to the accelerated digitalization of the legal system. The pandemic was a catalyst for a paradigm shift in the legal system. Existing institutions had no choice but to change the way they work. Legal organizations, court administrators, and others were figuring out how to redesign their existing structures and procedures. Court houses had to be redesigned to make space for new tools that would allow users of the court to remotely conduct their business. The projects 'New Spaces of Justice' and 'Blueprints of Justice' were developed as a response to this need. If courts are responding to the Covid-19 pandemic and working out ways how to reconfigure their courts, then we can seize this moment in time by not only digitizing the courts but also making them more inclusive and user-friendly at the same time. Currently, the legal system is designed by lawyers for lawyers. For us to make an impact, new redesign efforts had to include non-legal professionals.

We teamed up with Virgil Abloh, a multi-disciplinary creative who unfortunately passed away in 2021, and Oana Stănescu, an architect and designer. Together we formed a new collective of legal professionals, designers, architecture and law students to tackle some of the issues the courts put forward.

The project was developed in late 2020. During that time, most courts were struggling to find the necessary equipment (laptops, remote conference tools, etc.) to transform the space into a hybrid court. We put out a call on mailing lists, asking courts and legal aid organizations what their needs were and how a collective of architecture and law students could help. We received four case studies and worked with the students to identify overarching problems that these organizations were facing. The main issue that the students identified is that self-represented litigants, who already had difficulty navigating the legal system, were now struggling to access these new virtual courts, because they did not have a computer or reliable Wi-Fi at home to access remote proceedings. Another issue that came to our attention was the loss of benefits that physical spaces bring. Self-represented litigants could walk into a court building and receive assistance from legal aid professionals who were stationed there. There was substantial indirect guidance that self-represented litigants received by being in a physical waiting room: looking at informational posters, chatting with other self-represented litigants, and reading through brochures. All these benefits were lost in this new virtual world. There were therefore two questions that the collective worked on:

i) How can we design virtual proceedings that support and assist self-represented litigants and others in need?

ii) How can we redesign and reimagine courthouses now that they do not use courtrooms but still need to support those without Wi-Fi at home? Can we reimagine what the courthouse of the future should look like?

This project was unique because legal professionals, researchers, designers, architecture and law students all worked on the same case study. The students designed new courthouses that reimagined the legal system as an inclusive and holistic system that, for example, provides child care opportunities in court buildings, has tech and Zoom booths for those in need, and offers multiple models of justice in the form of restorative and mediation rooms.

We are at an interesting point in time, where the legal system has no choice but to adapt. However, if we do not work in interdisciplinary teams, the issues we are facing will look different but remain the same. The Legal Design Lab is focused on creating an environment where different stakeholders can come together to co-design a more accessible and equitable legal system.

Rechtsberatung 4.0 oder Technology 101?
Gedanken zur Digitalisierung des Rechts aus prozessanwaltlicher Perspektive

David Tebel

> They always say time changes things, but you actually have to change them yourself. (Andy Warhol)

Die Digitalisierung ist zweifellos einer der größten Veränderungsprozesse, denen Gesellschaft und Wirtschaft in den letzten Jahrzehnten ausgesetzt waren. Aus gesamtgesellschaftlicher Sicht kommt der Anwaltschaft dabei bislang keine Führungsrolle zu. Während die Digitalisierung in vielen gesellschaftlichen und nahezu allen unternehmerischen Bereichen schon längst ganz oben auf der Agenda steht, ist die (prozess-)anwaltliche Praxis weiter von Papierakten und Faxgeräten geprägt – zumindest bis vor Kurzem. In den letzten Jahren allerdings hat die Digitalisierung Einzug in die Jurisprudenz gehalten, erst schleichend, dann stürmisch, um nicht zu sagen überstürmt. Mittlerweile ist die fortschreitende Digitalisierung im Recht zentraler Aspekt anwaltlicher Arbeit sowohl in Rechtsabteilungen von Unternehmen als auch in Kanzleien.

A. Digitalisierung im Recht

Die Digitalisierung wirkt grob zusammengefasst auf drei Arten in die anwaltliche Arbeit: Erstens durch die Digitalisierung der Arbeit im Allgemeinen, zweitens durch die Digitalisierung der anwaltlicher Arbeit zugrundeliegenden Sachverhalte und drittens durch den Einsatz digitaler Technologien zur Bewältigung spezifisch-anwaltlicher Aufgaben.

I. Digitales Arbeiten

Über praktisch alle Professionen hinweg hat die Digitalisierung Einfluss auf die tägliche Arbeit. Auch in der klassischen Bürotätigkeit wurde in den letzten Jahren der Wechsel von analogem Stift und Papier hin zur digitalen Informationsverarbeitung mittels Computer, Tablet und Mobiltelefon graduell vollzogen. Dass dieser Digitalisierungsprozess noch in vollem Gange ist, zeigt sich nicht zuletzt daran, dass sich unter den Akteur:innen im Büroalltag trotz der Omnipräsenz der genannten Gerätschaften die komplette Spanne vom Typ „Hardcopy", bei dem jedes digital erhaltene Dokumente ausgedruckt und abgeheftet wird, bis zum Typ „Paperless", bei dem jedes physisch erhaltene Dokument eingescannt und auf dem Tablet gelesen wird, findet.

Mittlerweile wird von juristischen Berufseinsteiger:innen ein sicherer Umgang mit den üblichen E-Mail-, Textverarbeitungs- und ähnlichen Programmen erwartet. Wenig überraschend kratzt dieser „sichere Umgang" in der Praxis jedoch nur an der Oberfläche der Möglichkeiten, die die gängigen Programme bieten. Neben Spezialfunktionen mit recht begrenzten Anwendungsbereichen, deren Unkenntnis im juristischen Alltag nicht schadet, bieten diese Programme häufig auch eine Vielzahl von Funktionen, deren Beherrschung die effiziente Bewältigung des juristischen Arbeitsalltags enorm erleichtert. Rein beispielhaft genannt seien hier die Verwendung von Operatoren zur Eingrenzung der E-Mail- oder Dateisuche, bedingter Formatierung zum Abgleich langer Listen, command line-Befehlen zur strukturierten Umbenennung einer Vielzahl von Dateien oder Makros zur automatischen Bereinigung von Formatierungsfehlern in umfangreichen Schriftsätzen.

Als Faustregel lässt sich festhalten, dass sich praktisch alle repetitiven Aufgaben im Zusammenhang mit digitalen Inhalten durch sinnvollen Einsatz der üblicherweise verfügbaren Software entweder ganz vermeiden oder zumindest stark vereinfachen lassen.

Nun mögen junge Jurist:innen hoffen, dass der Kelch derartiger Aufgaben an ihnen vorübergeht und diese Tätigkeiten von nichtjuristischem Personal erledigt werden. Dabei wird jedoch verkannt, dass die Verantwortung für diese zwar wenig anspruchsvollen, inhaltlich aber teilweise immens wichtigen Aufgaben letztlich immer bei den Berufsträger:innen liegt. So bleibt es nicht aus, dass man sich als Berufsanfänger:in mit derartigen Aufgaben selbst konfrontiert sieht und mit steigender Erfahrung für die korrekte Ausführung dieser Aufgaben verantwortlich zeichnet. Sowohl Kolleg:innen als auch Mandant:innen werden es einem danken, wenn man die zur Verfügung stehenden Mittel zeit- und kosteneffizient einzusetzen weiß.

Die hierin liegenden Effizienzpotentiale sind noch weitgehend ungenutzt. Zwar ist es nicht Kernaufgabe der juristischen Ausbildung, den

Umgang mit Standardsoftware zu lehren. Jedoch kann auch die juristische Ausbildung – beispielsweise durch entsprechende Schlüsselqualifikationen – einen Beitrag dazu leisten, Jurist:innen zu ermöglichen, sich auf die inhaltliche Arbeit zu fokussieren.

II. Digitale Sachverhalte

Die juristischen Professionen sehen sich zunehmend mit digitalen Sachverhalten konfrontiert. Zum einen führt der Prozess der Digitalisierung selbst zu erhöhtem Beratungsbedarf bei Mandant:innen. Beispielhaft sei hier das boomende Gebiet des Datenschutzrechts genannt. Durch Digitalisierungsprozesse vervielfacht sich meist die Menge mit überschaubarem Aufwand erhebbarer und verarbeitbarer Daten, sodass die entsprechenden Prozesse auf ihre Vereinbarkeit mit den Maßgaben des Datenschutzrechts überprüft werden müssen.

Zum anderen ist nicht zuletzt durch die Digitalisierung mit dem sogenannten Technologiesektor ein neuer Industriezweig entstanden, dessen Beratungsbedarf sich deutlich von dem anderer Industriesektoren unterscheidet. Die wirtschaftliche Bedeutung des Technologiesektors kann dabei kaum überschätzt werden. Stand 2022 sind sechs der zehn weltweit nach Marktkapitalisierung wertvollsten Unternehmen Technologiekonzerne (Apple, Microsoft, Alphabet, NVIDIA, Meta und TSMC). Zentrale Betätigungsfelder der Technologiekonzerne können dabei sowohl Soft- als auch Hardware sein. Beiden Feldern gemein sind die gesteigerte Bedeutung des Schutzes von geistigem Eigentum wie Patenten und Urheberrechten, sowie häufig komplexe grenzüberschreitende Vertriebsstrukturen. Die Herstellung von Hardware erfordert darüber hinaus den Aufbau und die Verwaltung von grenzüberschreitenden Liefer- und Fertigungsketten mit entsprechendem Vertragswerk. Streitigkeiten im Bereich Technologie werden sowohl vor Schiedsgerichten – insbesondere bei grenzüberschreitenden Verträgen – als auch Gerichten – hier meist oft gewählte und damit erfahrene Gerichte wie die Landgerichte Düsseldorf, Mannheim und München für Streitigkeiten im Bereich geistiges Eigentum oder kalifornische Gerichte für Verträge mit US-amerikanischen Big Tech-Unternehmen – ausgefochten.

Neben den großen Tech-Unternehmen ist aber auch eine dynamische Startup-Kultur prägend für den Technologiesektor. Der Beratungsbedarf von Startups unterscheidet sich dabei signifikant von dem etablierterer

Unternehmen mit größerer Erfahrung in rechtlichen Belangen. Gerade für Startups in der Finanzierungsphase ist weiter eine schnelle Beilegung von Rechtsstreitigkeiten, die künftigen Finanzierungsrunden im Weg stehen könnten, von erheblicher Bedeutung und lässt teilweise auch das Interesse an einem in der Sache günstigen oder jedenfalls gerechten Ausgang in den Hintergrund treten. In inhaltlicher Hinsicht haben Startups, die sich einen neuen Markt erschließen wollen, häufig auch einen gesteigerten Beratungsbedarf im Hinblick auf regulatorische Fragen. Eines der bekannteren Beispiele hierfür dürften die umfangreichen regulatorischen Streitigkeiten sein, die Uber zur Anerkennung seines Geschäftsmodells ausfechten musste.

III. Legal Tech & Legal Operations

Gradmesser für den Bedeutungsgewinn der Digitalisierung im Recht waren in den letzten Jahren die Schlagworte Legal Tech, Legal Operations und Law Tech. Die Abgrenzung dieser Begriffe ist nicht einfach, hier aber von untergeordneter Bedeutung. Gemein haben alle drei Konzepte, dass sie Technologie für spezifisch-juristische Tätigkeiten einsetzen. Beispielhaft betrachtet werden hier die Analyse von Dokumenten, die automatisierte Erstellung von Dokumenten, das Prozessmanagement und Predictive Analytics.

1. Analyse von Dokumenten

Ein erheblicher Teil der juristischen Arbeit ist das Auswerten von Dokumenten, die größtenteils Text enthalten. Dies trifft sowohl auf den Transaktionsbereich als auch auf den Bereich streitiger Auseinandersetzungen zu. Bei großen Transaktionen werden im Rahmen der Due Diligence in kurzer Zeit eine sehr große Anzahl an Dokumenten gesichtet und bewertet, aus denen sich relevante Informationen für Wert und Risiken des Zielunternehmens ergeben. Auch im Bereich der Prozessführung ist die Aufarbeitung des Sachverhalts anhand verfügbarer Dokumente anwaltliche Kernaufgabe. Im angloamerikanischen common law existiert im Zivilprozess sogar eine gesonderte Prozessphase, in der eine Vielzahl von möglicherweise relevanten Dokumenten mit der Gegenseite ausgetauscht werden. Diese pre-trial discovery oder disclosure findet vor der mündlichen Verhandlung statt und soll die Waffengleichheit beider Parteien herstellen. In der internationalen Schiedspraxis hat sich ebenfalls eine im Vergleich zur common law-Praxis beschränktere Form der Dokumentenherausgabe (document production) herausgebildet. Neben der Sachverhaltsaufarbeitung besteht aber auch die Rechtsrecherche im Wesentlichen aus der Auswertung von Dokumenten in Gestalt von Urteilen und Literatur. Due Diligence und document disclosure sind sehr aufwendig und erzeugen regelmäßig erhebliche Kosten, sodass sich hier eine technische Lösung geradezu aufdrängt.

Eine technisch gestützte Analyse von für die juristische Arbeit relevanten Dokumenten ist jedoch mit gewissen Herausforderungen verbunden. So liegen zwar viele Dokumente mittlerweile in digitaler Form vor, allerdings häufig nur als Scans, also Einzelbilder der jeweiligen Dokumentenseite. Erster Schritt ist deshalb die Erkennung des Texts in diesen Bildern mit Hilfe der sogenannten optical character recognition (OCR). Die Qualität des Scans und der OCR sind von entscheidender Bedeutung für die weitere Verarbeitung des Texts. Schlechte Qualität führt hier dazu, dass ein falscher Text erkannt wird und deshalb eine inhaltliche Analyse des eigentlichen Texts unmöglich ist.

Wurde der korrekte Text erkannt, stellt sich die nächste Hürde: Juristische Dokumente sind nämlich unstrukturierte Daten und damit für herkömmliche Datenverarbeitungsvorgänge nicht unmittelbar zugänglich. Daten sind unstrukturiert, wenn sie keiner vordefinierten Struktur folgen. Texte in natürlicher Sprache folgen keiner vorgegebenen Struktur und sind damit unstrukturierte Daten. Hier setzt die inhaltliche Analyse von Dokumenten an und strukturiert die Texte. Die einfachste Form der inhaltlichen Analyse ist dabei die schlagwortbasierte Volltextsuche, bei der der Anwender prüfen kann, ob eines oder mehrere Dokumente das eingegebene Suchwort enthalten. Diese Technik lässt sich durch automatisierte Suche ganzer Listen an Schlagwörtern oder logische Verknüpfung mehrerer Schlagworte durch sogenannte Boolesche Operatoren, sowie entsprechende Kategorisierung der Dokumente nach den Suchergebnissen weiter verfeinern. Volltextsuche hat jedoch ein erhebliches Problem: Suchbegriffe werden nur gefunden, wenn sie wortgleich im jeweiligen Dokument auftauchen. Enthält das Dokument einen inhaltlich gleichbedeutenden, aber sprachlich abweichenden Begriff, ergibt die Suche keinen Treffer. In diesem Zusammenhang hat eine Technologie in den letzten Jahren besonders große Fortschritte gemacht, das sogenannte natural language processing (NLP), auch Computerlinguistik genannt. Diese Technologie geht über die rein textbasierte Übereinstimmungssuche hinaus und extrahiert Inhalt und Bedeutung von Texten. NLP erlaubt so eine deutlich präzisere Kategorisierung von Dokumenten mit erheblich geringerer Vorarbeit, da ein signifikanter Teil der Festlegung der Suchoperatoren entfällt.

Mit Hilfe von NLP in Kombination mit Machine-Learning-Algorithmen (auch als predictive coding bezeichnet) lassen sich beispielsweise wiederkehrende Klauseln in einer Vielzahl von Verträgen identifizieren. So muss die anwaltliche Prüfung nicht mehr für den gesamten Vertrag erfolgen, sondern kann sich auf die relevante Klausel fokussieren. Die Einsparpotentiale sind schon mit der heutigen Technologie erheblich. Größere Herausforderungen bieten heterogenere Dokumente, da hier die Definition relevanter Inhalte schwerer fällt. Doch auch hier sind erhebliche Fortschritte in der technisch-gestützten Durchsicht von Dokumenten (auch: technology assisted review, TAR) absehbar, die es künftig mit noch größerer Präzision als schon bisher ermöglichen, beispielsweise die für einen bestimmten Herausgabeantrag relevanten Dokumente aus einer großen Menge potenziell relevanter Dokumente herauszufiltern.

Zum Einsatz können dabei unterschiedliche Machine-Learning-Techniken kommen, insbesondere neuronale Netze, die durch überwachtes Lernen (supervised learning) für den konkreten Anwendungsfall trainiert werden. So wird beispielsweise ein Algorithmus mit einer überschaubaren Anzahl von Dokumenten durch Anwält:innen trainiert, die diese Dokumente als relevant oder irrelevant für einen Herausgabeantrag im Rahmen einer Dokumentenherausgabe markieren (taggen). Dieser Prozess wird so lange wiederholt, bis die (messbare) Genauigkeit des Algorithmus den Ansprüchen genügt. Anschließend werden die übrigen Dokumente durch den Algorithmus als relevant oder irrelevant markiert. Üblicherweise erfolgt anschließend ein sogenanntes second level review der als relevant identifizierten Dokumente durch Anwält:innen.

Auch der Bereich der Rechtsrecherche, in case law-basierten common law-Systemen noch mehr als in unserer Rechtsordnung, wird in der Praxis mittlerweile durch den Einsatz von Datenbanken beherrscht. Diese Datenbanken entwickeln sich zunehmend zu Analyse-Tools, die nicht mehr nur die entsprechenden Inhalte bereitstellen, sondern diese auch organisieren und kategorisieren, um dem Nutzer den Zugriff zu erleichtern. Es ist zu erwarten, dass die nächsten Jahre gerade auf dem Gebiet der technik-gestützten Analyse von Dokumenten erhebliche Fortschritte machen wird.

2. Automatisierte Erstellung von Dokumenten

Ein erheblicher Teil der juristischen Arbeit kann nur effizient bewältigt werden, wenn das Rad nicht jedes Mal neu erfunden wird, wenn also auf bereits bestehenden Arbeitsprodukten aufgesetzt wird. Üblicherweise erfolgt dies durch manuelle Suche eines möglichst vergleichbaren Präzedenzdokuments, auf dessen Grundlage dann das neue Dokument erstellt wird. Diese Vorgehensweise findet sich über eine Vielzahl juristischer Arbeitsprodukte hinweg von Verträgen über Gutachten bis hin zu (schieds-)gerichtlichen Schriftsätzen. Dabei kann die Vorlage sowohl als Grundlage für die äußere Darstellung (Formatierung, Kopf etc.) als auch für den Inhalt des Dokuments dienen.

Die üblicherweise manuelle Suche und Anpassung des Ausgangsdokuments sind aufwändig und fehleranfällig. Effizienter löst man die Herausforderung der Erstellung vieler gleich oder ähnlich gelagerter Dokumente durch Dokumentenautomatisierung. Im Rahmen der Automatisierung von Dokumenten wird zunächst ein Musterdokument erstellt, das einen fertig formatierten äußeren Rahmen und inhaltliche Textbausteine für alle Konstellationen enthält, die das Dokument abdecken soll. Anschließend werden diese Textbausteine über eine innere Logik, vergleichbar mit einem Entscheidungsbaum, miteinander verknüpft, die am Ende ein kohärentes Dokument für jede der entsprechenden Konstellationen erzeugt. Schließlich wird eine Eingabemaske erstellt, mit der die für die innere Logik relevanten Informationen von dem Nutzer abgefragt werden, meist in Form eines Multiple-Choice-Fragebogens. Auf Grundlage der Eingabe des Nutzers erzeugt die Software dann ein fertig formatiertes Dokument, das nur die relevanten Textbausteine enthält.

Für die Automatisierung von Dokumenten gibt es ein vielfältiges Angebot an Spezialsoftware. Die beschriebene grundsätzliche Funktionalität ist allerdings auch in einigen Office-Programmen enthalten.

Je komplexer und verästelter die Logik hinter einem automatisierten Dokument ist, desto aufwändiger ist dessen Pflege und Aktualisierung. Deshalb eignet sich diese Technik in den meisten Fällen nur für Dokumente mit vergleichsweise geringer Variabilität und Komplexität, wie beispielsweise Vertraulichkeitsvereinbarungen, die für viele Fälle einem vergleichbaren Muster folgen. Diese Technik ist jedoch auch in der Lage umfangreiche und komplexe Dokumente zu automatisieren, was sich insbesondere lohnt, wenn die Dokumente in großer Zahl erstellt werden müssen, beispielsweise Schriftsätze in gerichtlichen Massenverfahren.

3. Prozessmanagement

Wesentliche Vorstufe einer effizienzsteigernden Digitalisierung und Technologisierung ist die Aufgliederung dieser Tätigkeiten in strukturierte Prozesse. Während in dieser Hinsicht bei einer Vielzahl juristischer Tätigkeiten Optimierungspotential besteht, gibt es gewisse Bereiche, für die sich ein software-gestütztes Prozessmanagement geradezu aufdrängt.

Beispielhaft genannt sei das Vertragsmanagement oder contract lifecycle management (CLM). Entsprechende Software unterstützt die Handhabung einer Vielzahl von häufig im Zusammenhang stehenden Verträgen. Gerade bei großen Projekten in Bereichen wie Infrastruktur oder Energie oder Unternehmen mit komplexen Lieferketten erlaubt das CLM eine durchgängige Überwachung der Verträge. Im Zentrum steht dabei einerseits die effizientere Ausgestaltung der administrativen Abläufe wie die Erstellung von Ausschreibungen, die Verwaltung von Vertragsvorlagen und die Einholung der internen Zustimmungen der involvierten Stakeholder sowie der benötigten Unterschriften. Noch bedeutsamer ist häufig die inhaltliche Überwachung der Verträge im Hinblick auf Compliance, Kosten- und Risikomanagement sowie Datenschutz. Gerade in Lieferketten erleichtert ein gutes Vertragsmanagement auch die Abstimmung der Inhalt der entsprechenden Einzelverträge aufeinander, beispielsweise durch parallele Ausgestaltung von Pflichtenprogramm, Haftungsbeschränkungen, Rechtswahl und Streitbeilegung. Auch die Erfüllung und Verlängerung der Verträge kann im Rahmen des CLM überwacht werden.

Selbstverständlich kann Vertragsmanagement auch analog erfolgen. Schon die beispielhafte Beschreibung der vorstehenden Bestandteile zeigt allerdings, dass die Digitalisierung hier enormes Effizienzpotential bietet. Dementsprechend spielt das software-gestützte sogenannte intelligent contract lifecycle management bei der Verwaltung komplexer Vertragsstrukturen eine immer größere Rolle.

4. Predictive Analytics

Predictive analytics als die Königsdisziplin juristischer Technologie zu bezeichnen, dürfte keine Übertreibung sein. Der Sammelbegriff predictive analytics bezeichnet die Vorhersage von Entscheidungen aufgrund von künstlicher Intelligenz. In technischer Hinsicht vergleichbar mit der oben beschriebenen technologie-gestützten Analyse von Dokumenten (TAR) durch predictive coding kommen auch bei predictive analytics machine learning-Techniken zum Einsatz. Ein Einsatzgebiet ist die Vorhersage des Ausgangs von Rechtsstreitigkeiten auf Grundlage öffentlich zugänglicher Entscheidungen, idealerweise des zuständigen Gerichts oder sogar Spruchkörpers. Die Qualität der Vorhersage hängt dabei stark von Umfang und Qualität der verfügbaren Datengrundlage ab. Dementsprechend eignet sich bei Weitem nicht jeder Fall für eine derartige predictive analysis. Ist ein Fall jedoch geeignet, kann eine predictive analysis sehr hilfreich sein, beispielsweise im Rahmen der Schiedsrichterauswahl, insbesondere bei Investitionsschutzverfahren, deren Entscheidungen regelmäßig veröffentlicht werden, im Rahmen von Vergleichsverhandlungen zur Bestimmung des wirtschaftlichen Werts eines Anspruchs oder für Prozessfinanzierer im Rahmen der Auswahl geeigneter Investitionen.

Predictive analytics zur bindenden Entscheidung von Rechtsstreitigkeiten einzusetzen – ebenso plastisch wie verwirrend gerne unter dem Schlagwort robot judges diskutiert, ist technisch zwar möglich. Allerdings besteht hierfür noch kein rechtlicher Rahmen, der die Anerkennung entsprechender Entscheidungen durch die Rechtsordnung in breitem Rahmen erlaubt. Bevor ein solcher Rahmen geschaffen würde, müssten auch schwierige Fragen der Legitimität und Nachvollziehbarkeit im Hinblick auf die Entscheidung von Rechtsstreitigkeiten durch künstliche Intelligenz beantwortet werden.

B. Schlussfolgerungen für die juristische Ausbildung

Damit junge Jurist:innen für die mit der Digitalisierung verbundenen Veränderungen gewappnet sind, muss sich auch die juristische Ausbildung weiterentwickeln. Nur so können die aus der Digitalisierung resultierenden Chancen genutzt und Herausforderungen gemeistert werden. Entgegen der scheinbaren Hoffnung vieler muss die Rechtslehre diese Weiterentwicklung selbst aktiv verfolgen und kann sich nicht einfach im Strom der gesamtgesellschaftlichen Veränderung treiben lassen.

Einerseits sollte in inhaltlicher Hinsicht sichergestellt werden, dass die oben als für digitale Sachverhalte besonders relevant identifizierten Materien wie beispielsweise das Recht des geistigen Eigentums, das Datenschutzrecht und regulatorische Rechtsfragen ihrer Relevanz entsprechend im Rahmen der juristischen Ausbildung gewichtet werden. Andererseits erlaubt die obige Bestandsaufnahme zwei zentrale Schlussfolgerungen für sinnvolle Anpassungen der juristischen Ausbildung in methodischer Hinsicht: Erstens ist nicht absehbar, dass menschliche Intelligenz in näherer Zukunft in der juristischen Arbeit durch künstliche Intelligenz verdrängt wird; vielmehr ist zu erwarten, dass sich menschliche und künstliche Intelligenz im Rahmen einer augmented human intelligence ergänzen werden. Zweitens erfordert dieses Zusammenspiel von Technologie und klassischer Juristerei neue Fähigkeiten, die über das übliche Curriculum der universitären Juristenausbildung hinausgehen.

I. Augmented Human Intelligence

Aktuell kann weder menschliche Intelligenz noch künstliche Intelligenz allein die komplexen Herausforderungen der Rechtsanwendung optimal meistern. Sinnvoll ist vielmehr der komplementäre Einsatz künstlicher Intelligenz zur Steigerung des mit menschlicher Intelligenz Leistbaren. Dieser komplementäre Einsatz von menschlicher und künstlicher Intelligenz kennzeichnet die augmented human intelligence.

Warum gerade im Bereich der Rechtsanwendung ein Miteinander von menschlicher und künstlicher Intelligenz immanent wichtig ist, zeigt ein Blick auf grundlegende Erkenntnisse zu Stärken und Schwächen künstlicher Intelligenz.

Der Robotik-Forscher Hans Peter Moravec formulierte in den 1980er Jahren das Moravecsche Paradox:

> It has become clear that it is comparatively easy to make computers exhibit adult-level performance in solving problems on intelligence tests or playing checkers, and difficult or impossible to give them the skills of a one-year-old when it comes to perception and mobility. (Mind Children, 1988, S. 15)

Zur Begründung führt Moravec aus:

> In hindsight, this dichotomy is not surprising. [...] Encoded in the large, highly evolved sensory and motor portions of the human brain is a billion years of experience about the nature of the world and how to survive in it. The deliberate process we call reasoning is, I believe, the thinnest veneer of human thought, effective only because it is supported by this much older and much more powerful, though usually unconscious, sensorimotor knowledge. [...] Abstract thought, though, is a new trick, perhaps less than 100 thousand years old. We have not yet mastered it. It is

not all that intrinsically difficult; it just seems so when we do it. (Mind Children, 1988, S. 15-16)

Wenngleich Robotik und Rechtswissenschaft auf den ersten Blick wenig gemeinsam zu haben scheinen, so teilen sie doch die grundlegende Herausforderung der Wahrnehmung. Die Anwendung des Rechts setzt zunächst die Feststellung des zugrundeliegenden Sachverhalts voraus. Aufgrund der Vielschichtigkeit der gerade für rechtliche Wertungsfragen potenziell relevanten Sachverhaltselemente ist deren abstrakte ex ante Definierung häufig nicht möglich. Dies erschwert die strukturierte Erfassung eines Gesamtsachverhalts für die technologie-gestützte Bearbeitung.

Juristische Arbeit kennt jedoch eine weitere Wahrnehmungsebene: Die intuitive Bewertung eines Sachverhalts. Die Fähigkeit zu dieser Bewertung, das Judiz, ist ein wenig formalisierter, aber immens wichtiger Teil der juristischen Arbeit. Das Judiz erlaubt es Rechtsanwender:innen aus der Vielzahl der Sachverhaltselemente, dahinterstehenden Interessen und denkbaren juristischen Fragestellungen, die relevanten herauszufiltern und sie durch mehr oder weniger intuitive Subsumption und Abwägung einer rechtlichen Bewertung zuzuführen. Dieses Rechtsempfinden wird häufig erst in einem zweiten Schritt mit dem mittels der anerkannten juristischen Methodik ermittelten Prüfungsergebnis abgeglichen und teilweise korrigiert, häufig jedoch bestätigt. Schon die Tatsache, dass nicht nur Jurist:innen ein Judiz haben, belegt, dass es sich hierbei nicht etwa um die unterbewusste Anwendung der juristischen Methodik handelt, sondern um ein Menschen über Generationen des gesellschaftlichen Zusammenlebens gegebenes Bewusstsein. Wenn auch nicht so fundamental archaisch wie menschliche Bewegungsabläufe und Wahrnehmung im engeren Sinne, so stellt die juristische Wahrnehmung künstliche Intelligenz doch vor hinreichende Herausforderungen, um eine Parallele zum Moravecschen Paradox zu rechtfertigen. In diesen Bereichen wird also auf absehbare Zeit menschliche Intelligenz der künstlichen Intelligenz überlegen sein.

Eine weitere fundamentale Erkenntnis zum Einsatz künstlicher Intelligenz wurde als Kasparov's Law bekannt. Schachgroßmeister Garry Kasparov berichtete von einem sog. „freestyle" Schachturnier, das im Jahr 2005 von einer Schach-Website veranstaltet wurde und an dem Spieler in Teams mit anderen Spielern oder Computern teilnehmen konnten. An dem Turnier nahmen sowohl mehrere Gruppen aus starken Schachgroßmeistern und Computern als auch die stärksten seinerzeit existierenden Schachcomputer teil. Schnell zeigte sich, dass auch die stärksten Schachcomputer allein Teams aus einem starken Spieler und einem herkömmlichen Schachcomputer nicht gewachsen waren. Kasparov beschreibt das Verhältnis wie folgt:

> Human strategic guidance combined with the tactical acuity of a computer was overwhelming. (Deep Thinking, 2017)

Gewonnen wurde das Turnier nicht wie erwartet von einem Team aus Großmeister:in und einem leistungsfähigen Computer, sondern von zwei Amateurspielern, die parallel mit drei Computern arbeiteten. Kasparov beschreibt diesen Sieg wie folgt:

> Their skills at manipulating and "coaching" their computers to look very deeply into positions effectively counteracted the superior chess understanding of their Grandmaster opponents and the greater computational power of other participants. It was a triumph of process. A clever process beat superior knowledge and superior technology. (Deep Thinking, 2017)

Aus dieser Beobachtung zog Kasparov den als Kasparov's Law bekannt gewordenen allgemeinen Schluss, dass der Prozess zur Interaktion mit Technologie einen wesentlicheren Einfluss auf das Ergebnis hat als die Fähigkeiten des interagierenden Menschen:

> Weak human + machine + better process was superior to a strong computer alone and, more remarkably, superior to a strong human + machine + inferior process. (Deep Thinking, 2017)

Das Moravecsche Paradox belegt, dass künstliche Intelligenz in gewissen Bereichen, die für die juristische Arbeit von großer Bedeutung sind, (noch) nicht die Leistungsfähigkeit erreicht hat, die menschliche Intelligenz aufweist. Konsequent folgt aus Kasparov's Law, dass künstliche Intelligenz in Kombination mit menschlicher Intelligenz und einem optimierten Prozess als Schnittstelle die besten Ergebnisse liefert. Der optimale Einsatz dieser augmented human intelligence im Bereich des juristischen Arbeitens sollte also das Ziel der juristischen Ausbildung sein.

II. Fähigkeiten

Es erscheint trivial, dass die tiefschürfenden Veränderungen, die aus dem technologischen Wandel für die juristische Arbeit folgen, ebenso tiefschürfende Veränderungen in der juristischen Ausbildung erfordern. Umso mehr verwundert es, wie sehr sich die juristische Lehre jedenfalls in der Breite auf Inhalte und Methoden von gestern fokussiert. Aus der Vielzahl der sinnvollen Optimierungen des juristischen Lehrens und Lernens seien nur die folgenden drei Aspekte herausgestellt:

Erstens sollte jungen Jurist:innen ein hohes Maß an technological literacy vermittelt werden. Technological literacy ist die allgemeine Fähigkeit zu Einsatz, Verständnis und Bewertung von Technologie. Diese Fähigkeit erlaubt es Jurist:innen die beschriebenen technologischen Neuerungen gewinnbringend in ihre berufliche Tätigkeit zu integrieren. Nur, wenn eine hinreichende technological literacy vorhanden ist, kommen Jurist:innen überhaupt auf den Gedanken, ein konkretes Problem mit innovativem Einsatz technologischer Mittel zu lösen. In der Praxis scheitert der Einsatz von Technologie nämlich häufig schon auf der ersten Ebene daran, dass die Jurist:innen nicht sehen, dass Technologie die entsprechende Aufgabe erleichtern kann. Es ist nicht erforderlich, dass die technische Lösung von den jeweiligen Jurist:innen selbst konzeptioniert, entwickelt und implementiert wird. Jurist:innen müssen lediglich in der Lage sein, zu erkennen, dass es eine technologische Lösung für das Problem geben könnte. Was die Lösung ist und wie sie umgesetzt wird, kann dann von Spezialisten eruiert werden.

Zweitens sollten junge Jurist:innen verstärkt im Prozessdenken geschult werden. Während die Strukturierung von Arbeitsabläufen in Prozesse grundsätzlich unter Effizienzgesichtspunkten sinnvoll ist, ist dies beim komplementären Einsatz von Technologie unerlässlich. Ganz dem Charakter der Anwaltschaft als freier Beruf gerecht werdend sind juristische Arbeitsabläufe häufig in hohem Maße unstrukturiert und von der individuellen Herangehensweise einzelner geprägt. Hier sollte die juristische Ausbildung ansetzen und das Rüstzeug zur Aufgleisung, Dokumentation und Pflege strukturierter Arbeitsprozesse vermitteln. Hierzu gehören sicherlich Grundkenntnisse im Bereich des Prozessmanagements, aber auch die überblicksartige Auseinandersetzung mit Methoden wie dem lean manufacturing oder (Lean) Six Sigma und den Prinzipien des agile working einschließlich Scrum und Kanban sowie des design thinking.

Drittens sollten junge Jurist:innen für die Herausforderungen interdisziplinärer Kommunikation sensibilisiert werden. Der Einsatz neuer Technologien wird zwangsläufig die verstärkte Einbindung von Nichtjurist:innen in der juristischen Arbeit zur Folge haben. Teams werden sich vermehrt aus Jurist:innen, Programmierer:innen, Datenwissenschaftler:innen, Projektmanager:innen und hybriden Kombinationen unterschiedlichster Couleur zusammensetzen. Für die Funktionalität solcher interdisziplinären Teams ist die Fähigkeit zur Kommunikation über Fachgrenzen hinweg unerlässlich.

Um die mit der Veränderung der Gesellschaft im Rahmen der Digitalisierung verbundenen Chancen zu nutzen, muss sich auch die juristische Ausbildung verändern. Ziel sollte dabei sein, junge Jurist:innen optimal auf den durch den komplementären Einsatz von Mensch und Technologie geprägten juristischen Arbeitsalltag von morgen vorzubereiten.

EA, OZG, DSGVO – k. O.?
Die Veränderung der Verwaltung im Zeichen der digitalen Transformation

Margrit Seckelmann

A. Einleitung

„Die Spanne zwischen einer möglichen oder antizipierten und einer gegenwärtig [festzustellenden, M.S.] Digitalisierung im öffentlichen Sektor könnte kaum größer sein", so lautete noch Anfang des Jahres 2019 die Bilanz zweier Autoren zum Thema „Führung in der digitalisierten Verwaltung".[1] Viel ist seitdem passiert. Ortsverteiltes Arbeiten und die Nutzung digitaler Kollaborationstools gehören seit Frühjahr 2020 zu unserem Arbeitsalltag. Digitale Prozesse werden neu strukturiert – oder zumindest ist das Bemühen dazu erkennbar.[2]

Was ist seither geschehen? Zum einen entstand durch die Covid19-Pandemie äußerer Handlungsdruck, der bereits angedachte, aber immer wieder zurückgestellte Prozesse ganz nach oben auf die Prioritätenliste setzte. Zum anderen entfalteten zwei Rechtsakte ihre Wirkung, nämlich das Onlinezugangsgesetz[3] von 2017, das bis Ende des Jahres 2022 umzusetzen war und die europäische Single Digital Gateway-Verordnung[4] (SDG-VO),

---

1 *M. Misgeld/M. Wojctzak*, Führung in der Netzwerkverwaltung, in: M. Seckelmann (Hrsg.), Digitalisierte Verwaltung – Vernetztes E-Government, Berlin 2019, S. 635 (636).
2 *D. Catakli*, Verwaltung im digitalen Zeitalter. Die Rolle digitaler Kompetenzen in der Personalakquise des höheren Dienstes, Wiesbaden 2022, S. 126 unter Bezugnahme auf die Forderung von *M. Brüggemeier*, Digitale Prozesse, in: S. Veit/C. Reichard/G. Wewer (Hrsg.), Handbuch zur Verwaltungsreform, Wiesbaden 2019, S. 581 (586).
3 Gesetz zur Verbesserung des Onlinezugangs zu Verwaltungsleistungen (Onlinezugangsgesetz, OZG) vom 14. August 2017 (BGBl. I S. 3122), zuletzt geändert am 28. Juni 2021 (BGBl. I S. 2261). Derzeit befindet sich ein Referentenentwurf des Bundesministeriums für ein „OZG 2.0" in der Ressortabstimmung.
4 Verordnung (EU) 2018/1724 des Europäischen Parlaments und des Rates vom 2. Oktober 2018 über die Einrichtung eines einheitlichen digitalen Zugangstors zu Informationen, Verfahren, Hilfs- und Problemlösungsdiensten und zur Änderung der Verord-

nach der (vereinfacht gesagt) bestimmte, besonders relevante Verwaltungsleistungen bis Ende 2023 „ins Netz" gebracht werden müssen.

B. Verwaltung und Gestaltung

I. Verwaltung: Bloßer Gesetzesvollzug oder mehr?

Das „Gesetz zur Verbesserung des Onlinezugangs zu Verwaltungsleistungen" vom 14. August 2017 (Onlinezugangsgesetz, OZG) führt die Verwaltungsleistungen bereits im Normtitel. Doch auch das Gesetz steht vor der Schwierigkeit, die Begriffe der Verwaltung und der Verwaltungsleistungen zu definieren. Was eine Leistung „der Verwaltung" ist, dazu schweigt das Gesetz bislang, es ist aber klar, dass es sich auf die *öffentliche* Verwaltung bezieht.[5]

An einer Definition des Begriffs der „öffentlichen Verwaltung" haben sich schon viele versucht – und die meisten mussten eingestehen, dass dieser Begriff am ehesten *ex negativo* definiert werden kann, nämlich als diejenige Staatsgewalt, die weder Gesetzgebung noch Rechtsprechung ist.[6] *Ernst Forsthoff* machte aus der Not eine Tugend und konstatierte, Verwaltung lasse sich nicht definieren, sondern nur beschreiben.[7] Obwohl sich gerade *Forsthoff* in den verschiedenen Phasen seines Lebens mit der leistenden Verwaltung, also der Daseinsfür- oder -vorsorge beschäftigte,[8] ist das deutsche Verständnis von Verwaltung, auch von der „digitalisierten Verwaltung", immer noch stark vom Verwaltungsakt her gedacht. So betrifft eine der wenigen Regeln der Verwaltungsverfahrensgesetze des Bundes bzw. der Länder, die sich mit dem Einsatz neuer Technologien beschäftigen, den Er-

---

nung (EU) Nr. 1024/2012, ABl. L 295/1 S. 1 (Single Digital Gateway-Verordnung, SDG-VO).

5 So lautet § 1 Abs. 1 OZG: „Bund und Länder sind verpflichtet, bis spätestens zum Ablauf des fünften auf die Verkündung dieses Gesetzes folgenden Kalenderjahres ihre *Verwaltungsleistungen* auch elektronisch über Verwaltungsportale anzubieten" (eigene Hervorhebung).

6 „Alle Staatstätigkeit, die weder Justiz noch Gesetzgebung ist, ist Verwaltung", *J. Hatschek*, Lehrbuch des deutschen und preußischen Verwaltungsrechts, Leipzig u. a. 1931, S. 5.

7 *E. Forsthoff*, Lehrbuch des Verwaltungsrechts, 10. Aufl., München/Berlin 1973.

8 *F. Meinel*, Der Jurist in der industriellen Gesellschaft: Ernst Forsthoff und seine Zeit, Berlin 2011.

lass von Verwaltungsakten „durch automatische Einrichtungen" (§ 35a VwVfG).⁹

Die öffentliche Verwaltung ist aber viel mehr als das. Sie ist – so schon *Max Weber* – gleichsam die Form, in der uns der Staat im Alltag begegnet.¹⁰ Anders gewendet ist sie die stetige Konkretisierung „des Staatszwecks für den Einzelfall".¹¹ Während diese Definition von *Hans Peters* bei den Aufgaben ansetzt, kann man mit *Bernd Becker* auch die öffentliche Verwaltung als Organisation in den Blick nehmen, die den „gemeinschaftlichen Willen" vollzieht.¹²

Wie auch immer man ansetzen möchte: Verwaltung ist nicht nur auf Gesetzesvollzug, sondern auch auf *Gestaltung* ausgerichtet.¹³ Genau das macht es so schwer, Verwaltungsabläufe zu digitalisieren (bzw. die menschliche Entscheidungsfindung zu „automatisieren"¹⁴).¹⁵ Denn es geht oftmals darum, widerstreitende Interessen zu ermitteln und den Untersuchungsrahmen abzustecken (man denke etwa an das Scoping nach § 4 BauGB oder § 15 UVPG).¹⁶

II. Besondere Bindungen

Die öffentliche Verwaltung ist nach Art. 20 Abs. 3 GG zudem an die Verfassung und die Gesetze bzw. nach Art. 1 Abs. 3 GG an die Grundrechte ge-

---

9 Sofern nicht anders angegeben, ist mit „VwVfG" stets das Verwaltungsverfahrensgesetz des Bundes gemeint. Zu § 35a VwVfG vgl. *N. Braun Binder*, Vollautomatisierte Verwaltungsverfahren, vollautomatisiert erlassene Verwaltungsakte und elektronische Aktenführung, in: M. Seckelmann (Hrsg.) Digitalisierte Verwaltung – Vernetztes E-Government, Berlin 2019, S. 311 ff.
10 *M. Weber*, Wirtschaft und Gesellschaft. Grundriss der verstehenden Soziologie, Studienausgabe, 4. Aufl., Tübingen 1956, S. 545.
11 *H. Peters*, Lehrbuch der Verwaltung, Berlin 1949, S. 5.
12 *B. Becker*, Öffentliche Verwaltung: Lehrbuch für Wissenschaft und Praxis, Starnberg 1989, S. 35.
13 *O. H. von der Gablentz*, Einführung in die Politische Wissenschaft, Köln/Opladen 1965, S. 209.
14 Zu diesem Begriff der 1960er Jahre vgl. *N. Luhmann*, Recht und Automation in der öffentlichen Verwaltung, Berlin 1966 sowie *H. P. Bull*, Verwaltung durch Maschinen. Rechtsprobleme der Technisierung der Verwaltung, Köln 1964.
15 Dazu eingehend *M. Seckelmann*, Algorithmenkompatibles Verwaltungsrecht? Juristische und sprachwissenschaftliche Überlegungen zu einer ‚Standardisierung von Rechtsbegriffen'", VERW (Die Verwaltung) 2021, 251 ff.
16 *M. Seckelmann*, Grundzüge eines verwaltungswissenschaftlichen Curriculums, Zeitschrift für Didaktik der Rechtswissenschaft 2017, 158 ff.

bunden. Und die Bindung an das Rechtsstaatsprinzip bzw. an den Allgemeinen Gleichheitssatz nach Art. 3 Abs. 1 GG begrenzt die Möglichkeiten der Verwaltung, bei ihren nach außen gerichteten Vorgängen zu experimentieren.

Intern können Methoden aus der Privatwirtschaft zum „Lean-Workflow-Management" wie Kanban oder „Online-Whiteboards" durchaus ausprobiert werden – aber nach außen hin kann Verwaltung immer nur so „agil" sein,[17] wie es die berechtigten Kontinuitätserwartungen der Bürger:innen zulassen.[18]

„Agilität", also eine bewusste Inkaufnahme von Fehlern zum Zwecke eines institutionalisierten Lernvorgangs, mag bei der Softwareentwicklung durch Private möglich und sogar zielführend sein[19] – aber dort, wo der Staat mit Regelungswirkung den Bürger:innen gegenübertritt, ist die Verwaltung vollkommen zu Recht auf Fehlerminimierung ausgerichtet. Wie kann also ein „agiles Verwaltungshandeln im Rechtsstaat" möglich sein?[20]

Eine Möglichkeit hierfür ist die Schaffung von Laboren zur „experimentellen Rechtsetzung".[21] Zur Umsetzung des Onlinezugangsgesetzes, also zur Herstellung eines erleichterten Zugangs zur Verwaltung, wurden sog. Digitalisierungslabore eingerichtet.[22] Diese bestehen aus „Fachleuten der Verwaltung[,] [die] mit teilweise fachfremden Experten zusammen [...] neue

---

17 D. *Rölle*, Agile Verwaltung, in: T. Klenk/F. Nullmeier/G. Wewer (Hrsg.), Handbuch Digitalisierung in Staat und Verwaltung, 1. Aufl., Wiesbaden 2020, S. 137-146; einen breiten internationalen Überblick gibt *I. Mergel*, Agile innovation management in government: A research agenda, 33 Government Information Quarterly (2016), 516 ff.

18 So auch W. *Abromeit*, Digitalisierte Verwaltungsrechtsverhältnisse, in: R. Grewe/Benjamin Gwiasda u. a. (Hrsg.), Der digitalisierte Staat – Chancen und Herausforderungen für den modernen Staat, 60. Assistententagung Öffentliches Recht, Baden-Baden 2020, S. 333 (334).

19 V. *Lévesque/W. Steinbrecher*, Agile Arbeitsmethoden in der öffentlichen Verwaltung, Innovative Verwaltung 2017, Heft 5, 28 ff.

20 Vorschläge dazu bei H. *Hill*, Wirksam verwalten – Agilität als Paradigma der Veränderung, Verwaltungsarchiv 2015, 397 ff.; ders., Agiles Verwaltungshandeln im Rechtsstaat, DÖV 2018, 497 ff.

21 Zu dieser und den damit verbundenen Problemen vgl. M. *Seckelmann*, Evaluation und Recht. Strukturen, Prozesse und Legitimationsfragen staatlicher Wissensgewinnung durch (Wissenschafts-)Evaluationen, Tübingen 2018, S. 190 ff.

22 B. *Bünzow*, Wie organisiert man Innovation und Transformation im Föderalismus? – Digitalisierungslabore und agile Methoden als neue Formen der Zusammenarbeit, in: M. Seckelmann/M. Brunzel (Hrsg.), Handbuch Onlinezugangsgesetz. Potenziale – Synergien – Herausforderungen, Berlin/Heidelberg 2021, S. 383 sowie R. *Zern-Breuer*, Innovationslabore als Experimentierfelder für die digitale Verwaltung?, in: ebd., S. 401.

Perspektiven zur Digitalisierung der Verwaltungsdienstleistungen konzipieren und gestalten".[23] Bei der Entwicklung von Prototypen für elektronische Angebote werden bewusst auch „agile[.] und kreative[.] Arbeitsmethoden wie Design-Thinking und SCRUM" eingesetzt.[24] Die Prototypen werden sodann durch Nutzer:innen getestet; auf der Basis dieser Erkenntnisse entwirft das Digitalisierungslabor dann eine Beta-Version, die in den nächsten Testlauf geht – solange, bis ein stabiles und rechtssicheres Angebot vorliegt, das für die Öffentlichkeit freigeschaltet werden kann.[25]

III. Kompetenzen

Dass man für ein derartig komplexes Mitwirken in interdisziplinär zusammengesetzten Digitalisierungslaboren[26] in der juristischen Ausbildung nicht unmittelbar ausgebildet werden kann, liegt auf der Hand.[27] Aber was müssen Verwaltungsmitarbeiter:innen künftig für Kompetenzen mitbringen?

Diese Frage war Gegenstand des Projekts „Qualifica Digitalis",[28] das unter Federführung des Landes Bremen vom IT-Planungsrat finanziert wurde. Dieses Projekt sattelte auf ein zuvor vom IT-Planungsrat finanziertes Projekt zu „E-Kompetenzen" auf.[29] In diesem waren die Autor:innen zu

---

23 https://ozg.sachsen-anhalt.de/grundlagen/ozg-lexikon/#c241013 (22.10.2022).
24 Zu Scrum und anderen Methoden vgl. K. Förster/R. Wendler, Theorien und Konzepte zu Agilität in Organisationen, Dresdner Beiträge zur Wirtschaftsinformatik 63/12, Dresden 2013, online unter: http://www.nbn-resolving.de/urn:nbn:de:bsz:14-qucosa-129603 (29.09.2022). Vgl. auch den „Ausgangstext" für agile Softwareentwicklung: Manifest für Agile Softwareentwicklung [2001], online: https://agilemanifesto.org/iso/de/manifesto.html (22.10.2022).
25 https://ozg.sachsen-anhalt.de/grundlagen/ozg-lexikon/#c241013 (22.10.2022).
26 R. Mohabbat Kar/B. E. P. Thapa/S. S. Hunt/P. Parycek, Recht digital: Maschinenverständlich und automatisierbar. Impuls zur digitalen Vollzugstauglichkeit von Gesetzen, Berlin 2019, online: http://publica.fraunhofer.de/documents/N-561777.html (20.10.2022); dazu Seckelmann, Algorithmenkompatibles Verwaltungsrecht? (Fn. 15).
27 Allerdings hat der Freistaat Bayern erklärt, einen Schwerpunkt „Digitalisierung und LegalTech" für das Rechtsreferendariat einzurichten, vgl. https://www.lto.de/karriere/jura-referendariat/stories/detail/referendariat-bayern-legal-tech-it-digitalisierung (12.02.2023).
28 https://qualifica-digitalis.de/ (04.11.2022).
29 O. Heger/K. Jahn/B. Niehaves, E-Kompetenz stärken – Bildungsangebote für die digitale Verwaltung gestalten. Studie im Auftrag des IT-Planungsrats, Berlin/Siegen 2016.

dem Ergebnis gekommen, dass es sich beim Kompetenzerwerb von Verwaltungsmitarbeiter:innen künftig um eine Art lebenslanges Lernen handeln werde, das aus einem Mix aus Praxiserfahrung, kontinuierlicher Fortbildung und einem punktuellen, tätigkeitbezogenen Erwerb neuer Kompetenzen (wie einer neuen Arbeitsmethode) geprägt sei.[30] Wie dieses geschehen soll, dafür steckt der „Deutsche Qualifikationsrahmen für lebenslanges Lernen"[31] einen (nicht näher auf Digitalisierung oder Verwaltung bezogenen) Handlungsrahmen ab.

In einer Metastudie hat das Projekt „Qualifica Digitalis" sich dem Begriff der Kompetenzen im digitalisierten Handlungsumfeld genähert. Forschungsleitend war dabei die Frage, „welche Kompetenzen es braucht, um souverän und handlungsfähig in einer digitalisierten öffentlichen Verwaltung zu sein".[32] Dabei wurde zwischen verschiedenen Kompetenzarten differenziert, zunächst einmal war das die Unterscheidung zwischen Fähigkeiten, Fertigkeiten und Kenntnissen, wie sie auch § 1 Abs. 3 des Berufsbildungsgesetzes vornimmt.[33] Während mit Fertigkeiten und Kenntnissen eher fachliche Kompetenzen gemeint ist, bezeichnet der Begriff „Fähigkeiten" personale Komponenten, zu denen auch sozialkommunikative Aspekte zu zählen sind.[34] Zu dem letztgenannten Begriff gehört die Befähigung zum Kooperieren und Kommunizieren mit anderen.[35]

Im Rahmen des Projekts „Qualifica Digitalis", dessen Projektergebnisse in Kürze publiziert werden, hat sich mithilfe von Vorgesetztenbefragungen herausgestellt, dass immer wieder ein „digitales Mindset" gefordert wird, über das die Beschäftigten verfügen müssten und das die Fähigkeit zur Selbstmotivation bei ortsverteiltem Arbeiten („Homeoffice") umfasst.[36] Spiegelbildlich hierzu wird von Führungskräften immer stärker die Fähigkeit zur Leitung ortsverteilter Teams erwartet, welche besonders hohe An-

---

30 *Heger/Jahn/Niehaves*, E-Kompetenz (Fn. 28), insbes. S. 16 f.
31 https://www.dqr.de/dqr/de/home/home_node.html (02.11.2022).
32 *J. Schmeling/L. Bruns*, Kompetenzen, Perspektiven und Lernmethoden im digitalisierten öffentlichen Sektor (Metastudie für das Projekt Qualifica Digitalis), Berlin 2020.
33 Berufsbildungsgesetz in der Fassung der Bekanntmachung vom 4. Mai 2020 (BGBl. I S. 920), zuletzt geändert durch Artikel 2 des Gesetzes vom 20. Juli 2022 (BGBl. I S. 1174).
34 Für Letzteres plädieren zumindest *J. Erpenbeck/W. Sauter*, Kompetenzentwicklung im Netz. New Blended Learning mit Web 2.0, Köln 2007.
35 *Schmeling/Bruns*, Kompetenzen (Fn. 32), S. 16.
36 Teilweise vorab wiedergegeben bei *M. Seckelmann/M. Humberg*, Dienstrechtliche Rahmenbedingungen der digitalen Transformation, Teil 1, Verwaltungsarchiv 2022, Jg. 113, 97 (101 f.).

forderungen an die Fähigkeit zur Entwicklung einer gemeinsamen Vision, der Aufrechterhaltung der Motivation und dem Ertragen von ambivalenten Situationen erfordert.[37] Das im Rahmen der Initiative „Neue Qualität der Arbeit" durchgeführte Projekt „Führung in der digitalisierten öffentlichen Verwaltung" (FührDiv)[38] hat hierzu einen Handlungsleitfaden entwickelt, der die digitale Transformation der Verwaltung als eine Gestaltungsaufgabe beschreibt, in der es wesentlich darum gehe, „für alle Beteiligten gute Regelungen zu finden".[39] Mit der digitalen Transformation der Verwaltung wird übrigens gemeinhin die Vorstellung verbunden,

> „dass eine stärkere Vernetzung sowohl bei der Erstellung wie auch für die Abgabe von öffentlichen Leistungen eine besondere Rolle spielt. Vernetzung bedeutet, dass mehrere Akteure bei der öffentlichen Leistungserbringung arbeitsteilig über Behördengrenzen hinweg zusammenarbeiten. Mithin entstehen Organisationsnetzwerke, die erst durch die IT-Vernetzung ermöglicht werden, so dass sich die Handlungsspielräume für die Verbesserung öffentlicher Leistungserbringung wesentlich erhöht haben."[40]

Die Aufgabe des Führungspersonals sei es, Vertrauen aufzubauen, obwohl sich das Team nicht (oder zumindest nicht mehr so häufig) sehe.[41] Die Entwicklung strategischer Ziele für die Organisation, die Entwicklung des Personals und die „Förderung sozialer Vernetzung unter den Teammitgliedern" seien zentrale Aufgaben für das Führungspersonal.[42]

Das sind beeindruckende Worte, aber in kleineren Behörden gehört man als Jurist:in mit A13 aufwärts schon nahezu automatisch zum Führungspersonal. Immerhin konstatieren die Autor:innen des Handlungsleitfadens, dass diese neuen Führungsaufgaben auch mit einem „größere[n] Organisationsaufwand für die Führungskraft" einhergehen, die mehr Zeit für „Moderation und Konfliktmanagement, Koordination, Planung und Kommunikation" aufwenden muss.[43]

---

37 *Misgeld/Wojtczak*, Führung (Fn. 1), S. 650.
38 https://www.fuehrdiv.org/projekt-fuehrdiv.html (01.11.2022).
39 https://www.fuehrdiv.org/handlungsleitfaden.html (01.11.2022), dort S. 21.
40 *T. Schuppan*, Elektronisches Regieren und Verwalten (E-Government), in S. Veit/C. Reichard/G. Wewer (Hrsg.), Handbuch zur Verwaltungsreform, Wiesbaden 2019, S. 1 (1 f.).
41 https://www.fuehrdiv.org/handlungsleitfaden.html (01.11.2022), dort S. 21.
42 https://www.fuehrdiv.org/handlungsleitfaden.html (01.11.2022), dort S. 21.
43 https://www.fuehrdiv.org/handlungsleitfaden.html (01.11.2022), dort S. 21.

Und auch das Zusammenarbeiten in interdisziplinären Teams, in Laboren und mit Methoden des Design-Thinkings[44] ist nicht nur inspirierend, sondern „erfordert von den Beschäftigten ein hohes Maß an Selbstorganisation".[45]

Können wir Jurist:innen das überhaupt (noch) leisten oder ist der Burnout schon vorprogrammiert? Hier wird es wohl entscheidend darauf ankommen, ob die Jurist:innenausbildung auf diese neuen Anforderungen reagiert, beispielsweise im Rahmen der Ausbildungsmaßnahmen im Referendariat oder in Traineeprogrammen der öffentlichen Verwaltung. Sinnvoll wären auch regelmäßige Supervisionsangebote für junge Verwaltungsmitarbeiter:innen.

IV. Beispiele für „digitale" Anforderungen

Bislang ist das diesbezügliche Angebot allerdings eher überschaubar.[46] Wie aber sollen Verwaltungsmitarbeiter:innen (unabhängig von ihrer Statusgruppe) dann in der Lage sein, bei ihrem Verwaltungshandeln nicht nur dem Verwaltungsverfahrensrecht, sondern auch den Sollvorschriften zur Führung elektronischer Akten (EAs, vgl. namentlich § 6 des E-Government-Gesetzes des Bundes[47]) Genüge zu tun? Verschärft wird die Problematik durch die Verpflichtung von Bund und Ländern zur Einstellung aller dazu geeigneten Verwaltungsleistungen in ein Nutzerportal (§ 1 Abs. 1 OZG), zur Verknüpfung dieser Portale zu einem Portalverbund (§ 1 Abs. 2 OZG) und der Verbindung derselben mit dem einheitlichen europäischen Zugangstor (§ 2 SDG-VO). Und selbstverständlich sind dabei auch die Gebote des Datenschutzes, namentlich diejenigen aus der europäischen Datenschutzgrundverordnung (DSGVO), zu beachten.

---

44 Vgl. auch den entsprechenden Beitrag von → *N. Al Haider* in diesem Band.
45 *R. Stich/F. Schwiertz*, Digitale Transformation: Der Wandel der Arbeitswelt und der Führung, in: M. Seckelmann/M. Brunzel (Hrsg.), Handbuch Onlinezugangsgesetz. Potenziale – Synergien – Herausforderungen, Berlin/Heidelberg 2021, S. 441 (450).
46 Vgl. auch *Catakli*, Verwaltung (Fn. 2), S. 308.
47 Gesetz zur Förderung der elektronischen Verwaltung (E-Government-Gesetz - EGovG) vom 25. Juli 2013 (BGBl. I S. 2749), zuletzt geändert durch Artikel 1 des Gesetzes vom 16. Juli 2021 (BGBl. I S. 2941).

Im Laufe des Umsetzungsprozesses zum OZG wurde zudem das „Einer-für-Alle-Prinzip" vereinbart.[48] Das „Einer-für-Alle" oder kurz „EfA"-Prinzip bezeichnet die Möglichkeit (manche sagen auch: die Verpflichtung) zur Nachnutzung der Digitalisierungsangebote, die im Rahmen der Umsetzung des Onlinezugangsgesetzes (OZG) gemacht werden. Eine Verknüpfung mit der Covid19-Pandemie erfuhr das OZG durch das sogenannte WUMMS-Paket der Bundesregierung aus dem Jahr 2020: Die Freigabe der enormen Investitionen in die Verwaltungsdigitalisierung, mit denen die pandemiebedingte Kaufzurückhaltung kompensiert werden sollte, erfolgt gegen Verpflichtung der Mittelempfänger:innen zur Einhaltung des EfA-Prinzips.[49] Hierdurch sollte auch bei der Digitalisierung der Verwaltungsangebote ein besonderer Nachdruck entfaltet werden.

Das hat auch alles seine Berechtigung – man möchte sich ja auch gar nicht wünschen, dass es anders sei. Und doch droht es bald zu heißen „EA, OZG, DSGVO – k. O.", wenn die Verwaltungsmitarbeiter:innen direkt vom Lockdown in den Burnout übergehen – es sei denn, hier werden künftig (Stichwort OZG 2.0) entsprechende Erleichterungen (oder zumindest Priorisierungen) vorgesehen.

V. Das bisherige System der Bestenauslese

Um dieses zu vermeiden, sollte der der Erwerb neuartiger Arbeits- und Führungsmethoden (wie der agilen oder der transformationalen Führung[50]) angemessen be- bzw. entlohnt werden. Für junge Jurist:innen stellt sich sonst die Frage: „Lohnt" es sich überhaupt, sich mit den neuen Techniken der digitalen Transformation auseinanderzusetzen[51] – oder wird dieses Engagement gar nicht in der Logik des Öffentlichen Dienstrechts abgebildet?

---

48 Gute Erklärungen des EfA-Prinzips finden sich unter: https://www.onlinezugangsgesetz.de/Webs/OZG/DE/grundlagen/nachnutzung/efa/efa-node.html (22.09.2022).
49 Dazu u. a. *A. Berger*, Die Entfesselung von D'Artagnan, in: M. Seckelmann/M. Brunzel (Hrsg.), Handbuch Onlinezugangsgesetz. Potenziale – Synergien – Herausforderungen, Berlin/Heidelberg 2021, S. 75 (77 f.); *M. Seckelmann/M. Brunzel*, OZG – Notwendig, aber auch hinreichend?, Innovative Verwaltung 2021, Vol. 43, Heft 7/8, 20 ff.
50 *Misgeld/Wojtczak*, Führung (Fn. 1), S. 652 ff.
51 *I. Mergel*, Digitale Transformation als Reformvorhaben der deutschen öffentlichen Verwaltung, der moderne staat – Zeitschrift für Public Policy, Recht und Management (dms) 2019, Jg. 12, 162 ff.

Die etwas ernüchternde Antwort lautet bislang: Es lohnt sich kaum. Denn der Erwerb sog. *microdegrees* ist bei den Beamt:innen bislang kein Beförderungskriterium. Entsprechende Weiterqualifikationen gehören zumeist eher in den Bereich der „Anpassungsfortbildung". Diese konkretisiert jedoch nur die allgemeine, aus dem beamtenrechtlichen Treueverhältnis folgende Pflicht, sich „dienstlich und ggf. auch außerdienstlich fortzubilden".[52] Neuen Anforderungen müssen Beamt:innen dadurch begegnen, dass sie „Inhalt und Qualität [ihrer] Kenntnisse und Fähigkeiten immer auf der Höhe der Zeit" halten.[53] Aber auch bei der anderen Statusgruppe des öffentlichen Dienstes, den Angestellten, sieht die Situation kaum anders aus: Auch hier wird der Erwerb von sog. *microdegrees* eher der Anpassungs- als der Aufstiegsfortbildung zuzurechnen sein (daran ändert auch der Digitalisierungstarifvertrag des Bundes wenig[54]). Die Preisfrage lautet daher, wie man hier mehr Wertschätzung für digitalisierungsbezogenes Engagement in das Beförderungssystem implementieren kann. Hier ist erneut die Führungsebene gefordert, denn es ist durchaus möglich, entsprechende Zielvereinbarungen mit den Beschäftigten[55] abzuschließen – es besteht nur eben kein „Automatismus".[56]

C. Bilanz

Und so ist gegen die Zusammensetzung interdisziplinärer Teams bei der „E-Gesetzgebung"[57] ebensowenig zu sagen wie gegen eine Zugrundelegung der Bürger:innenperspektive bei der (Fort-)Entwicklung öffentlicher Angebote. Ganz im Gegenteil: Die Zugrundelegung dieser Perspektive ist über-

---

52 *Seckelmann/Humberg*, Dienstrechtliche Rahmenbedingungen, Teil 1 (Fn. 36), 118.
53 Das gilt nach wie vor, vgl. *J. Monhemius*, Beamtenrecht – Eine Darstellung der beim Bund und in den Bundesländern geltenden Regelungen, München 1995, Rn. 409; *Seckelmann/Humberg*, Dienstrechtliche Rahmenbedingungen, Teil 1 (Fn. 36), 118.
54 Das ist zumindest unsere Interpretation in *Seckelmann/Humberg*, Dienstrechtliche Rahmenbedingungen, Teil 1 (Fn. 36), 137 f.
55 Sofern im jeweiligen Beamtenrecht so geregelt, wäre dieses auch mit Beamt:innen möglich.
56 *M. Seckelmann/M. Humberg*, Dienstrechtliche Rahmenbedingungen der digitalen Transformation, Teil 2, Verwaltungsarchiv 2022, Jg. 113, 248 (251 f.).
57 Zu dieser *H. Kühn*, Recht als Gestaltungsinstrument einfacher, digitaler Verwaltungsleistungen – Bessere Rechtsetzung als Voraussetzung vollzugs- und digitaltauglicher Gesetze, in: M. Seckelmann/M. Brunzel (Hrsg.), Handbuch Onlinezugangsgesetz. Potenziale – Synergien – Herausforderungen, Berlin/Heidelberg 2021, S. 18 (38 ff.).

fällig.⁵⁸ Der demographische Wandel wird zudem dazu führen, dass der Öffentliche Sektor verstärkt nach Möglichkeiten suchen wird, weitere Automatisierungsschritte, und sei es durch den Einbau „schwacher" Künstlicher Intelligenz als vorbereitende Arbeitsschritte, vorzunehmen.⁵⁹

Das Ziel dieses Artikels war es jedoch, darauf hinzuweisen, dass weder das Beamtenrecht von Bund und Ländern (auch infolge von Art. 33 Abs. 2 GG) noch das Tarifrecht bislang angemessen auf den Erwerb digitaler Kompetenzen der öffentlichen Verwaltung in Form von *microdegrees* zugeschnitten ist. Das Fortbildungsangebot von Bund und Ländern wird gerade erst entwickelt (positiv sind hier der e-Gov-Campus⁶⁰ des IT-Planungsrats, die Digitalakademien des Bundes⁶¹ und Baden-Württembergs⁶², der südwestdeutsche KommunalCampus⁶³ und der vom Stifterverband für die deutsche Wissenschaft geförderte KI-Campus⁶⁴ zu nennen).

Da das digitalisierungsbezogene Fort- und Weiterbildungsangebot der öffentlichen Verwaltung bislang noch in den Kinderschuhen steckt, wird es wohl eher um die Personalakquise aus den Fachhochschulen⁶⁵ und den Universitäten⁶⁶ gehen. Und jetzt kommt die gute Nachricht: Jurist:innen sind an dieser Stelle alles andere als schlecht aufgestellt. Denn das juristische Studium vermittelt – bei allen berechtigten Vorschlägen zur Fortentwicklung der juristischen Fachdidaktik – immerhin hervorragende Kenntnisse und Fertigkeiten im Sine von § 1 Abs. 3 BBiG und zudem Frustrationstoleranz und Selbstorganisationsfähigkeit, also gerade diejenigen Tu-

---

58 So schon *M. Seckelmann*, e-Government: Chancen und Risiken für Bürgerinnen und Bürger, in: H. Hill/U. Schliesky (Hrsg.), Herausforderung e-Government. E-Volution des Verwaltungssystems, Baden-Baden 2009, S. 285.
59 Diese ist auch in der deutschen öffentlichen Verwaltung durchaus schon im Einsatz, etwa bei der Identifizierung von Delikten geflüchteter Menschen – auf die Probleme eines möglichen Bias hierbei kann an dieser Stelle leider nicht näher eingegangen werden, vgl. aber *C. Gentgen-Barg*, Fairnessmetriken bei algorithmischen Entscheidungen aus juristischer Perspektive, in C. Heinze (Hrsg.), Daten, Plattformen und KI als Dreiklang unserer Zeit – Tagungsband der Herbstakademie der Deutschen Stiftung für Recht und Informatik, Oldenburg 2022, S. 543 (543 ff.).
60 https://egov-campus.org/ (02.11.2022).
61 https://www.digitalakademie.bund.de/DE/Home/home_node.html (02.11.2022).
62 https://www.digitalakademie-bw.de/ (02.11.2022).
63 https://www.kommunalcampus.net/ (02.11.2022).
64 https://ki-campus.org/themen/daten?gclid=EAIaIQobChMIgKv_3IyV-wIVGIIoCR3 USAMVEAAYASAAEgJ5NvD_BwE (02.11.2022).
65 Dazu *Catakli*, Verwaltung (Fn. 2), S. 217 ff.
66 Sowie der Referendarausbildung und entsprechenden Traineeprogrammen, vgl. Abschnitt B. III.

genden, auf die es beim „ortsverteilten Arbeiten" in der Verwaltung ankommt.

Der Richter und sein Rechner
– Funktions- und Prozessanalyse der rechtsprechenden Tätigkeit im Computerzeitalter –

Dagmar Synatschke

A.

Begonnen werden soll mit einem kleinen cineastischen Exkurs: 2017 kam der Film „Hidden Figures" in die Kinos, eine Erzählung über die Biographien dreier Mathematikerinnen, die als sogenannte „Computer" – menschliche Rechnerinnen – bei der Vorgängerorganisation der NASA tätig waren.[1] Sie führten mit Papier, Stift und elektromechanischen Tischrechnern komplexe Berechnungen, etwa bei der Auswertung von Windkanalexperimenten oder der Berechnung von Flugbahnen durch. In diese Zeit fällt allerdings die Entwicklung der Lochkartenmaschinen hin zu dem funktionstauglichen Großcomputer von IBM; damit schlägt das Ende der menschlichen Computer. Die drei Frauen werden trotzdem Karriere machen, allerdings nicht mehr als Rechnerinnen.

Was hat das mit dem Thema dieser Tagung und speziell der an mich gerichteten Frage, wie sich der Richterberuf verändert, zu tun? Die erste, auf der Hand liegende und schon vielfach gestellte Frage ist: Muss sich die Richterin Gedanken machen, ob sie früher oder später durch das heutige Äquivalent des IBM-Rechners vollständig ersetzt werden kann? Das ist durch die im Titel genannte Funktionsanalyse zu beantworten. Wenn sich das verneinen lässt, so ist doch zu prüfen: Welche Teile meines Berufs kann ein Nachfolger des Lochkartenrechners besser als ich, mit der Folge, dass ich sie jetzt oder in Zukunft getrost dem Rechner überlassen kann, und welche Teile bleiben für mich als menschliche Entscheiderin und Streitauflöserin übrig? Darauf aufbauend: Welche Fähigkeiten brauche ich unter diesen Prämissen, wenn der Rechner mir das Berufs-Leben erleichtern und nicht zur Hölle machen soll und – idealiter – mir hilft, die rechtspre-

---

[1] „Hidden Figures", USA 2016, Regie und Drehbuch: *Theodore Melfi*, nach dem Buch „Hidden Figures. The Untold Story of the African American Women Who Helped Win the Space Race", *Margot Lee Shetterly*, New York 2017.

chenden Aufgaben gleichzeitig besser – wie auch immer das zu definieren sein kann – zu erledigen? Diesen Fragen will ich mich durch eine (gewiss unvollständige) Prozessanalyse nähern.

Nicht zur hiesigen Fragestellung gehören die Probleme, die Computer, neuronale Netzwerke, Algorithmen, Big Data und Künstliche Intelligenz nicht als Hilfsmittel oder Ersatz, sondern als Gegenstand der Rechtsprechung und der Gesetzgebung bereits jetzt aufwerfen und weiterhin aufwerfen werden. Das mangelhafte Computerprogramm als Gegenstand der Rechtsprechung[2] und des Gesetzgebers,[3] die durch Auslegung denkbare Qualifikation von *Telegram* als Soziales Netzwerk im Sinne von § 1 Abs. 1 NetzDG,[4] die bisher überwiegend in SciFi-Romanen oder -Filmen gestellte Frage, ab wann „starke KI" für sich Menschenwürde (oder Maschinenwürde?) in Anspruch nehmen könnte:[5] Alle diese Problemkomplexe lassen sich im Rahmen der bewährten juristischen Arbeitsweise lösen. Dafür muss der Rechtsanwender zwar verstehen, was „starke KI" ist, oder worin genau der Unterschied zwischen einem Messenger-Dienst und einem Sozialen Netzwerk besteht. Er muss sich aber nicht nebenbei zum Programmierer schulen. Immerhin musste er auch nicht Kfz-Mechatroniker sein, um festzustellen, dass eine Fahrkurvenerkennung auf dem Prüfstand und das hierauf aufbauende selektive Einschalten der Abgasreinigung jedenfalls nicht zu

---

2 Vgl. bereits BGHZ 102, 135 (135 ff.).
3 Vgl. z.B. §§ 327 ff. BGB in der Fassung des Gesetzes zur Umsetzung der Richtlinie über bestimmte vertragsrechtliche Aspekte der Bereitstellung digitaler Inhalte und digitaler Dienstleistungen vom 25.6.2021 (BGBl. I 2123).
4 Die de lege lata durch Auslegung zu lösende Frage besteht darin, ob Telegram als Messengerdienst nur der Individualkommunikation dient oder – mit Blick auf die nahezu unbegrenzte Gruppengröße und die „broadcast"-Funktionen – das Teilen von beliebigen Inhalten mit anderen Nutzern bzw. das Zugänglichmachen von Inhalten für die Öffentlichkeit im Vordergrund steht. Das Bundesamt für Justiz geht in zwei Bußgeldbescheiden von der Anwendbarkeit des NetzDG aus (zustimmend *M. Jäschke*, BfJ: Anwendung des NetzDG gegen Telegram, CR 2021, R79 f.; von Individualkommunikation ausgehend dagegen noch *J. Kalbhenn/M. Hemmert-Halswick*, in: T. Hoeren/U. Sieber/B. Holznagel (Hrsg.), Handbuch Multimedia-Recht, 58. Ergänzungslieferung, März 2022, München 2022, Teil 21.3 Rn. 25). Die Schwierigkeiten, die die immer schneller werdenden Entwicklungszyklen und Wandelbarkeit der digitalen Kommunikation und Interaktion für den steuernden Gesetzgeber aufwerfen können, zeigen sich hier sehr deutlich.
5 Aus juristischer Perspektive zur „elektronischen Person" als Trägerin von Rechten und Pflichten zum Beispiel *J. Ensthaler*, Zum neuen Verhältnis zwischen Rechtswissenschaft und Technik, ZRP 2022, 55 (55 f.); *C. Linke*, Die elektronische Person – Erforderlichkeit einer Rechtspersönlichkeit für autonome Systeme, MMR 2021, 200 (200 ff.); jeweils mwN.

sauberer Außenluft außerhalb des Labors führt. Daher lässt sich durchaus mit einiger Sicherheit rechtlich festhalten, dass zwar nur „Abschalteinrichtungen" nach dem Wortlaut des Art. 5 Abs. 2 S. 1 Verordnung (EG) Nr. 715/2007 verboten sind, eine „Umschaltlogik", die die Abgasreinigung nur auf dem Prüfstand einschaltet und sich deshalb als „Einschalteinrichtung" bezeichnen ließe, indes trotzdem eine Abschalteinrichtung im Sinne der Norm darstellen kann.[6]

B.

Diese beliebig fortzusetzenden Beispiele verdeutlichen allerdings sehr schön die Kernaufgabe jeglicher rechtsprechenden Tätigkeit und leiten über zur Funktionsanalyse. Was ist die bis heute unveränderte Kernfunktion der Rechtsprechung?

I.

Ich möchte es wie folgt formulieren: Sachgebietsunabhängig und völlig entwicklungsoffen auftretende menschliche Konflikte unter wertender Anwendung vorgegebener Regeln mit einem demokratisch legitimierten Anspruch auf und dem Versprechen von Verbindlichkeit und Durchsetzbarkeit „im Namen des Volkes" zu lösen.[7] Das verweist darauf, dass die rechtsprechende Gewalt in mehrfacher Hinsicht demokratisch legitimiert ist: organisatorisch-institutionell durch die Richter(aus)wahl durch ihrerseits demokratisch legitimierte Organe, inhaltlich durch die Anwendung der vom (demokratischen) Gesetzgeber vorgegebenen Regelungen gemäß Art. 20

---

6 Vgl. BGHZ 225, 316 Rn. 2 f., 17.
7 Vgl. zur Aufgabe, „Rechtsstreitigkeiten" im Rahmen der grundgesetzlich garantierten Unabhängigkeit zu entscheiden, *M. Jachmann-Michel* in: G. Dürig/R. Herzog/R. Scholz (Hrsg.), Grundgesetz-Kommentar, München 2021, Art. 101 Rn. 30. Durch das Erfordernis der unabhängigen, neutralen Entscheidung auf Basis einer demokratischen Legitimierung sowohl der anzuwendenden Regeln als auch der handelnden Personen unterscheidet sich die staatliche Rechtsprechung in einem Rechtsstaat von privat vereinbarten und sich sodann selbst vollstreckenden Smart Contracts und anderen Formen technikgestützter automatisierter Entscheidungsfindung und -vollstreckung ebenso wie von den auf reiner Marktmacht beruhenden Mechanismen zur Durchsetzung privater Regeln auf großen Plattformen.

Abs. 3 GG. Persönlich abgesichert wird die Bindung an Recht und Gesetz insbesondere durch den Richtereid.[8]

II.

Warum betone ich diese eigentlich selbstverständlichen Grundlagen? Sie erlauben es, die erste Frage „kann der Rechner den Richter ersetzen", recht knapp zu beantworten: Nein.

Unter den gegebenen konstitutionellen Bedingungen bleibt die oben genannte Aufgabe der endgültigen, verbindlichen Entscheidung eines vor das Gericht getragenen Streits einer (menschlichen) Person vorbehalten. Zum einen vertraut Art. 92 GG die Rechtsprechung nur „Richtern" als natürlichen Personen an, nicht Algorithmen oder neuronalen (selbstlernenden) Netzwerken; damit korreliert der Anspruch auf den „gesetzlichen Richter" aus Art. 101 Abs. 1 S. 2 GG, der aktuell ganz selbstverständlich als natürliche Person verstanden wird.[9] Darüber hinaus verlangt der Grundsatz rechtlichen Gehörs, dass jedermann Gelegenheit erhält, dem Gericht auch und gerade im Grenzbereich die maßgeblichen Wertungen, die der eigenen Position zu Grunde liegen, vorzutragen. Ebenso verlangt Gehörsgewährung, dass die Richterin die Argumente zur Kenntnis nimmt und versucht, sie im Sinne der Vortragenden zu verstehen sowie bei ihrer Entscheidungsfindung zu berücksichtigen.[10] Art. 103 GG verlangt schließlich, dass die Entscheidung nicht „ex machina" aus einer Blackbox kommt, bei der, wie zur Zeit bei neuronalen Netzwerken, unklar ist, welche Wertungen und Schlüs-

---

[8] Zu den verschiedenen Quellen und inhärenten Grenzen der demokratischen Legitimation der rechtsprechenden Gewalt statt vieler *B. Greszick* in: G. Dürig/R. Herzog/R. Scholz (Hrsg.), Grundgesetz-Kommentar, 96. Lieferung, November 2021, München 2021, Art. 20 Rn. 235 ff.

[9] Vgl. *D. Timmermann/K. Gelbrich*, Können Algorithmen subsumieren, NJW 2022, 25 (28); *P. Enders*, Einsatz künstlicher Intelligenz bei juristischer Entscheidungsfindung, JA 2018, 721 (723) mwN. Hinzu kommt, dass eine „Künstliche Intelligenz" (ein Computerprogramm) ohne eigene Persönlichkeit unfähig ist, „unabhängig" im Sinne des Grundgesetzes zu urteilen. Die Unabhängigkeit in diesem Sinne setzt voraus, dass der Urteilende eine Person ist, die in der Lage ist, außerhalb einer – wie weit auch immer gefassten – Programmierung zu entscheiden, damit die Bindung an Recht und Gesetz nicht einer von Dritten vorgegebenen Routine folgt, sondern auf bewusster Entscheidung beruht. Der Robo-Richter ist, solange er keine eigene Persönlichkeit entwickelt hat, das Gegenteil eines unabhängigen Richters.

[10] Vgl. statt vieler *B. Remmert* in G. Dürig/R. Herzog/R. Scholz (Hrsg.), Grundgesetz-Kommentar, München 2021, Art. 103 Rn. 62 ff.

se zum Ergebnis führen, sondern dass sie für die Rechtsunterworfenen nachvollziehbar begründet werden muss.[11]

Der Kernfunktion der Rechtsprechung, menschliche Konflikte jeglicher Art unter wertender Anwendung vorgegebener Regeln mit Anspruch auf und dem Versprechen von Verbindlichkeit und Durchsetzbarkeit zu lösen, liegt bekanntermaßen folgender Prozess zu Grunde: Die Richterin muss den Parteivortrag „hören", d.h. zur Kenntnis nehmen und solange nachfragen, bis sie ihn (so gut wie möglich) verstanden hat. Im Hin- und Herwandern des juristischen Blicks müssen gleichzeitig die einschlägigen Normen gefunden, mit den anerkannten und bei der späteren Begründung offenzulegenden Mitteln juristischer Methodenlehre ausgelegt und aus dem Parteivortrag der hierfür relevante Teil herausgefiltert werden. Falls der Parteivortrag streitig ist, muss die prozessuale Wahrheit mittels Beweisaufnahme festgestellt werden. All das ist Gegenstand auch der späteren Begründung. Diesen Prozess kann jedenfalls derzeit ein Computerprogramm nicht eigenständig und vollständig übernehmen. Streng anhand vorgegebener Parameter vorgenommene algorithmengestützte Analysen sind ohnehin nur in wenigen Fällen, die sich in reiner Begriffsjurisprudenz erschöpfen, erfolgreich. Sie scheitern an der Lösung wertungsabhängiger und/oder neuer Fragestellungen, da sie nicht in der Lage sind, in unterschiedlichen Kontexten Relevantes von Irrelevantem zu trennen bzw. das Ergebnis außerhalb der streng vorgegebenen Parameter nochmals zu hinterfragen.[12] Das Beispiel der Umschaltlogik, bei der eine Einschalt- statt Abschaltautomatik zum Tragen kommt, wäre für ein solches Programm – jedenfalls ohne zusätzliche steuernde Eingriffe eines Programmierers – nicht als zu entscheidendes Problem zu erkennen. Allerding können lernende Netzwerke mittlerweile (in begrenztem Maße, aber rapide zunehmend) auf die statistikbasierte Unterscheidung von Relevantem und Irrelevantem hin trainiert werden und vermögen in diesem Rahmen auch Wertungen zu simulieren.[13] Bei echten lernenden Netzwerken können aber auch die Programmierer hinterher nicht sagen, welche Faktoren in welcher Form gewichtet wurden, um ein Ergebnis zu erreichen. Erklären können das diese Programme selbst gleichfalls nicht. Noch viel weniger können sie sa-

---

11 Vgl. *B. Remmert* (Fn. 10), Art. 103 Rn. 96 f.
12 *D. Timmermann/K. Gelbrich*, Algorithmen (Fn. 9), 26 f.
13 Vgl. *D. Timmermann/K. Gelbrich*, Algorithmen (Fn. 9), 28; *J. Lorse*, Entscheidungsfindung durch künstliche Intelligenz, NVwZ 2021, 1657 (1657 f.), mwN; *T. Söbbing*, Künstliche neuronale Netze, MMR 2021, 111 (111 f.).

gen, welche (bewussten oder unbewussten) Vorurteile ihrer Programmierer oder des zur Verfügung stehenden Lernstoffs in das Ergebnis eingeflossen sind.[14] Die Begründbarkeit der Entscheidung für das Gegenüber anhand nachvollziehbarer, aufzuschlüsselnder Wertungen lässt sich daher (jedenfalls zurzeit) nicht sicherstellen.

Daraus folgt: Die Funktion der Rechtsprechung ändert sich nicht und bleibt nach wie vor im Großen und Ganzen dem Menschen vorbehalten.

C.

Im Weiteren wird für die Prozessanalyse unterschieden: Auf der einen Seite stehen grundlegende juristische Fähigkeiten, die von Digitalisierung nicht berührt werden. Auf der anderen Seite sind wegen der technischen Weiterentwicklung der Hilfsmittel auch neue Fertigkeiten nötig sowie, besonders wichtig, die Kenntnis von und ein Bewusstsein für die spezifischen Fehlerquellen, die gerade bei computerunterstützten Entscheidungen lauern.

I.

Welche grundlegenden Fähigkeiten benötigt der Richter nach wie vor, um die Kernfunktion und den vorgenannten Prozess wertender Entscheidungsfindung erfüllen zu können? Unerlässlich bleibt es, solide Grundlagen in der Subsumtionstechnik, der Rechtsmethodik und den übrigen Grundlagenfächern mitzubringen. Diese helfen, um gerade in den Grenz- und Schattenbereichen von Normen sowie bei abzuwägenden Rechtsgütern und erkennbaren Wertungswidersprüchen auf breitem Fundament zu einer möglichst gut erklärbaren Entscheidung zu kommen.

Abgesehen davon: Nur unter Einbeziehung der Fächer, die eher auf ethische und gesellschaftliche Fragestellungen abzielen denn auf reine Rechtstechnik, lässt sich auch der große Vorwurf, den man der juristischen Argumentationstechnik im engeren Sinne (die im Sinne der Begriffsjurisprudenz auch ein Computer lernen könnte) machen kann, abmildern: dass sie, entsprechende Prämissen vorausgesetzt, auch furchtbare Ergebnisse

---

14 Zu den technischen Herausforderungen, annähernd brauchbare „lernende Netzwerke" im Justizkontext zu entwickeln, vgl. *S. Dreyer/J. Schmees*, Künstliche Intelligenz als Richter, CR 2019, 758 (758 ff.).

mit einem für sich genommen „richtigen" Argumentationsstrang rechtfertigen kann.

Ebenso unverändert wesentlich ist für die Aufgabe der Richterin ein Grundverständnis für Gesprächsführung und Verhandlungsdynamik. Wertschätzende, offene und trotzdem die Autorität des Gerichts nicht preisgebende Kommunikation ist im Prinzip technikunabhängig und kann – und muss – trainiert werden. Dasselbe gilt für die spezifischen Fähigkeiten bei der Vernehmung kindlicher Zeugen oder der Kommunikation mit psychisch erkrankten Menschen. Ebenso ist die Bereitschaft zum interdisziplinären Blick auf und ein Grundverständnis von verwandten Wissenschaften, d.h. Sozialwissenschaften, Medizin, Psychologie oder Betriebswirtschaft für den Familienrichter, den Betreuungsrichter, aber auch die Straf- oder Finanzrichterin unerlässlich. All diese Grundfähigkeiten werden von der Digitalisierung unberührt gelassen.

II.

Der technische Fortschritt kommt allerdings auch in den Richterbüros und Gerichtssälen – langsam, aber sicher – an und erfordert in Teilen zusätzliche Fähigkeiten.

1. So muss sich etwa angesichts des (auch als Folge der Pandemie) nunmehr deutlich verstärkten Einsatzes von Videoverhandlungen im Zivilprozess gemäß § 128a ZPO und entsprechenden Normen in anderen Prozessordnungen, bei denen Körpersprache und auch sonstige, unbewusste und periphere wechselseitige Wahrnehmungen der Anwesenden sowie das gemeinsame Erleben des Gerichtssaals mit seiner spezifischen Atmosphäre nahezu vollständig fehlen, die bisherige Verhandlungsführung im Gericht in der mündlichen Verhandlung ändern.

2. Daneben wird der Alltag im Gericht in stetig steigendem Maße durch die computergestützten Aktenverwaltungsprogramme nebst integrierten Textsystemen (z.B. forumSTAR;[15] EUREKA;[16] JUDICA/TSJ[17]) geprägt. Die-

---

15 Überblick über Entwicklung, technische Rahmenbedingungen und teilnehmende Landesjustizverwaltungen unter https://oberlandesgericht-stuttgart.justiz-bw.de/pb/,Lde/Startseite/Gericht/FV+forumSTAR (24.07.2022).
16 Überblick über Entwicklung und technische Rahmenbedingungen unter https://zib.niedersachsen.de/startseite/alt/produkte_und_dienstleistungen_alt/fachanwendungen/eureka/eureka-96010.html (24.07.2022).

se generieren Rubrum und Wappen automatisch und erlauben es, Tenor sowie teils auch die Entscheidungsgründe durch „Anklicken" der richtigen Textbausteine zu gestalten. Bereits (oder je nach Perspektive endlich) jetzt beginnt zudem die Integration der elektronischen Akte in den gerichtlichen Arbeitsalltag, die bis 2026 weitgehend abgeschlossen sein wird.[18] Diese erlaubt es, durch „copy & paste" von entsprechenden Schriftsatzteilen jedenfalls den Tatbestand in vielen Fällen schneller als durch Tippen oder Spracherkennung abzufassen. Sie weist wegen des Fehlens der Haptik und der Dreidimensionalität in den Erfassungs- und Durchdringungsmöglichkeiten gegenüber der Papierakte zwar einerseits Defizite auf; diese sollen aber andererseits durch bessere Suchwerkzeuge nicht nur kompensiert, sondern idealerweise übertroffen werden. Um diese Programme möglichst effizient und fehlerfrei bedienen zu können, ist es hilfreich, auch als Richte-

---

17 Überblick über dessen Anwendungsbereich unter https://justiz.de/laender-bund-eur opa/BLK/laenderberichte/nordrhein_westfalen.pdf (24.07.2022).

18 Die bundesgesetzlichen Rahmenbedingungen sind bereits frühzeitig gelegt worden, kommen aber erst jetzt vollständig zum Tragen: Mit dem Gesetz zur Förderung des elektronischen Rechtsverkehrs mit den Gerichten vom 10.10.2013 (BGBl. I S. 3786; „Erstes E-Justice-Gesetz") und dem Gesetz zur Einführung der elektronischen Akte in der Justiz und zur weiteren Förderung des elektronischen Rechtsverkehrs vom 05.07.2017 (BGBl. I 2208; „Zweites E-Justice-Gesetz") wurden bundesweit einheitliche Regelungen in die Verfahrensordnungen eingefügt. Zuletzt wurden mit dem Gesetz zum Ausbau des elektronischen Rechtsverkehrs mit den Gerichten und zur Änderung weiterer Vorschriften vom 05.10.2021 (BGBl. I 4607; „eRV-Ausbaugesetz") weitere Regelungen vorgesehen. Der „Fahrplan" für die Einführung der elektronischen Akte lässt sich auf Bundesebene aus § 298a ZPO und korrespondierender Normen in den anderen Verfahrensordnungen in den jeweils gültigen Fassungen entnehmen: Hiernach können die Landesregierungen (bzw. bei entsprechender Subdelegation die Landesjustizverwaltungen) bis zum 31.12.2025 sukzessive die elektronische Aktenführung durch Verordnung oder Verwaltungsvorschrift für einzelne Gerichte oder Verfahren anordnen. Ab 01.01.2026 gilt für neu eingehende Sachen die Verpflichtung zur Führung elektronischer Akten. Bei bereits anhängigen, noch nicht elektronisch geführten Verfahren kann durch entsprechende Verordnungen angeordnet werden, dass sie „in Papier" zu Ende geführt werden; hierbei spielt die Erwägung, dass Nachdigitalisierung von Papiervorgängen unwirtschaftlich sein kann, eine Rolle. Für die Hamburger Justiz lässt sich der aktuelle Stand der Einführung von elektronischen Akten aus der Allgemeinen Verfügung der Behörde für Justiz und Verbraucherschutz vom 20.08.2020 „Elektronische Aktenführung bei den Gerichten in der Freien und Hansestadt Hamburg" (Amtl. Anz. S. 1769; in der jeweils aktuell gültigen Fassung abrufbar unter https://justiz.hamburg.de/elektronische-akte-in-der-justiz/ (24.07.2022) sowie bei Beck-Online) ablesen.

rin die edv-technischen Grundzüge ihres Aufbaus zu verstehen und nicht nur „Knöpfe zu drücken".[19]

3. Statt Zettel und Stift und Taschenrechner gibt es darüber hinaus immer ausgefeiltere Berechnungsprogramme z.B. für PKH-, Unterhalts-, Versorgungsausgleichsstreitigkeiten. Daneben werden derzeit für besonders gut zu schematisierende Fälle – etwa Fluggastrechteverfahren – Programme entwickelt, bei denen das Urteil in weiten Teilen vom Rechner vorformuliert wird. Ganz neu ist die Idee vorprogrammierter Urteile allerdings nicht. FTCAM als automatisationsunterstütztes System zur Herstellung richterlicher Entscheidungsentwürfe in Familiensachen ist seit 1980 auf dem Markt und beinhaltet Lösungen nicht nur für die vorgenannten Berechnungen, sondern ggf. auch für die Ermittlung des anzuwendenden ausländischen Rechts sowie dessen Inhalts unter Auswertung verschiedenster Quellen.[20] Ein sehr früher edv-technisch gestützter Entscheidungsprozess ist auch das automatisierte Mahnverfahren bei den Zentralen Mahngerichten, dessen rechtliche und technische Grundlagen ebenfalls schon im letzten Jahrtausend gelegt wurden.

Weitergehende, algorithmengestützte Entscheidungsgenerierung wird dagegen zurzeit eher rechtspolitisch diskutiert; Stichworte hier sind etwa das Strukturierte Basisdokument als Grundlage des Tatbestands oder das Beschleunigte Online-Verfahren, ggf. kombiniert mit digitalen Klagetools unter Nutzung strukturierter Datensätze.[21] Den Arbeitsalltag prägen sie (noch) nicht.

Die vorhandenen Programme bedienen zu lernen, setzt einerseits eine gewisse Affinität für das Arbeiten mit Abfrage-/Eingaberoutinen sowie angesichts der uneinheitlichen Benutzeroberflächen zügiges Erfassen unter-

---

19 Zu den „technische[n] und berufspraktische[n] Schlüsselkompetenzen" *M. Zwickel*, Jurastudium 4.0? Die Digitalisierung des juristischen Lehrens und Lernen", JA 2018, 881 (883). Die dort kurz skizzierten Beobachtungen decken sich mit den persönlichen Erfahrungen der Autorin während ihres Berufslebens.
20 Vgl. https://www.ftcam.de (24.07.2022).
21 Vgl. hierzu *J. Wölber/ J. Nicolai*, Zukunftsoffene und verbraucherfreundliche Justiz: Überlegungen zu einem Beschleunigten Online-Verfahren für geringe Streitwerte, ZRP 2018, 229; *F. Specht*, Chancen und Risiken einer digitalen Justiz für den Zivilprozess, MMR 2019, 153; Diskussionspapier der Arbeitsgruppe „Modernisierung des Zivilprozesses" vom 7.1.2021 im Auftrag der Präsidentinnen und Präsidenten der Oberlandesgerichte, des Kammergerichts, des Bayerischen Obersten Landesgerichts und des Bundesgerichtshofs, https://www.justiz.bayern.de/media/images/behoerden -und-gerichte/oberlandesgerichte/nuernberg/diskussionspapier_ag_modernisierung. pdf (24.07.2022).

schiedlicher Eingabemasken voraus. Hier gilt allerdings: Das lässt sich für den durchschnittlichen Smartphone-Nutzer innerhalb von wenigen Tagen mit kollegialer Hilfe einüben und ist Gegenstand vielfältiger Fortbildungen.

Viel wichtiger ist aber: Die einzugebenden Parameter müssen vorher mit den oben genannten juristischen Mitteln wertend festgelegt und im Streitfalle auch begründet werden können. Hier gilt, wie immer bei der Verwendung von automatisierten Entscheidungshilfen, das GIGO-Prinzip: Garbage In, Garbage Out. Außerdem müssen in der Benutzeroberfläche schwer erkennbare oder vollständig unsichtbar bleibende Fehlerquellen immer mitbedacht werden: Das Programm darf keinesfalls die dem Richter vorbehaltene wertende Entscheidung zwischen zwei oder mehr rechtlichen Lösungen oder bei der Tatsachenermittlung vornehmen; es muss, wo erforderlich, aus dem Automatismus aussteigen und die Richterin fragen. Die Programmiererin muss außerdem bei der Erstellung des Rechenwegs oder des Entscheidungsbausteins das Gesetz richtig verstanden und in den Algorithmus richtig übersetzt haben, etwa bei Vorgaben zur Rundung oder – im obigen familienrechtlichen Beispiel – zu den Kombinationen aus verschiedenen Nationalitäten.[22] Weiterhin müssen die einprogrammierten gesetzlichen Vorgaben auch noch aktuell sein. Gerade hier droht die Arbeitserleichterung schnell in unkritisches Übernehmen einer vorgegebenen Zahl umzuschlagen. Das kann zum Beispiel bei Freibeträgen im Rahmen der Prozesskostenhilfe, die vom Programmierer bei jeder Neufestsetzung jeweils neu hinterlegt werden müssen, zu fehlerhaften Entscheidungen führen, wenn der Richter – weil der Rechner mathematische Richtigkeit verspricht – nicht nachprüft, ob eine Neufestsetzung bereits im Programm angekommen ist, oder sich gar nicht mit den gesetzlichen Grundlagen beschäftigt, sondern dem Programm blind vertraut.

Wehret der gedanklichen Faulheit, müsste sich der Richter immer mal wieder an den Bildschirm kleben. Denn: Die Entscheidung muss von einem Menschen getroffen und für Menschen nachvollziehbar erklärt werden. Das gilt auch für ihre einzelnen Bausteine.

5. Zuletzt noch ein kurzer Seitenblick auf das digitale Hilfsmittel par excellence, die juristischen Datenbanken, die es jedenfalls theoretisch ermöglichen, „Big Data Mining" am eigenen Rechner zu versuchen: Mit

---

22 Ob hierfür erforderlich ist, dass Richter programmieren lernen, wird sich zeigen (in diese Richtung *S. Dreyer/J. Schmees*, Künstliche Intelligenz (Fn. 14), 763. Jedenfalls ist zwingend, dass sie sich der „Verschiebung von Einflusspotentialen" (*S. Dreyer/J. Schmees*, aaO.) bewusst sind.

diesen Datenbanken kritisch und sinnvoll umgehen zu können, ist eine Schlüsselfähigkeit, die zwar ihre Wurzeln in den klassischen juristischen Recherchetätigkeiten auf Papier hat, aber darüber deutlich hinausgeht. Insofern ist von Beginn der ersten Hausarbeiten an eine gezielte Anleitung, wie man mit Entscheidungsdatenbanken umgeht, wie man von allgemeinen Suchkriterien auf speziellere kommt, welche Wertigkeit die einzelnen Treffer haben, wie man sie verwendet, um die Entwicklung der Rechtsprechung und Literatur „vorwärts" oder „rückwärts" zu verfolgen, nach wie vor von erheblichem Wert.[23] Wenig ist peinlicher als das unkritische Einkopieren einer bei juris gefundenen, durch Gesetzes- oder Rechtsprechungsänderung überholten Entscheidung in das eigene Urteil! Schließlich sollte auch ein Bewusstsein dafür bestehen, dass die Veröffentlichung in der Datenbank (insbesondere bei Instanzurteilen) bestenfalls zufällig, schlechtestenfalls interessengetrieben sein kann. Eine Verzerrung der Debatte durch die Illusion vollständiger Wiedergabe in einer Datenbank bzw. durch die Unsichtbarkeit elektronisch nicht zugänglicher Entscheidungen ist zwar nicht unbedingt der Regelfall, aber denkbar und als Fehlerquelle im Blick zu behalten.

III.

Zu guter Letzt ist es für den Richter unter den Bedingungen zunehmender Digitalisierung nützlich, sich Funktionsweise und Grenzen der heutigen Programme klarzumachen, um mit den Programmierern auf Augenhöhe sprechen zu können und nichts Unmögliches zu verlangen. Es ist hilfreich, wenn die Programmiererin weiß, wie ein Rechtsstreit abläuft, und die Richterin weiß, welche Prozesse der Computer unter Berücksichtigung der strukturellen Grenzen „schwacher KI" sinnvollerweise unterstützend abarbeiten kann, und welche nicht. Die Fähigkeit der Richter zur interdisziplinären Zusammenarbeit erstreckt sich insoweit nunmehr nicht nur auf die klassischen Sachverständigenfragen und den Inhalt des Rechtsstreits,

---

23 Zu Recherchefähigkeiten und insbesondere Quellenkritik als notwendigem Handwerkszeug *R. Schimmel*, Cui bono? – Juristische Quellenkritik als Arbeitstechnik und Arbeitshaltung, JA 2015, 643. Die Herausforderungen haben sich allerdings seit der Frühzeit computergestützter juristischer Datenbanken nicht wesentlich geändert, wenngleich die Suchfunktionen stetig weiter verfeinert werden; vgl. zu den Anfängen der Datenbanken *L. van Raden*, Computergestützte juristische Informationssysteme – neue Entwicklungen, NJW 1988, 2451.

sondern auch auf die Weiterentwicklung der eigenen digitalen Arbeitsmittel, letzteres jedenfalls in dem Rahmen, den die finanziellen Mittel und die verschiedenen Zwänge der Zusammenarbeit im Föderalismus jeweils hergeben.

D.

Zusammenfassend lässt sich festhalten:

- Die klassischen juristischen Fähigkeiten und die methodischen sowie ethischen, philosophischen, geschichtlichen und sonstigen Grundlagen für kritische Entscheidungsfindung bleiben für die richterliche Tätigkeit ebenso wichtig wie die vielbeschworenen, wenngleich nur unscharf fassbaren „Soft Skills" und Schlüsselqualifikationen sowie die allgemeine Bereitschaft, sich schnell in alles Mögliche einzuarbeiten und bei Zweifeln solange nachzufragen, bis sowohl der Parteivortrag als auch etwa Sachverständigenausführungen bestmöglich verstanden worden sind.
- Software-Ausstattung, Berechnungs- und Entscheidungshilfsprogramme und juristische Datenbanken machen das Richter-Leben leichter. Ihre Bedienung lässt sich „on the job" lernen, wenngleich sie durch Grundkenntnisse der Programmlogik unterstützt wird. Wichtiger als auf das jeweilige Programm bezogene (schnell veraltende) Anwendungsfähigkeiten ist bei allen über reine Aktenverwaltung hinausgehenden Hilfsmitteln bei der Entscheidungsfindung aber, dass der Richter die strukturellen Grenzen und, viel wichtiger noch, die hiermit verknüpften, sehr spezifischen Fehlerquellen kennt und soweit wie möglich ausschaltet. Insbesondere – wenngleich offensichtlich – ist das die falsche Eingabe von (Berechnungs-)Parametern durch den Bediener. Weniger offensichtlich, aber deshalb auch deutlich tückischer ist die falsche Verwertung richtiger Eingaben, weil der Programmierer irgendetwas falsch verstanden hat oder die voreingestellten Parameter nicht oder nicht mehr dem Gesetz entsprechen.

All das erfordert aber vor allem eines: Immer wieder kritisch zu überprüfen, ob die Aufgabenteilung und das Verhältnis zwischen dem Richter und seinem Rechner noch dem Ideal einer von Menschen für Menschen in jedem Einzelfall zu findenden, prozessualen Garantien und Grundsätzen entsprechenden rechtsstaatlichen Lösung entspricht. Wenn der Rechner aus Unkenntnis oder gedanklicher Trägheit des Richters schleichend und unbemerkt zum Entscheider wird, ist das misslungen.

Juristische Informationskompetenz in der digitalen Transformation als topisches Problem

Eric W. Steinhauer

A. *Hinführung*

Relevante juristische Fachinformationen selbständig recherchieren zu können, gehört als so genannte Informationskompetenz zu denjenigen Schlüsselqualifikationen, die im Laufe der juristischen Ausbildung erlernt und eingeübt werden müssen.[1] Obwohl das Recherchieren als Tätigkeit etwa beim Schreiben von Hausarbeiten oder bei der Erstellung von Seminararbeiten ständig präsent ist, ist es als solches kein eigener (juristischer) Ausbildungsgegenstand. Die entsprechenden Fähigkeiten werden in der Regel eher beiläufig im Rahmen von propädeutischen Veranstaltungen zum wissenschaftlichen Arbeiten oder in juristischen Arbeitsgemeinschaften in den ersten Semestern thematisiert.[2] Hinzu kommen meist von Bibliothekarinnen und Bibliothekaren durchgeführte Einführungen in die Bibliotheksbenutzung sowie Schulungsangebote zu bestimmten juristischen Datenbanken wie Juris oder Beck-Online.

---

1 *U. Kugler/R. Robwein*, Informationskompetenz als eine Kernkompetenz in der Rechtswissenschaft, in: P. Warto/J. Zumbach/O. Lagodny/H. Astleitner (Hrsg.), Rechtsdidaktik: Pflicht und Kür? – 1. Fachtagung Rechtsdidaktik in Österreich, Baden-Baden 2017, S. 95-109; *E. Steinhauer*, Informationskompetenz und Recht, in: W. Sühl-Strohmenger (Hrsg.), Handbuch Informationskompetenz, Berlin [u.a.] 2012, S. 67 (79); ders., Juristische Informationskompetenz, ebendort, S. 362 (367 f.).

2 *B. Lange*, Methoden juristischer Lehre – Funktionen und Beispiele, in: J. Krüper (Hrsg.), Rechtswissenschaft lehren – Handbuch der juristischen Fachdidaktik, Tübingen 2022, § 12, Rn. 23. Hinweise zur Nutzung von Literatur finden sich auch in verschiedenen Einführungslehrbüchern oder Anleitungen zum wissenschaftlichen Arbeiten bzw. zu Fallbearbeitungen, vgl. etwa *M. Bergmann/Chr. Schröder/M. Sturm*, Richtiges Zitieren – ein Leitfaden für Jurastudium und Rechtspraxis, München 2010; *H. Beyerbach*, Die juristische Doktorarbeit – ein Ratgeber für das gesamte Promotionsverfahren, 4. Aufl., München [u.a.] 2021; *H. Hirte*, Der Zugang zu Rechtsquellen und Rechtsliteratur, Köln [u.a.] 1991; *B. Lange*, Jurastudium erfolgreich, 8. Aufl., München 2015; *Th. M. J. Möllers*, Juristische Arbeitstechnik und wissenschaftliches Arbeiten - Klausur, Hausarbeit, Seminararbeit, Studienarbeit, Staatsexamen, Dissertation, 10. Aufl., München 2021; *R. Schimmel*, Juristische Klausuren und Hausarbeiten richtig formulieren, 15. Aufl., München 2022.

Als eigenes Fachgebiet oder als lohnender Gegenstand theoretischen Nachdenkens wird die juristische Informationskompetenz trotz ihrer Allgegenwärtigkeit in der täglichen Arbeit von Juristinnen und Juristen meist nicht wahrgenommen, auch wenn mit dem Einzug des Computers in die Rechtswissenschaft das Thema Rechtsinformation bzw. Rechtsdokumentation im Rahmen der damals jungen Rechtsinformatik bei technisch aufgeschlossenen Juristinnen und Juristen eine gewisse Aufmerksamkeit erzielen konnte.³ Allerdings ging es dabei eher um Fragen des formalen Aufbaus und der sachgerechten Bedienung von Datenbanken oder um die Digitalisierung von Rechtsprechung und Gesetzgebung sowie gedruckter Arbeits- und Nachweismittel.⁴ Zentrale Aspekte dieser Entwicklung waren vor allem Zeit- und Raumersparnis, weil man nunmehr keine umfangreichen Bibliotheken mit zeitaufwändig zu konsultierenden Registern und Bänden mehr vorhalten musste, um für die eigene juristische Arbeit relevante Inhalte zu finden. Zudem ermöglichten digital vorliegende Entscheidungen und Gesetzestexte eine praktische Volltextsuche, was vor allem als ein deutlich erhöhter Arbeitskomfort wahrgenommen wurde.⁵

Mit dem weiteren Ausbau des juristischen Datenbankangebots wurde die digitale Informationslandschaft zunehmend unübersichtlich. Ein wichtiges Thema der juristischen Fachinformation wurde daher die Information über und der Nachweis von juristischen Fachdatenbanken. Mit dem Aufkommen des Internet ab Mitte der 1990er Jahre wurden hier auch die immer zahlreicher werdenden Online-Ressourcen berücksichtigt.⁶ Mit den sozialen Medien entstanden gegen Ende der 2000er Jahre zudem neue juristische oder juristisch relevante Informationsangebote wie Blogs und Wikis, die ebenfalls in den Kreis der juristischen Informationsmittel einbezogen wurden.⁷ Auch wenn mit diesen genuinen Online-Publikationsformen eine neue juristische Literaturgattung entstanden ist, die sich in

---

3 *L. Reisinger*, Rechtsinformatik, Berlin [u.a.] 1977, S. 97-206.
4 *C.-E. Eberle* (Hrsg.), Informationstechnik in der Juristenausbildung, München 1989; *L. Reisinger*, Rechtsinformatik (Fn. 3), S. 78 ff.
5 *S. Martini*, Die Rolle des Internetblogs im juristischen Diskurs, in: S. Bretthauer/Chr. Henrich/B. Völzmann/L. Wolckenhaar/S. Zimmermann (Hrsg.), Wandlungen im Öffentlichen Recht – Festschrift zu 60 Jahren Assistententagung – Junge Tagung Öffentliches Recht, Baden-Baden 2020, S. 335 (340).
6 Beispielhaft seien genannt *N. Müller/M. Schallbruch*, PC-Ratgeber für Juristen - Textverarbeitung, Datenbanken, Internet, Berlin [u.a.] 1995; *P. Tiedemann*, Internet für Juristen, Darmstadt 1999.
7 *R. Langenhan/M. Langenhan*, Internet für Juristen: Internetadressen und ihre Bewertung; [jetzt mit PDAs, Weblogs und Wikis], 4. Aufl., München 2003.

bestimmten Bereichen mittlerweile durchaus etabliert hat und als seriöser Publikationsort wahrgenommen wird, werden die im Zuge der Digitalisierung veränderten Zugangsmöglichkeiten zu Rechtsinformationen immer noch unter dem eher technischen Aspekt ihrer Bedienbarkeit besprochen.[8] Eine gewisse Ausnahme bilden hier freilich die juristischen Weblogs, deren Rolle als „Medien des Rechts" unter verschiedenen Fragestellungen und im Rahmen einzelner juristischer Disziplinen regelmäßig thematisiert wird.[9]

Die Digitalisierung juristischer Fachinformation hat aber nicht nur den Zugang zu Rechtsinformationen in technischer Hinsicht verändert. Sie hat auch, das ist die hier vorzustellende zentrale These, Auswirkungen auf den juristischen Diskurs selbst. Auswirkungen freilich, die für viele maßgebliche Akteurinnen und Akteure in der juristischen Ausbildung und der Rechtsdidaktik in der Regel unsichtbar bleiben, weil sie diese Konsequenzen der Digitalisierung nur unzureichend wahrnehmen können. Diese unzureichende Wahrnehmung soll als „topisches Problem" juristischer Fachinformation beschrieben werden. Angesprochen wird damit eine Art blinder Fleck vor allem in der juristischen Ausbildung, aber nicht nur dort, der darüber hinaus auch in der Rechtstheorie und der juristischen Methodenlehre mehr Aufmerksamkeit und Diskussion verdient.[10] Der vorliegende Beitrag möchte darauf hinweisen und einige Anregungen für eine vertiefte Diskussion geben, die vielleicht auch Auswirkungen auf die Art und Weise haben könnten, wie junge Juristinnen und Juristen an rechtswissenschaftliches Arbeiten herangeführt werden.

B. Topik und Seminar

Der traditionelle Ort der juristischen Fachinformation ist das juristische Seminar. Allgemein versteht man darunter eine mit Arbeitsplätzen ausge-

---

8 Für das amerikanische Recht ist *T. Belniak*, Major Legal Databases and How to Search Them, in: Ellyssa Kroski (Hrsg.), Law Librarianship in the Digital Age, Lanham [u.a.] 2014, S. 287-311 ein anschauliches Beispiel für einen rein informationstechnischen Zugang zu digitalen Rechtsinformationen.
9 *S. Martini*, Internetblogs (Fn. 5), S. 335-355.
10 Das Problem des Medienwandels in der Rechtsinformation wird thematisiert von *Th. Vesting*, Wie verändert der Medienwandel juristische Rezeptionsprozesse?, in: N. Marsch/L. Münkler/Th. Wischmeyer (Hrsg.), Apokryphe Schriften – Rezeption und Vergessen in der Wissenschaft vom Öffentlichen Recht, Tübingen 2019, S. 63-76. Für eine stärkere Beachtung von Arbeitspraktiken speziell in den Geisteswissenschaften plädieren auch *S. Martus/C. Spoerhase*, Geistesarbeit – eine Praxeologie der Geisteswissenschaften, Berlin 2022, S. 21-27.

stattete juristische Fachbibliothek. Juristinnen und Juristen verbringen hier während ihres Studiums hunderte, wenn nicht tausende Stunden. Sie lösen dort Übungsfälle, schreiben Hausarbeiten, vertiefen Lehrveranstaltungen oder bereiten sich auf kleinere und größere Prüfungen und Examina vor.

I. Das Seminar als informativer Ort

Das Seminar ist ein ungemein praktischer Ort, denn hier hat man alle relevanten Quellen schnell zur Hand: Die Entscheidungs- und Gesetzessammlungen, die großen mehrbändigen Kommentare, die verschiedenen Hand- und Lehrbücher, viele Regale füllende Sammlungen von Dissertationen und Festschriften und natürlich juristische Fachzeitschriften. Im Seminar kann man allen wichtigen Zitaten leicht nachgehen oder passende Hintergrundinformationen für ein Rechtsproblem finden. Bei der Arbeit im juristischen Seminar üben die Studierenden mit der Zeit eine individuelle Praxis juristischer Fachinformation ein. Elektronische Angebote unterstützen sie dabei, indem wichtige Quellen nicht mehr aus dem Regal genommen werden müssen, sondern als Kommentar oder Entscheidungssammlung bequem mit dem Notebook direkt am Arbeitsplatz konsultiert werden können. Mittlerweile haben viele juristische Fakultäten umfangreiche Lizenzen erworben, so dass zwar nicht alle, aber doch die wichtigsten Publikationen digital über einen authentifizierten Fernzugriff bereitgestellt werden. Man muss nicht mehr im Seminar sitzen, um im Seminar arbeiten zu können.

Das Seminar ist aber nicht nur eine Sammlung von juristischem Content, sondern eben auch ein konkreter Ort mit einer konkreten, meist einer bestimmten Systematik verpflichteten Buchaufstellung und einer konkreten Anordnung von Regalen. Festschriften, Entscheidungssammlungen und Kommentare stehen in der Regel an einer bestimmten, herausgehobenen Stelle. Mehrfachexemplare sowie eine lange Reihe von Vorauflagen markieren die Bedeutung einzelner Titel. Man muss nichts von der Rechtswissenschaft wissen, um bei einem flüchtigen Besuch eines juristischen Seminares sofort zu erkennen, dass der „Palandt", der mittlerweile „Grüneberg" heißt, offenbar ein zentrales Werk für das Zivilrecht ist. Der Ort des Seminars ist damit mehr als nur ein Raum, er ist, jedenfalls für Fragen der juristischen Fachinformation, auch ein Informationsmittel eigener Art.[11]

---

11 A. *Rinken*, Einführung in das juristische Studium, München 1977, S. 278: „Die Seminarbibliotheken sind als Präsenzbibliotheken mit Freihandaufstellung in systema-

II. Topik als rhetorische Disziplin

Die räumliche Codierung von Informationen ist nicht neu. Sie ist eine seit der Antike gepflegte und in der Rhetorik reflektierte memotechnische Strategie, um Inhalte, etwa bei einem frei gehaltenen Vortrag, nicht zu vergessen.[12] Räumliches Denken kommt aber auch in anderen Stadien der rhetorischen Redeproduktion vor, namentlich in der Topik. Abgeleitet vom griechischen Wort „τόπος" versteht man unter Topik diejenige rhetorische Teildisziplin, die sich mit der Auffindung von überzeugenden Argumenten beschäftigt.[13] Dabei versucht die Topik in methodischer Hinsicht relevante Argumente möglichst vollständig zu erfassen, indem sie einen Sachverhalt in seinen Bezügen zu dem zu behandelnden Thema systematisch analysiert, so wie man einen Ort sorgfältig abschreitet und alle sich bietenden Perspektiven einnimmt.[14] Mit topischen Methoden werden ungeordnet und zufällig erscheinende Argumente systematisch zugänglich – wie Bücher in einer gut sortierten und geordneten Bibliothek. Topisches Denken muss gelernt und eingeübt werden. Es ist ein wichtiger Bestandteil der rhetorischen Kunstfertigkeit. Von daher nennt man Argumente und Beweise, die mit Hilfe rhetorischer Fertigkeiten ermittelt und formuliert werden, auch künstliche, eben auf rhetorischer Kunstfertigkeit beruhende Beweise.[15]

Die klassische Rhetorik stellt diesen künstlichen Beweisen die so genannten untechnischen Beweismittel gegenüber, für die man keine rhetorische Bildung benötigt, wie etwa Gesetze, Urteile und so genannte herrschende Meinungen.[16] Mit diesen untechnischen Beweismitteln und deren Auffind-

---

tischer Anordnung eingerichtet. Hier kann man also an die Regale herantreten und findet dort die Bücher seines Sachgebietes zur sofortigen Durchsicht versammelt."
12 *T. Tröger*, Rhetorik für Juristen – Recht reden, Baden-Baden 2021, S. 166 f.
13 *K. von Schlieffen*, Rhetorische Rechtstheorie, in: G. Ueding /Hrsg.) Historisches Wörterbuch der Rhetorik, Band 8, Tübingen 2007, Sp. 197 (202 f.); *T. Tröger*, Rhetorik (Fn. 12), S. 70 f.
14 *G. Ueding/B. Steinbrink*, Grundriß der Rhetorik – Geschichte, Technik, Methode, 4. Aufl., Stuttgart [u.a.] 2005, S. 242 sprechen raummetaphorisch von „Fundstätten" der Argumente.
15 *E. Steinhauer*, Informationskompetenz und Rhetorik, in: W. Sühl-Strohmenger (Hrsg.), Handbuch Informationskompetenz, 2. Aufl., Berlin [u.a.] 2016, S. 64 (66 f.).
16 „duplex est oratori ... materies: una rerum earum, quae non excogitantur ab oratore ... ut ... leges, res iudicatae, decreta, ... reliqua ... altera est, quae tota in disputatione et in argumentatione oratoris conlocata est; ita in superiore genere de tractandis argumentis, in hoc autem etiam de inveniendis cogitandum est." *Cicero*, De Oratore II, 116 f., zitiert nach *A. S. Wilkins*, M. Tulli Ciceronis Rhetorica, Tomus I, Oxford 1902.

barkeit beschäftigt sich die juristische Informationskompetenz.[17] Angesichts der Fülle an publizierten juristischen Inhalten kann man heute sicher nicht mehr sagen, dass die Fähigkeit, relevante Informationen aufzufinden ein eher untechnischer und damit offenbar leichter und banaler Vorgang ist. Zudem haben juristische Fachinformationen keinen Selbstzweck. Spätestens im fortgeschrittenen Studium werden sie in Fallbearbeitungen und andere juristische Argumentationen eingebaut mit dem Ziel, ein wie auch immer geartetes Gegenüber zu überzeugen. Da ist es nicht belanglos, welche Qualität und Autorität, welche Überzeugungskraft bestimmten Belegen aus dem juristischen Diskurs zukommt. Es liegt auf der Hand, dass ein Judikat des Bundesverfassungsgerichts ein ganz anderes Gewicht hat als das Ergebniskapitel einer abseitig publizierten mittelmäßigen Seminararbeit eines Drittsemesters. Dieses Beispiel zeigt sehr schön die Nähe der Informationskompetenz zur Rhetorik juristischer Texte, die sich immer auch ihres Adressatenkreises bewusst ist und daraufhin die jeweilige Darstellungsweise wählt, und unterstreicht zugleich, dass diese Kompetenz zu den topischen Aspekten der Textproduktion gehört.[18]

Topik ist als Begriff auch eine Raummetapher. Um beim juristischen Seminar als einem hervorragenden Raum juristischer Texterzeugung zu bleiben, wird die dort zu leistende Arbeit an den „untechnischen Beweisen" aus vielen Gängen zu verschiedenen Regalen bestehen. Man konsultiert Kommentare und Handbücher, geht Fundstellen nach, findet wegen der systematischen Ordnung auch anderes, woran man nicht gedacht hat. Gleichwohl wird man sich auf die zentralen Publikationen konzentrieren, sie jedenfalls nicht übergehen, denn sie sind im Seminar unübersehbar vertreten und drängen sich geradezu auf.

III. Die Entstehung des juristischen Seminars

Mit dem Inkrafttreten des Bürgerlichen Gesetzbuches und der dadurch gegebenen enormen Herausforderung für das Rechtsstudium bildete sich auch das juristische Seminar heraus. Es war zunächst eine noch unscharf getrennte Mischung aus juristischer Veranstaltungsform und Bibliothek. War die juristische Ausbildung traditionell durch das Lehrbuch und die passiv und rein rezeptiv erlebte Vorlesung geprägt, so war das Seminar eine

---

17 E. Steinhauer, Informationskompetenz und Rhetorik (Fn. 15), S. 67.
18 E. Steinhauer, Informationskompetenz und Rhetorik (Fn. 15), S. 68 f.

Mischung aus Übung, Exegese und Disputation, kurzum „alles, was nicht Vorlesung war".[19] Hier waren aktive Teilnahme und Auseinandersetzung mit Argumenten und Texten gefragt. Der Seminarraum als Veranstaltungsort, der sich insoweit von einem Hörsaal mit seinem Theatercharakter unterschied, war geprägt durch das Vorhandensein von Büchern und war als Arbeitsort auch außerhalb von Veranstaltungen zugänglich. Hieraus ergab sich die bis heute gültige doppelte Bedeutung des Wortes „Seminar" in der juristischen Fakultät, nämlich als Veranstaltungsform und als Arbeitsstätte mit Bibliothek.[20] Wichtig ist hier, dass das Seminar nicht bloß als Bibliothek ein Informationsspeicher ist, sondern notwendigerweise immer auch den Charakter eines echten Arbeitsplatzes hat.

C. Digitale Transformation und blinde Flecken

Der im Seminar gegebene enge Zusammenhang von eigenem wissenschaftlichen Arbeiten und dem Vorhandensein bibliothekarisch geordneter und damit räumlich spezifisch organisierter juristischer Fachinformation bildete bis weit in die 1990er Jahre hinein die Grundlage juristischer Informationskompetenz. Auch die heute in der juristischen Ausbildung an den Universitäten tätigen Juristinnen und Juristen, jedenfalls in der Gruppe der Professorinnen und Professoren, haben ihre fachliche Sozialisation in der Regel unter den Bedingungen des traditionellen juristischen Seminars erfahren.[21] Bei ihnen treffen analog erworbene Informationsstrategien auf eine durch große Plattformen wie Beck-Online oder Juris mittlerweile überwiegend digital geprägte Informations- und Arbeitsumgebung. Das hat erhebliche praktische Folgen bei der Nutzung digitaler Informationsmittel. Diese werden nämlich in erster Linie gar nicht als digitale Medien wahrgenommen, sondern lediglich als digitale Versionen analoger Publikationen, die sich von ihrer gedruckten Vorlage vor allem durch den Komfort in

---

19 A. *Hollerbach*, 100 Jahre Juristisches Seminar, in: ders. (Hrsg.), Jurisprudenz in Freiburg – Beiträge zur Geschichte der Rechtswissenschaftlichen Fakultät der Albert-Ludwigs-Universität, Tübingen 2007, S. 47 (49).
20 A. *Hollerbach*, Seminar (Fn. 19), S. 50.
21 Wenn man mit *U. Schultz/A. Bönning/I. Peppmeier/S. Schröder*, De jure und de facto: Professorinnen in der Rechtswissenschaft, Baden-Baden 2018, S. 168 f. von einem Erstberufungsalter von ca. 40 Jahren ausgeht und einen Studienbeginn mit 20 Jahren unterstellt, dann werden jetzt erst durchgängig Wissenschaftlerinnen und Wissenschaftler berufen, die ihre juristische Ausbildung nach dem Jahr 2000 begonnen haben.

ihrer Benutzbarkeit unterscheiden. Dieser Komfort besteht zum einen in spezifisch digitalen Nutzungsmöglichkeiten wie der Volltextsuche und der leichten Verarbeitbarkeit durch müheloses Kopieren per Mausklick, zum andern in erheblich beschleunigten Zugangsmöglichkeiten direkt am Arbeitsplatzbildschirm mit angeschlossenem Drucker. Die digitale Form der Fachinformation holt das Seminar an den Schreibtisch.

Das gilt aber nicht nur für den digital aufbereiteten Inhalt selbst, sondern in der Regel auch für die Art und Weise, diese Inhalte zu nutzen. Mag auch der tatsächliche Gang an die Regale im Seminar in den meisten Fällen entfallen, das Regal als Ordnungskonzept für die unterschiedlichen Fundstellen und Quellen und deren rhetorische Einordnung bleibt weiterhin präsent. Wer im analogen Seminar sozialisiert wurde, wird Belegstellen aus Kommentaren, Abschnitte aus Lehrbüchern oder Zitate aus Entscheidungssammlungen unwillkürlich in die gewohnte räumliche Ordnung bringen, die ihnen zugleich eine Stelle im juristischen Fachdiskurs zuweist. Das „innere Seminar", das analog sozialisierte Juristinnen und Juristen mit sich herumtragen, prägt und orientiert ihren Blick auf Suchergebnisse digitaler juristischer Informationsangebote.

Hier liegt ein „blinder Fleck" bei der eigenen Wahrnehmung juristischer Fachinformation, der es verhindert, diese Medien als rein digitale Medien zu sehen. Lehrende in der Rechtswissenschaft nehmen digitale Informationsangebote daher meist anders wahr als Studierende, die als so genannte „digital natives" in einer von Datenbanken und digitalen Informationsangeboten geprägten Arbeitsumgebung die in der Ordnung des juristischen Seminars gleichsam verkörperte Struktur juristischer Diskurse mit ihren relativ klaren Unterscheidungen zwischen zentralen und eher randständigen Informationsmitteln nicht in gleichem Maße verinnerlicht haben wie ihre Dozentinnen und Dozenten. Aus dieser Situation erwächst eine Schwierigkeit, Rechercheergebnisse mit Blick auf ihre Relevanz für den jeweils einschlägigen juristischen Diskurs richtig einzuordnen, auf die die juristische Lehre und Fachdidaktik reagieren müssen.

D. Diskurs und Regal

Nicht nur die sprachliche Gestaltung juristischer Texte oder die Raffinesse einzelner Argumente prägen die Rhetorik juristischer Texte, auch die Auswahl der Informationsmittel und der zitierten Quellen müssen richtigerweise mit Blick auf den Adressatenkreis und die Aussageabsicht ausgewählt werden, was nicht nur eine fachlich-inhaltliche, sondern eben auch eine rhetorische Bewertung erfordert.[22] Ein wichtiger Aspekt dabei ist die Stellung einer Quelle im jeweils einschlägigen Fachdiskurs. Anders als naturwissenschaftliche Sachverhalte, sind juristische Inhalte nicht einfach vorgegeben und messbar, sondern das Ergebnis sozialer Aushandlungs- und Kommunikationsprozesse, mithin von Diskursen.

I. Verortung im Fachdiskurs

Soll eine fachlich fundierte Auskunft über die Rechtslage erteilt werden, reicht es nicht aus, Gesetze zu zitieren oder irgendwelche Einschätzungen zu wiederholen. Vielmehr muss die tatsächliche Diskussionslage bei den für den in Frage stehenden Diskurs relevanten Akteuren erhoben werden, wozu Gesetzgebung und Rechtsprechung ebenso gehören wie die einschlägige und auch tatsächliche rezipierte Fachliteratur.[23]

Juristische Datenbanken oder ganz allgemein „das Internet" versetzen mittlerweile auch juristische Laien in die Lage, zu Rechtsfragen in der Sache durchaus zutreffende und weiterführende Aussagen zu finden. Was diese Recherche aber von einer professionellen Recherche unterscheidet, ist ihre Zufälligkeit. Möchte man beispielsweise wissen, was ein „Werk" im Sinne des Urheberrechtsgesetzes ist, kann man diese Frage googeln und bekommt eine fachlich brauchbare Antwort – etwa in der Wikipedia, in einer online gestellten studentischen Seminararbeit oder auf einer Ratgeberwebseite. Was allen diesen Informationen aber fehlt, ist ihre Verortung innerhalb eines juristischen Fachdiskurses. Der wird geprägt durch eine Handvoll wichtiger Kommentare, einige wenige Hand- und Lehrbücher und natürlich durch die Rechtsprechung. Wenn man diese Quellen konsultiert, kann man nicht nur eine fachlich zutreffende Rechtsauskunft geben, sondern wird zugleich auch über den aktuellen Stand der juristischen Fachdiskussion informiert. Man ist in der Lage, aktuelle Schwerpunkte, aber auch Leerstellen im Diskurs benennen. Die professionelle Recherche zu

---

22 *E. Steinhauer*, Informationskompetenz und Rhetorik (Fn. 15), S. 69 f.
23 *A. Rinken*, Einführung (Fn. 11), S. 281: „... Literatur zu einem bestimmten Thema [stellt] nicht einfach eine atomisierte Liste fremder Titel [dar], sondern ... einen Forschungszusammenhang ...: In der Regel bezieht sich ein Autor auf mehrere jeweils frühere Autoren zum gleichen Thema, nennt oder zitiert sie also. Die Literatur zu einem bestimmten Thema bildet so ein Geflecht ..."

einer Rechtsfrage liefert somit nicht nur inhaltlich zutreffende Ergebnisse, sondern verortet diese auch korrekt im relevanten juristischen Diskurs.

II. Diskurswissen als Informationskompetenz

Früher wurde dieses „Diskurswissen" gewissermaßen implizit durch die Ordnung und Struktur des juristischen Seminars vermittelt. Dort waren die Informationsmittel in einer Weise zugänglich, die sicherstellte, dass die gefundenen Informationen in einem fachlich klar erkennbaren Kontext eingebettet waren, der sich durch die Auswahl und Struktur der Bestände mit dem relevanten Diskurs weitgehend deckte. In einer Datenbank und erst recht „im Internet" gibt es zwar eine gewaltige Fülle von Inhalten, die vom Umfang her jedem noch zu gut ausgestatteten Seminar überlegen ist, die Struktur des fachlich einschlägigen Diskurses jedoch können weder eine Datenbank noch eine Liste mit Suchergebnissen ausreichend abbilden.

Dieser Umstand ist eine besondere Herausforderung für die Vermittlung juristischer Informationskompetenz und wird von den in der Mehrzahl immer noch analog im Seminar sozialisierten Lehrenden als Problem in der Regel gar nicht wahrgenommen. Für sie ist das digitale juristische Informationsangebot vor allem eine Arbeitserleichterung, die sie vor dem Hintergrund ihres konventionell erworbenen Diskurswissens souverän nutzen. Auch gängige Informations- und Schulungsangebote für digitale juristische Fachinformation beschränken sich regelmäßig auf bloß technische Fertigkeiten und blenden das Problem, innerhalb der Datenbank auch den juristischen Diskurs zu erkennen, aus.[24] Leider sind diese Schulungen immer noch so ausgerichtet, als ob sie sich an ein Publikum der 1990er oder frühen 2000er Jahre wenden, das das Arbeiten im juristischen Seminar gewohnt ist und nur noch über die Funktionsweise einer Benutzeroberfläche und die wichtige Frage, wie man eine Fundstelle ausdrucken kann, informiert oder „geschult" werden muss.

Das eigentliche Informationsproblem bei der überwiegenden Nutzung datenbankgestützter juristischer Fachinformation wird hingegen nicht adressiert. Hier liegt aber nicht nur für die praktische Informationskompetenzvermittlung, sondern auch für die theoretische Reflexion rechtwissenschaftlichen Arbeitens eine wichtige und interessante intellektuelle Herausforderung.

---

24 H. Fiedler/G. Oppenhorst (Hrsg.), Computer in der Juristenausbildung – Elemente praktischer Rechtsinformatik, München 1989, S. 160 f.

III. Bibliographische Schulung als Lösung?

Man ist versucht, auf die hier beschriebene Problemlage in der Weise zu reagieren, dass man Studierenden im Stil einer traditionellen Bücherkunde wichtige Standardwerke und Quellen vorstellt. Tatsächlich enthalten manche Lehrbücher, aber auch Kommentare, einen entsprechenden Überblick im Stil einer *bibliographie raisonnée*.[25] Dieser Ansatz ist nicht ganz verkehrt, lenkt er doch die Aufmerksamkeit gerade von Anfängerinnen und Anfängern in der Rechtswissenschaft auf die offenbar wichtigen und richtigen Werke. Entsprechend informiert, kann man digitale Rechercheergebnisse etwa bei einer unspezifischen Suche mit Google besser einordnen. Man wird dann nicht mehr den originellen Gedanken aus einer studentischen Seminararbeit, die im GRIN-Verlag publiziert worden ist, zum Ausgangspunkt seiner Ausführungen über die in einer Fallbearbeitung darzustellende Rechtslage machen, sondern eher eine Entscheidung des Bundesverfassungsgerichts und deren Kommentierung in den einschlägigen Standardwerken. Hier sind wir wieder in der Situation einer Seminarbibliothek alten Stils, die diese studentische Arbeit gar nicht angeschafft oder sie unter der auch als Warnung zu verstehenden Systemstelle „Seminar- und Studienarbeiten" einsortiert hätte.

IV. Digitale Ignoranz als Tugend?

Allerdings würde dieser Ansatz den vielleicht doch sehr originellen Gedanken des studentischen Verfassers zu Unrecht ignorieren. Wenn er fachlich gut begründet ist, spricht ja nichts dagegen, sich mit diesem Gedanken in einer juristischen Arbeit auseinanderzusetzen. Doch auch dies muss mit der nötigen Sensibilität für den tatsächlichen Fachdiskurs geschehen, der diesen originellen Ansatz eben nicht kennt und auch nicht kennen muss, denn eine studentische Seminararbeit wird, auch wenn sie publiziert wird, gemeinhin nicht zum relevanten Fachdiskurs gezählt. Dieser Umstand darf aber nicht dazu führen, dass man die fragliche Arbeit nicht zitiert, wenn man einen dort gefundenen Gedankengang übernimmt. Es gehört

---

25 Etwa *Th. Dreier*, in: Th. Dreier/G. Schulze (Hrsg.), Urheberrechtsgesetz, 7. Aufl., München 2022, Einleitung, Rn. 66-71.

selbstverständlich zu den Regeln guter wissenschaftlicher Praxis, fremde Aussagen korrekt nachzuweisen.[26]

Einen „Außenseiter" im Diskurs zu zitieren, ist nicht neu. Es gab immer schon Zufallsfunde in abseitiger oder eigentlich fachfremder Literatur, man denke nur an juristische Aufsätze in Festschriften für eine geehrte Person aus einem ganz anderen Fachgebiet. Gerade diese Trouvaillen sind es, die immer auch den Reiz der Nutzung großer Bibliotheken ausgemacht haben.[27] In einer digitalen Arbeitsumgebung mit der Möglichkeit einer Suche über sehr große Textcorpora und Inhalte sind solche Zufallsfunde aber nicht mehr die Ausnahme, sondern fast schon die Regel. Sollte man sie nun als lästige und irrelevante Information einfach ignorieren und gerade diese Ignoranz als informatorische Professionalität verstehen? Oder wäre es nicht sinnvoller, diese Art von Rechercheergebnis als Bereicherung aufzufassen?

V. An den Rändern des Diskurses

Hier lohnt es sich, einmal genauer hinzusehen. Die Abseitigkeit des Suchergebnisses kann nämlich sowohl formale als auch inhaltliche Gründe haben. Ein inhaltlicher Grund ist gegeben, wenn eine Fundstelle in Publikationen aus einem anderen Fachgebiet zu finden ist oder von einem Autor oder einer Autorin stammt, der oder die fachlich (noch) nicht ausgewiesen ist.[28] Eine formale Abseitigkeit liegt vor, wenn sich eine fachlich kompetente und im Diskurs vielleicht sogar bekannte Person äußert, dies aber in einem Medium oder an einem Publikationsort tut, der üblicherweise von der einschlägigen Fachcommunity nicht beachtet wird. Das wäre etwa bei Beiträgen in sozialen Medien, ephemeren Homepages, aber auch bei Pressebeiträgen der Fall. Erkennbar ist formal abseitige Literatur daran,

---

26 *Deutsche Forschungsgemeinschaft*, Leitlinien zur Sicherung guter wissenschaftlicher Praxis – Kodex, Bonn 2019, S. 14.
27 *N. Wegmann*, Im Labyrinth – über die (Un)Möglichkeit der Bibliothek als Qualitätsmedium, Bibliothek – Forschung und Praxis 2018, 370-378.
28 Literatur zum Thema Urheberrecht, die vor einem philosophischen, literaturwissenschaftlichen oder historischen Hintergrund geschrieben worden ist, wird in der Urheber*rechts*wissenschaft wenn überhaupt, dann nur am Rande rezipiert. Beispielhaft seien hier genannt *M. Dommann*, Autoren und Apparate – die Geschichte des Copyrights im Medienwandel, Frankfurt 2014 (Geschichtswissenschaft) und *H. Bosse*, Autorschaft ist Werkherrschaft – über die Entstehung des Urheberrechts aus dem Geist der Goethezeit, Paderborn 2014.

dass sie in der Kommentarliteratur regelmäßig nicht ausgewertet wird und damit im Diskurs meist unberücksichtigt bleibt.[29]

Es darf freilich nicht übersehen werden, dass die Idee einer klassischen Bücherkunde, die einen wie auch immer definierten Bereich „kanonischer" Literatur ausweist, in Zeiten digitaler Transformationen und eines damit einher gehenden Medienwandels mehr als problematisch ist, denn sie zementiert eine bestimmte Form juristischer Wissenskommunikation und ignoriert neue Entwicklungen. Tatsächlich werden gerade Blogbeiträge, aber auch andere Online-Publikationen in der Rechtsprechung und in der Aufsatzliteratur, gerade dann, wenn es um aktuelle Fragestellungen geht, immer öfter zitiert und finden so nicht nur Eingang in den traditionellen Fachdiskurs, sondern modifizieren ihn mit der Zeit auch.[30] Gerade die Entwicklung von juristischen Blogs zu mittlerweile durchaus anerkannten Publikationsorten zeigt dies eindrucksvoll.[31]

E. Informationskompetenz in digitaler Transformation

Die vorstehend geschilderten Entwicklungen haben Auswirkungen auf die juristische Informationskompetenz. Mögliche Lösungsansätze setzen in jedem Fall voraus, dass die digitale Transformation, die den geschilderten Entwicklungen zugrunde liegt, in ihren Auswirkungen zutreffend verstanden und eingeordnet wird.

---

29 Da Kommentare den Anspruch haben, die geltende Rechtslage abzubilden, kommt der Rechtsprechung gegenüber der wissenschaftlichen Literatur eine hervorgehobene Stellung zu, so dass selbst Fachliteratur im engeren Sinn von Kommentaren oft nicht beachtet wird, vgl. *N. Jansen*, Vom Aufstieg des Kommentars und Niedergang des Lehrbuchs – fünfzehn Beobachtungen zur Entwicklung juristischer Literaturformen in Deutschland im 20. Jahrhundert, in: D. Kästle-Lamparter/N. Jansen/R. Zimmermann (Hrsg.), Juristische Kommentare – ein internationaler Vergleich, Tübingen 2020, S. 25 (40 f.).
30 S. *Martini*, Internetblogs (Fn. 5), S. 335 (345).
31 *I. Augsberg*, Blogozentrismus, in: A. Funke/K. Lachmayer (Hrsg.), Formate der Rechtswissenschaft, Weilerswist 2017, S. 101-116; *H. Birkenkötter*, Blogs in der Wissenschaft vom öffentlichen Recht – ein Beitrag zur Erschließung neuer Formate, ebendort, S. 117-139.

Eric W. Steinhauer

I. Digitalisierung und digitale Transformation

Dabei ist zunächst und ganz fundamental festzuhalten, dass digitale Transformation etwas anderes ist als eine bloße Digitalisierung, die gerade in der Frühzeit der „Rechtsautomatisierung" im Vordergrund des Interesses stand. Bei der Digitalisierung geht es um einen rein technischen Vorgang, bei dem eine analoge Vorlage, etwa ein juristischer Kommentar oder eine Zeitschrift, in eine digitale Form umgewandelt wird.[32] Liegen Inhalte in einer digitalen Form vor, so können sie weitgehend in gleicher Weise wie ihre analogen Vorlagen genutzt werden. Allerdings bietet das digitale Format auch spezifische und damit neue Anwendungsmöglichkeiten. Zuerst wurde vor allem die kompakte Speichermöglichkeit wahrgenommen, wonach mehrere Fachzeitschriften plötzlich auf wenigen CD-ROMs Platz finden konnten.[33] Viel interessanter als dieser „logistische" Effekt sind Nutzungsmöglichkeiten wie eine Volltextsuche oder die Möglichkeit, Inhalte zu kopieren und weiterzuverarbeiten.

Digitale Anwendungen sind freilich nicht statisch. Sie wandeln sich stetig mit neuen technischen Entwicklungen. Gerade die mit dem Internet gegebenen Vernetzungsmöglichkeiten, vor allem nach dem Aufkommen des Web 2.0, belegen das eindrücklich.[34] Durch Algorithmen und die so genannte künstliche Intelligenz sind hier weitere spannende Entwicklungen

---

32 *F. Stalder*, Was ist Digitalität?, in: U. Hauck-Thum/J. Noller (Hrsg.), Was ist Digitalität? – Philosophische und pädagogische Perspektiven, Berlin 2021, S. 3 (3 f.).

33 *M. Weihermüller*, Künftiges Informationsmanagement von Juristen, in: C.-E. Eberle (Hrsg.), Informationstechnik in der Juristenausbildung, München 1989, S. 192 (203): „Wir können uns z.B. vorstellen, den gesamten Datenbestand von online-Rechtsdatenbanken ... in einem Schächtelchen von der Größenordnung einer Diskettenpackung direkt an unserem Arbeitsplatz verfügbar zu haben, um in den Beständen ohne weitere Kosten zu recherchieren und die gefundenen Ergebnisse direkt in einen Bearbeitungsvorgang oder in unser individuelles Archiv übernehmen zu können."

34 *T. Hiltmann*, Vom Medienwandel zum Methodenwandel – die fortschreitende Digitalisierung und ihre Konsequenzen für die Geschichtswissenschaften in historischer Perspektive, in: K. Döring/S. Haas/M. König/J. Wettlaufer (Hrsg.), Digital History - Konzepte, Methoden und Kritiken Digitaler Geschichtswissenschaft, Berlin [u.a.] 2022, S. 13 (26-36) stellt heraus, dass digitale Inhalte zunächst einer analogen Gebrauchslogik folgen, bevor ihre spezifisch digitalen Möglichkeiten entdeckt werden. Das gilt nicht nur in der Geschichtswissenschaft, sondern auch in der Rechtswissenschaft.

zu erwarten, die natürlich auch an die juristische Informationskompetenz neue Anforderungen stellen.[35]

Durch die Digitalisierung bilden sich aber nicht nur neue Arbeitsmöglichkeiten durch digitale Formate, auch die analogen Vorlagen verändern sich, indem sie entweder verschwinden (wie derzeit gedruckte Allgemein-Enzyklopädien oder Bibliographien) oder neu gestaltet und ausgerichtet werden. Man denke hier nur an die Entwicklungen bei den juristischen Lehrbüchern, die mehr und mehr auf veränderte Lesegewohnheiten reagieren.[36] Auch das bedeutender werdende Feld der Rechtsvisualisierung wäre hier zu nennen.[37] So gesehen erzeugt Digitalisierung nicht nur neue digitale Inhalte, Arbeitspraktiken und Nutzungsmöglichkeiten, sondern verändert auch die analogen Vorlagen und die Art und Weise, wie mit ihnen gearbeitet wird. Die Summe all dieser Veränderungen, sowohl in der digitalen als auch, was oft und regelmäßig übersehen wird, in der analogen Sphäre, bezeichnet man als digitale Transformation.[38]

---

35 Beispielhaft *M.-M. Bues*, Artificial Intelligence im Recht, in: M. Hartung/M.-M. Bues/G. Halbleib (Hrsg), Legal Tech – Die Digitalisierung des Rechtsmarkts, München 2018, S. 275 (279-281); *T. Gumpp/M. P. Schneider*, Methoden der künstlichen Intelligenz in der Rechtswissenschaft, ZfDR 2021, 155 (171-173); *Th. Vesting*, Legal Knowledge – die kulturwissenschaftliche Perspektive, in: I. Augsberg/G. Folke Schuppert (Hrsg.), Wissen und Recht, Baden-Baden 2022, S. 89 (105).
36 Instruktiv zu den durch die digitale Transformation ausgelösten Veränderungen Lese- und Lektürepraktiken *G. Lauer*, Lesen digital, in: U. Hauck-Thum/J. Noller (Hrsg.), Was ist Digitalität? – Philosophische und pädagogische Perspektiven, Berlin 2021, S. 117-126; *ders.*, Lesen im digitalen Zeitalter, Darmstadt 2020.
37 *V. Boehme-Neßler*, BilderRecht – die Macht der Bilder und die Ohnmacht des Rechts, wie die Dominanz der Bilder im Alltag das Recht verändert, Berlin 2010; *C. R. Brunschwig*, Perspektiven einer digitalen Rechtswissenschaft – Visualisierung, Audiovisualisierung und Multisensorisierung, Max Planck Institute for European Legal History Research Paper Series No. 2018-03, abrufbar unter: https://doi.org/10.2139/ssrn.3126043; *Th. Dreier*, Bild und Recht, Baden-Baden 2019; *K. Lachmayer*, Zur Inszenierung rechtlichen Wissens – von der Rechtsvisualisierung zu Law & Art, in: A. Funke/K. Lachmayer (Hrsg.), Formate der Rechtswissenschaft, Weilerswist 2017, S. 141-157.
38 *S. Friesike/J. Sprondel*, Träge Transformation – Welche Denkfehler den digitalen Wandel blockieren, Ditzingen 2022, S. 10-13. *F. Stalder*, Digitalität (Fn. 32), S. 4 nennt den Zustand, in dem digitale Transformationen stattfinden „Digitalität", womit er vor allem die Breite und Dominanz des Digitalen als Wahrnehmungs- und Arbeitsraum betonen möchte.

II. Plattformisierung, oder: Lösung ist das Problem

Auf diese für die digitalen und analogen Rechtsmedien gleichermaßen relevante Entwicklung muss die juristische Informationskompetenz reagieren. Der zentrale Aspekt hierbei sind die Veränderungen im juristischen Diskurs.[39] Auch wenn dieser Punkt im Rahmen der Rechtsdidaktik theoretisch nur wenig diskutiert wird,[40] zeichnet sich gegenwärtig eine faktische Lösung ab, die freilich dem bereits konstatierten blinden Fleck eine unreflektierte Praxis an die Seite stellt: Die Rede ist von der immer stärker zu beobachtenden Konzentration der juristischen Informationsarbeit auf einige wenige kommerzielle Fachportale, vor allem auf Beck-Online. Man hat den Eindruck, dass relevante Rechtsinformationen fast nur noch in diesen Portalen zu finden sind, jedenfalls nur noch dort gesucht werden.

Damit scheint das Problem, den einschlägigen Diskurs nicht zu verfehlen, weitgehend gebannt. Überspitzt könnte man sagen, dass die juristische Plattform mit ihrer mächtigen Datenbank die Funktion des juristischen Seminars übernommen hat. Freilich muss man sehen, dass es außerhalb der im Seminar vertretenen Literatur praktisch keinen relevanten Diskurs gab. Mögen einzelne Titel vielleicht fehlen, so waren sie doch über Bibliographien, Literaturverzeichnisse und Zitate präsent. Die großen juristischen Datenbanken hingegen blenden nicht geringe Teile des gleichwohl existenten Fachdiskurses, vor allem im monographischen Bereich, aus.[41] Vorgaben von Zeitschriften, nach Möglichkeit nur innerhalb der vom eigenen Verlag genutzten Datenbank als Volltext verfügbare Werke zu zitieren, verstärken die damit einhergehende Engführung des Diskursraumes. Am Ende steht ein voll digitalisiertes Seminar mit hohem Benutzungskomfort, aber weniger vielfältigem Inhalt.

Ein weiterer Punkt verdient Beachtung. Eine Datenbank ist keine systematisch geordnete Bibliothek. Auch fehlt es ihr an der Anschaulichkeit einer räumlichen Aufstellung. Eine Datenbank liefert Suchergebnisse. Hier

---

39 *Th. Vesting*, Rechtstheorie – ein Studienbuch, 2. Aufl., München 2015, Rn. 293-297.
40 *A. Pilniok*, Strukturen juristischen Wissens, in: J. Krüper (Hrsg.), Rechtswissenschaft lehren – Handbuch der juristischen Fachdidaktik, Tübingen 2022, § 8 Rn. 35 spricht das Problem an, wenn er die Rückwirkungen des Medienwandels auf das juristische Arbeiten thematisiert. Vgl. auch *F. Knauer*, Juristische Methodenlehre 2.0? Der Wandel der juristischen Publikationsformate und sein Einfluss auf die juristische Methodenlehre, Rechtstheorie 40 (2009), S. 379-403.
41 *E. Steinhauer*, Zur Sichtbarkeit und Verbreitung rechtswissenschaftlicher Dissertationen, Rechtswissenschaft – Sonderheft 2019, 31-51.

ist nicht immer eindeutig, ob insbesondere bei fachlich breit aufgestellten Datenbanken ein einzelner Treffer nicht vielleicht nur ein für den Fachdiskurs eher unerheblicher Beifang ist. Und schließlich gibt es auch in einer digitalen Arbeitsumgebung „das Internet" sowie zu sehr inhaltsreichen Discovery-Systemen ausgebaute Bibliothekskataloge, die bei einfachen Suchanfragen eine Fülle von Treffern aus Zeitschriften und Büchern gleichermaßen liefern, die fachlich eingeordnet werden müssen.[42]

Es führt daher selbst bei einer Konzentration der Informationssuche auf juristische Fachdatenbanken kein Weg an einer neuen und anderen juristischen Informationskompetenz vorbei, die weit über die traditionelle Einführung in die Nutzung des juristischen Seminars hinausgeht und mehr ist als ein bloßes Bedienungswissen von Fachportalen.

III. Juristische Bücherkunde

Ein Ansatz für diese Art von Informationskompetenz könnte in der herkömmlichen juristischen Bücherkunde liegen. Diese Art des Wissens um juristische Information hat eine lange Tradition. Man findet entsprechende Ausführungen im Kontext der so genannten Juristischen Enzyklopädie, einer Mischung aus Propädeutik, Einführung in das juristische Studium und eher praktischer orientierter Wissenschaftstheorie des Rechts.[43] Im Rahmen entsprechender Vorlesungen und Lehrbücher wurden juristische Werke und ihre Autoren vorgestellt.[44] Vor allem mit der erheblichen Ausweitung der Buchproduktion im 18. Jahrhundert wurde eine Orientierung über relevante Literatur nötig, die verschiedene als systematische Bibliographien kommentierte „Bibliothecae" leisteten. Verfasst wurden sie von Juristen, die auch bibliothekarisch arbeiteten.[45] Die Beschäftigung mit for-

---

42 Zu den Problemen bei der Nutzung solcher Systeme *A. Christensen/M. Finck*, Geschichte und Gegenwart der Discovery-Systeme – eine Analyse mit Hilfe des Hype-Zyklus-Modells, Bibliothek – Forschung und Praxis 2021, 500-503; *B. Mattmann/N. Regenass*, Eine neue Form der Recherche in Bibliotheken - „Suchschlitz" contra Exploration – Reduktion statt Orientierung?, ebendort, 304-316.
43 Vgl. *A. Buschmann*, Rechtsenzyklopädie, in: Handwörterbuch zur deutschen Rechtsgeschichte, Band 4, Sp. 1152-1156.
44 Beispielhaft *Joh. St. Pütter*, Entwurf einer Juristischen Encyclopädie, Göttingen 1757.
45 Etwa *J. J. Moser*, Bibliotheca Juris Publici S. R. German. Imperii: Enthaltende Eine genugsame Nachricht von denen Autoribus, Jnnhalt, Einrichtung, Auflagen, Fatis, Recensionen, davon gefällten Urteilen, und anderem zu wissen nöthig- und nutzlichem, Sodann eine eigene unpartheyische und gründliche Beurtheilung der Tugen-

malem Bücherwissen und der systematischen Ordnung von Publikationen gehörte zum Interessenkreis von Professoren und Gelehrten, die fachwissenschaftlich und bibliothekarisch zugleich tätig waren. Die Orientierungsleistung der gedruckten Verzeichnisse bildete mehr oder weniger eine ideal geordnete tatsächliche Bibliothek ab. Der physische Raum der Bücher im Bibliothekssaal – das juristische Seminar als Arbeitsort existierte ja noch nicht – war so gewissermaßen die Blaupause für die Ordnung des Faches.

Die Orientierungsleistung verblieb aber nicht dauerhaft bei den Bibliotheken. Mit dem Aufkommen der juristischen Fachverlage im Laufe des 19. Jahrhunderts, verstärkt durch den enormen Informationsbedarf bei der Einführung des Bürgerlichen Gesetzbuches, waren es die Verlage, die mit ihren Katalogen und später vor allem mit den von ihnen publizierten zahlreichen Schriftenreihen wichtige und zentrale Hilfsmittel geschaffen haben, um juristischen Publikationen eine fachliche Struktur zu geben und so thematisch konzentrierte Diskurse wenn auch nicht zu ermöglichen, so doch zu erleichtern.[46]

Die juristische Bücherkunde reagierte zwar auf diese Entwicklung, wurde jedoch im Laufe der Zeit als Folge der Konzentration der juristischen Publikationen auf relativ wenige Fachverlage bald funktionslos und obsolet.[47] Informationssuche war nunmehr nur noch eine Frage der Bibliotheksbenutzung und der Kenntnis wichtiger Standardwerke, Zeitschriften und Schriftenreihen. Daneben wurden insbesondere für die unselbständige Literatur weiterhin Fachbibliographien gepflegt oder Literaturübersichten erstellt.[48] Zum wichtigsten Nachschlagewerk für relevante Rechtinformation entwickelte sich jedoch der Kommentar.[49]

---

    den und Fehler der von dem Staats-Recht des H. Röm. Reichs handlenden Alt- und Neuen Schrifften, Stuttgart 1729-1734; *B. G. Struve*, Bibliotheca iuris selecta, Jena 1703.

46 Vgl. *U. Henschel*, Vermittler des Rechts – juristische Verlage von der Spätaufklärung bis in die frühe Nachkriegszeit, Berlin [u.a.] 2015, S. 113 f.

47 *W. Fuchs*, Juristische Bücherkunde – Geschichte und System der juristischen Fachbibliographie, 5. Aufl. Göttingen 1953 konzentriert seine Darstellung weniger auf einzelne Titel als auf bibliographische Nachweismittel.

48 *A. Rinken*, Einführung (Fn. 11), S. 278-280; *R.-E. Walter/F. Heidtmann*, Wie finde ich juristische Literatur, 2. Aufl., Berlin 1984.

49 *N. Jansen*, Aufstieg (Fn. 29), S. 32 spricht von der Informationsfunktion (S. 33) und der Filterfunktion (S. 41) des Kommentars. Vgl. auch *D. Kästle-Lamparter*, Kommentarkulturen? – Einführung und historische Einordnung, in: D. Kästle-Lamparter/N. Jansen/R. Zimmermann (Hrsg.), Juristische Kommentare – ein internationaler Vergleich, S. 1 (4).

IV. Wer spricht da eigentlich?

Die traditionelle Bücherkunde darf nicht isoliert als bibliographisches Unternehmen missverstanden werden. Sie war eingebettet in eine weitere, damals ebenfalls sehr populäre Literaturgattung, nämlich die „Gelehrtengeschichte", die in großen Nachschlagewerken den akademischen Lebensweg von wissenschaftlichen Autoren nebst ihren Publikationen enthielt.[50] Auf diese Weise wurden bei der Informationssuche zwei Sachverhalte thematisiert, nämlich das Buch und sein Verfasser. Die Bücherkenntnis in einem Fach war damit zugleich auch eine Diskurskenntnis, die Autoren und ihre Position innerhalb eines bestimmten Themenfeldes gleichermaßen umfasste.[51] Spätestens mit der Formierung eines eigenen juristischen Publikationswesens als Folge der Etablierung von Fachverlagen war die Gelehrtengeschichte als biographische Seite juristischer Informationskompetenz nur noch von rechtsgeschichtlichem Interesse. Auch hier hat die Etablierung von Kommentaren zu einer Abkehr von der Person, die etwas schreibt, hin zu einem Ort, wo etwas publiziert wird, geführt.[52] Dieser Ort konnte in der Ordnung des juristischen Seminars in seiner Relevanz perfekt visualisiert und durch stetige Nutzung intuitiv verinnerlicht werden.

Mit der Digitalisierung auch der Kommentare und der Etablierung von großen Datenbankportalen sowie der Allgegenwart von Suchmaschinen sind das Seminar als Ort der Publikationen und der Kommentar als Publikationsort gleichermaßen in die Krise gekommen. Das traditionelle, im juristischen Seminar erworbene Orientierungswissen ist hier zwar immer noch hilfreich im Umgang mit digitalisierten Informationsmitteln und Publikationen, doch kommt es an seine Grenzen bei den durch die digitale Transformation eingeleiteten Veränderungen in den juristischen

---

50 *M. Gierl*, Historia literaria, in: Enzyklopädie der Neuzeit, Band 5, Stuttgart 2007, Sp. 466-469. Als Beispiel einer solchen Gelehrtengeschichte sei genannt *G- W. Götten*, Das Jetztlebende Gelehrte Europa, Oder Nachrichten Von Den Vornehmsten Lebens-Umständen Und Schriften Jetztlebender Europäischer Gelehrten, Braunschweig 1735-1740.

51 Vgl. *Joh. St. Pütter*, Entwurf (Fn. 44), S. 47: „Mit jedem besondern Theile der Rechte läßt sich aber füglich eine Anleitung zur Kenntniß deren eigner Gelehrten-Geschichte ... verknüpfen; und kann kaum ohne Schaden nicht geschehen. Noch ein anders ist die Bücher-Kenntniß, die nicht nach dem Leitfaden der Historie, d. i. nach der Chronologie, sondern nach den Materien der abgehandelten Sachen eingerichtet wird (bibliotheca iuris)."

52 *N. Jansen*, Aufstieg (Fn. 29), S. 34 weist zutreffend darauf hin, dass der Name von Kommentatoren eher belanglos ist.

Publikationsformaten: Man kann immer weniger sicher sein, die relevante Diskussion an einigen wenigen Orten zuverlässig abgebildet zu finden.[53] Jetzt kommt es wieder darauf an, wer etwas sagt.[54] Die Person des Autors oder der Autorin mit seiner oder ihrer fachlichen Kompetenz tritt aus dem Schatten der Verlagsprodukte, der Kommentare, Schriftenreihen und Zeitschriften heraus.[55] Es kommt auf den Standort des Sprechers oder der Sprecherin an. Dabei stellt das Internet für die Informationssuche nicht nur die Inhalte, sondern auch die für die diskursive Einordnung notwendigen Informationen bereit. Autorenprofile und persönliche Homepages werden so, jedenfalls als Hintergrundinformation, zu einem relevanten Teil des juristischen Diskurses.[56]

Damit ähnelt die in der vielfältigen digitalen Informationsumgebung notwendige juristische Informationskompetenz der mit der Gelehrtengeschichte verbundenen Bücherkunde des 18. Jahrhunderts. Gemeinsam ist der damaligen und der heutigen Informationslage ein enormes Wachstum publizierter Inhalte und eine damit einhergehende Unübersichtlichkeit. Unterschiedlich sind freilich die Werkzeuge, mit denen diese Unübersichtlichkeit bewältigt werden soll. Was früher das gedruckte Handbuch, das Lexikon oder die Bibliographie geleistet haben, wird heute durch Datenbanken, Portale, Plattformen oder Suchmaschinen erledigt.

---

53 *Th. Vesting*, Medienwandel (Fn. 10), S. 63 (73-76) konstatiert sehr skeptisch eine Fragmentierung des juristischen Diskurses als Folge der Digitalisierung.
54 So auch *I. Vogel*, Erfolgreich recherchieren – Jura, Berlin [u.a.] 2012, S. 99.
55 *J. Wolling/M. Emmer*, Was wir schon immer (lieber nicht) über die Informationswege und -quellen unserer Studierenden wissen wollten, in: J. Raabe/R. Stöber /A. M. Theis-Berglmair/K. Wied (Hrsg.), Medien und Kommunikation in der Wissensgesellschaft, Konstanz 2008, S. 340 (350): „Vor allem die Empfehlung des Dozenten und die Bekanntheit des wissenschaftlichen Autors sind für die Studierenden von Anfang an Gewähr für Qualität sowohl bei Online- als auch bei Offlinemedien."
56 In der Rechtswissenschaft unbedeutend sind Impact-Faktoren, die ebenfalls der wissenschaftlichen Bewertung und Positionierung von Autorinnen und Autoren dienen sollen. Abgesehen von methodischen Problemen sieht sich ihre Aussagekraft ebenfalls mit der Tatsache konfrontiert, dass der Raum, in dem wissenschaftliche Diskurse zu finden ist, sich durch das Internet entgrenzt hat. Zu den Perspektiven von Zitationsanalysen in der Rechtswissenschaft *H. Hamann*, Die Fußnote, das unbekannte Wesen – Potential und Grenzen juristischer Zitationsanalyse, Rechtswissenschaft 2014, 501-534.

F. Ausblicke

Das juristische Seminar als Ort zur Einübung juristischer Informationskompetenz und als Ordnungsraum des Rechtswissens hat als Folge der digitalen Transformation juristischer Fachinformation seine Funktion weitgehend verloren. Zwar ist die dort erworbene Informationskompetenz immer noch hilfreich, um die relevanten digitalen Informationsmittel kompetent nutzen zu können. Allerdings werden neue, rein digitale Veröffentlichungsformen so leicht übersehen. Zudem kann in einer rein digitalen Umgebung die fachlich notwendige Informationskompetenz nicht mehr in gleicher Weise sicher erworben werden, wie dies bei den Arbeitsbedingungen im juristischen Seminar noch möglich war. Der neue Raum der Diskurse hat keine Regale und ist virtuell. Hier muss ein anderes Orientierungswissen vermittelt werden.

Trotz des Medienwandels unverändert geblieben ist das Ziel juristischer Fachinformation, nämlich den für eine bestimmtes Rechtsproblem oder eine bestimmte Fragestellung relevanten Diskurs zu finden und in seinen wesentlichen Inhalten zu erfassen. Um dieses Ziel in einer überwiegend digital geprägten Umgebung sicher erreichen zu können, muss neben die sichere Beherrschung formaler Suchtechniken auch eine gewisse Diskurskompetenz treten, die immer danach fragt, wer mit wem an welchem Ort zu welchem Publikum spricht.[57] Dies ist die Leitfrage, die sowohl bei der praktischen Informationskompetenz als auch bei einer Theorie der juristischen Publikationen und der Rechtsmedien stets präsent sein muss. Gerade der aktuelle Medienwandel bietet nicht nur für die alltägliche Recherchepraxis, sondern auch für die theoretische Reflexion eine Fülle von Herausforderungen und Anregungen. Juristische Diskurse verlaufen nicht mehr relativ vorhersehbar entlang eingeübter Publikationspraxen, sondern müssen aufmerksamer und aufwändiger ermittelt werden. Fragen juristischer Fachinformation in digitalen Informationsumgebungen sind keine bloß bibliographischen Probleme mehr, sondern sollten in einer umfassenden

---

57 Unabhängig von Fragen der Digitalisierung klingt dieser Gedanke auch an in dem Kompetenzmodell von M. Schmidt/L. Musumeci, Die Kompetenz, ein rechtswissenschaftliches Gutachten zu verfassen: Herausforderung und Potential für die Lehre, ZDRW 2015, 183-204. E. Janoski-Haehlen, Library Instruction in the Information Age, in: Ellyssa Kroski (Hrsg.), Law Librarianship in the Digital Age, Lanham [u.a.] 2014, S. 315-326, konzentriert sich dagegen allein auf technische Aspekte neuer Lehrformen für die Vermittlung von Informationskompetenz.

Perspektive als Teil juristischer Wissenschafts- und Fachkommunikation verstanden, diskutiert und reflektiert werden.

Kritisches Denken als Kompetenz im digitalen Zeitalter

Nora Rzadkowski

Seit *Humboldt* gilt die Universität als Ort des kritischen Denkens. Im Gegensatz zur Schule soll in der Universität nicht fertiges Wissen vermittelt werden. Vielmehr sollen Lehrende und Lernende sich im lebendigen Prozess der Wissenschaft vertieft mit Fragen befassen, deren Ausgang ungewiss ist.[1]

Ob die Universitäten diese Aufgabe erfüllen, steht auf einem anderen Blatt. Es sei nur an zwei Protestbewegungen erinnert, die eine Besinnung auf das *Humboldt'sche* Ideal lautstark einforderten: Die Proteste von 1968, in deren Folge die viel zitierte Schrift der Bundesassistentenkonferenz „Forschendes Lernen – Wissenschaftliches Prüfen" entstand.[2] Und die Proteste gegen die Bologna-Reform, die sich gegen eine Verschulung des Studiums in den neu eingeführten Bachelorstudiengängen wandten.[3]

Anlass, erneut darüber nachzudenken, was kritisches Denken bedeutet und wie kritisches Denken im Studium gefördert werden kann, ist die Digitalisierung. Die Kultusministerkonferenz sieht die Aufgabe der Hochschulen in ihrem Strategiepapier „Bildung in der digitalen Welt" darin, „Studierende auf Anforderungen vorzubereiten, die durch neue Kommunikations- und Arbeitsformen sowie durch den ständigen Zugriff auf Informationen und Wissen geprägt sind."[4] Dabei sollen „[d]ie Lernenden (…) in die Lage versetzt werden, selbstständig mit neuen Techniken umzugehen, diese sinnvoll einzusetzen und kritisch zu reflektieren."[5] Zur diszi-

---

1 W. v. *Humboldt*, Über die innere und äussere Organisation der höheren wissenschaftlichen Anstalten in Berlin (1809/1810), in: *Der Präsident der Humboldt-Universität zu Berlin* (Hrsg.), Gründungstexte, Berlin 2010, S. 229, 230: „Es ist ferner eine Eigenthümlichkeit der höheren wissenschaftlichen Anstalten, dass sie die Wissenschaft immer als ein noch nicht ganz aufgelöstes Problem behandeln und daher immer im Forschen bleiben, da die Schule es nur mit fertigen und abgemachten Kenntnissen zu thun hat und lernt."
2 *Bundesassistentenkonferenz*, (Hrsg.), Forschendes Lernen - wissenschaftliches Prüfen, Bonn 1970.
3 Vgl. dazu O. *Kruse*, Kritisches Denken als Leitziel der Lehre, die hochschule 2010, 77 ff.
4 *Kultusministerkonferenz*, Bildung in der digitalen Welt, 2017, S. 49.
5 *Kultusministerkonferenz*, Bildung (Fn. 4), S. 49.

plinspezifischen Umsetzung bemerkt die KMK schlicht: „Die curricularen Anforderungen der Digitalisierung ergeben sich dabei inhärent aus den Kompetenzanforderungen des jeweiligen Fachs."[6]

Im Folgenden soll das Feld kritischen Denkens im Kontext der Digitalisierung fachdidaktisch abgesteckt werden. Dazu wird zunächst kurz auf das Verhältnis von kritischem Denken, Recht und Digitalisierung eingegangen (A.). Anschließend wird erarbeitet, was unter kritischem Denken verstanden werden kann (B.). Dies wird zunächst allgemein, dann fachspezifisch für die Rechtswissenschaft erörtert. Im zweiten Teil des Beitrags wird auf die besonderen Anforderungen eingegangen, die die Digitalisierung an die Vermittlung kritischen Denkens stellt (C.). Dabei werden mediendidaktische Ideen und Modelle aufgegriffen und fachspezifisch weiterentwickelt. Ziel des Beitrags ist es, Diskussionsstränge aus der allgemeinen Hochschuldidaktik, Medien- und Informatikdidaktik aufzunehmen und die Themen herauszuarbeiten, die fachdidaktisch weiter bearbeitet werden müssten, um das kritische Denken angehender Jurist:innen in einer zunehmend digitalisierten Rechtswelt zu fördern. Diese Aufgaben werden abschließend zusammengefasst (D.).

A. Zum Verhältnis von kritischem Denken, Recht und Digitalisierung

Die Diskussionsrunde, auf die der vorliegende Beitrag zurückgeht, stand unter dem Titel „Kritisches Denken als Kompetenz im digitalen Zeitalter". Die fachdidaktische Perspektive wird im Titel ausgeblendet, ist jedoch aufgrund des Settings mitzudenken. Es fragt sich, wo das Rechtliche oder Rechtswissenschaftliche in den Titel hineinzulesen ist. Ist es das Denken, das juristisch ist? Oder die Digitalisierung, die das Recht erfasst? Digitalisierung, so mein Vorschlag, kann auf drei Ebenen fachdidaktisch eine Rolle spielen: Es kann um die Digitalisierung des juristischen Lernens gehen (E-Learning, Blended Learning, etc.), die kritisches Denken fördern kann (**juristische Mediendidaktik**). Weiter kann es um die Digitalisierung des Sachbereichs des Rechts gehen und die Frage, welche Kompetenzen Studierende benötigen, um diese kritisch einordnen und bewerten zu können (Haftung beim automatisierten Fahren etc.). Erforderlich ist dabei vor allem eine dogmatische Verarbeitung neuer Phänomene, die durch die Digitalisierung entstehen und die ggf. besonderes Wissen für die rechtliche

---

6 *Kultusministerkonferenz*, Bildung (Fn. 4), S. 50.

Einordnung und die Reflexion der möglichen Konsequenzen der Einordnung voraussetzen (**Dogmatik der Digitalisierung**). Und schließlich kann es um die Digitalisierung der juristischen Praxis gehen, beispielsweise um automatisierte Verwaltungsentscheidungen, die Nutzung juristischer Datenbanken, das Angebot digitaler Rechtsdienstleistungen (**Digitalisierung der Rechtspraxis**). Ich beziehe mich im Folgenden in erster Linie auf die letzte Dimension. Fachdidaktisch diskutiert werden soll, wie Studierende darin bestärkt und gefördert werden können, in einer digitalisierten Rechtspraxis kritisch zu denken.

B. Kritisches Denken

Im folgenden Abschnitt sollen zunächst Charakteristika kritischen Denkens herausgearbeitet und hochschuldidaktische Einordnungen skizziert werden (I.), bevor dann das kritische Denken fachspezifisch konturiert wird (II.).

I. Erste Annäherung

Mit der Zunahme von „Data Smog"[7] und Fake News hat der Ruf nach kritischem Denken als Gegenkompetenz zugenommen.[8] Was genau kritisches Denken heißt und ausrichten kann, bleibt dabei oft unklar. Zwei Funktionen kritischen Denkens lassen sich zunächst unterscheiden[9]: Kritisches Denken ist das Bildungsideal der Aufklärung. Es befähigt zur Mündigkeit, die mit *Kant* zum Ziel der Bildung wird. Mündig ist, wer den Mut hat, sich seines eigenen Verstandes zu bedienen, statt sich von Autoritäten abhängig zu machen.[10] Der kategorische Imperativ macht es zur Aufgabe des Menschen, sich selbst zu regieren, selbst zu denken. Die Mündigkeit der Lernenden zu fördern, ist Grundlage fast aller didaktischen Modelle und Lehrbücher.[11] Darüber hinaus wird die Funktion des kritischen Denkens

---

7 *D. Shenk*, Data Smog, London 1997.
8 *D. Jahn/M. Cursio*, Kritisches Denken, Wiesbaden 2021, S. 99 f.
9 *J. Pfister*, Kritisches Denken, Ditzingen 2020, S. 7.
10 *I. Kant*, Beantwortung der Frage: Was ist Aufklärung?, Berlinische Monatsschrift 1784, 481 (481 f.).
11 *F. Deitering*, Selbstgesteuertes Lernen, Göttingen, Seattle 1995, S. 19: „Über die Zielvorstellung des sich selbststeuernden Individuums oder mündigen Menschen besteht

demokratietheoretisch begründet. Gerade Modelle deliberativer Demokratie setzen einen rationalen Austausch voraus. Erscheinungsformen „postfaktischer" Demokratie, in der Fake News und „Bullshit" den rationalen Diskurs untergraben, führen zu Forderungen kritischer Denk- und Beurteilungskompetenz oder – wie *Hübl* es nennt – einer „Bullshit-Resistenz".[12]

Was bedeutet aber nun kritisches Denken? *Kruse* beschreibt das kritische Denken als selbstgesteuertes, rationales und skeptisches Denken.[13] Dabei knüpft das selbstgesteuerte Denken an den Begriff der Mündigkeit im Sinne *Kants* an. Rationalität zeigt sich gerade auch im Umgang mit Unwissen. Skepsis ist als „vernünftiges Gemisch" von Offenheit und gedanklicher Vorsicht zu verstehen.[14] *Jahn/Cursio* verstehen kritisches Denken „als Grundhaltung für eine ruhige und prüfende Haltung. Ruhig, sofern sie vorschnelle Impulse suspendiert und die Sammlung verlässlicher Informationen vor die Urteilsbildung setzt. Prüfend, sofern sie Geltungsansprüche nach sprachkritischen, empirischen, ethischen und erkenntnistheoretischen Kriterien beurteilt und Urteile abwägend und begründend statt reflexhaft fällt."[15] Ihnen zufolge müssen dabei zwei Arten des Denkens zusammenkommen: das analytisch-epistemische Denken (Bedeutungen klären, Belege prüfen, Urteilen) und das ethische Denken.[16] Ethisches Denken wird insbesondere dann zum wichtigen Element kritischen Denkens, wenn kritisches Denken handlungsbezogen verstanden wird.[17]

---

in der Pädagogik kein Streit mehr." Ein Beispiel für ein didaktisches Modell im Bereich der Hochschule, das die Autonomie und Identität der Lernenden betont, ist *Baxter Magoldas* Konzept des „Self-Authorship" (vgl. M. *Baxter Magolda*, The Evolution of Self-Authorship, in: Khine (Hrsg.), Knowing, knowledge and beliefs, Dordrecht 2008, S. 45).

12 P. *Hübl*, Bullshit-Resistenz, Berlin 2018, S. 9: „Um die Demokratie und uns selbst vor Bullshit zu schützen, müssen wir selbst resistenter, also widerstandsfähiger werden. Die dafür benötigte Bullshit-Resistenz bedeutet nicht nur, dass wir uns vor Fake News und anderem Unfug schützen, sondern auch, dass wir uns selbst davor bewahren, zum Lügner, Bullshitter oder Trottel zu werden." Nach *Hübls* Verständnis sagen Lügner bewusst die Unwahrheit, Bullshittern ist (anknüpfend an den Philosophen Harry Frankfurt) die Wahrheit egal und Trottel machen „sich nicht die Mühe, eine Information auf ihre Plausibilität oder ihre Quelle hin zu überprüfen, sondern denk[en]: ‚Wird schon stimmen.'" (ebd., S. 8).

13 O. *Kruse*, Kritisches Denken und Argumentieren, Konstanz 2017, S. 48-51.

14 O. *Kruse*, Kritisches Denken und Argumentieren (Fn. 13), S. 51.

15 D. *Jahn/M. Cursio*, Kritisches Denken (Fn. 8), S. 4.

16 D. *Jahn/M. Cursio*, Kritisches Denken (Fn. 8).

17 So steht kritisches Denken für S. *Brookfield*, Teaching for Critical Thinking, San Francisco 2012 für das Prüfen der eigenen Vorannahmen und das informierte Handeln.

Modelle kritischen Denkens greifen meist kognitionspsychologische Erkenntnisse auf. Diese zeigen, dass Menschen nicht immer rational handeln, sondern Heuristiken („Denkabkürzungen") nutzen, die zu falschen Überzeugungen führen können. *Tversky* und *Kahnemann* erklären dies, indem sie zwei Arten des Denkens unterscheiden: Schnelles und langsames Denken.[18] Denken im System 1 erfolgt automatisch und wird durch gewisse Eindrücke ausgelöst, zum Beispiel, wenn man ein Gesicht wiedererkennt oder im Verkehr schnell reagieren muss.[19] Denken im System 2 ist langsamer, erfolgt überlegter, beispielsweise, wenn eine komplexe Rechenaufgabe bewältigt werden muss. Denkprozesse des Systems 2 können solche des Systems 1 verdrängen. Dadurch können Fehler vermieden werden, die durch den Rückgriff auf Heuristiken im System 1 entstehen. Menschen tendieren dazu, den erhöhten Aufwand zu vermeiden, der für Denkprozesse des Systems 2 notwendig ist. Anleitungen zum kritischen Denken sensibilisieren für Fehler, die durch den Rückgriff auf Heuristiken entstehen können und zeigen Wege auf, wie das System 2 zur Kontrolle des Systems 1 genutzt werden kann. Anknüpfend an die Erkenntnis, dass auch der Wille da sein muss, das anstrengendere Denken des Systems 2 auf sich zu nehmen, hebt *Pfister* hervor, dass kritisches Denken nicht nur das Denken im Allgemeinen betreffe sowie bereichs- und situationsspezifische Kenntnisse und Fähigkeiten voraussetze, sondern auch Dispositionen wie Aufmerksamkeit, Bereitschaft zum Nachdenken und geistige Offenheit erfordere.[20]

Das kritische Denken ist jedenfalls eine anspruchsvolle Form des Denkens. Dies wird deutlich, wenn man versucht, es in Taxonomien zu verorten, die Stufen des Lernens anhand der Komplexität der jeweils benötigten kognitiven Fähigkeiten unterscheiden und modellieren, wie Lernende komplexere Formen des Lernens erreichen können. In der *Bloom'schen* Taxonomie, deren Stufen sich über Wissen, Verstehen, Anwendung, Analyse, Synthese bis zur Evaluation erstrecken, ist das kritische Denken wohl erst der Stufe der Evaluation zuzuordnen.[21] Auch in der Taxonomie von *Anderson* und *Krathwohl*, die als Stufen das Erinnern, Verstehen, Anwen-

---

18 D. *Kahneman*, Schnelles Denken, langsames Denken, München 2012.
19 Beispiele stammen von J. *Pfister*, Kritisches Denken (Fn. 9), S. 215.
20 J. *Pfister*, Kritisches Denken (Fn. 9), S. 14-17.
21 B. S. *Bloom*/M. D. *Engelhart*/E. J. *Furst*/W. H. *Hill*/D. R. *Krathwohl* (Hrsg.), Taxonomy of Educational Objectives, New York 1956.

den, Analysieren, Bewerten und Schaffen unterscheiden, ist das kritische Denken erst auf der Stufe des Bewertens zu verorten.[22]

Ivory hebt für den Hochschulkontext hervor, dass das kritische Denken als Brückenbegriff und -kompetenz zwischen Theorie und Praxis vermitteln kann.[23] Dagegen ist das wissenschaftliche Denken weniger selbstreflexiv ausgerichtet und enger an die Erkenntnisse und Standards der Forschung und der jeweiligen Disziplin gebunden.[24] Inzwischen hat sich ein ganzer Forschungszweig entwickelt, der sich – meist losgelöst von fachdisziplinären Bezügen – mit der Vermittlung kritischen Denkens an Hochschulen befasst. Unterschieden werden dabei akademische Tätigkeiten, die kritisches Denken erfordern, wie das Schreiben, Lesen, Zuhören, Sprechen und Denken.[25] Ob es sich beim kritischen Denken um eine generische oder fachspezifische Kompetenz handelt, wird allerdings kontrovers diskutiert.[26] Dass die Vermittlung kritischen Denkens ohne Bezug zum jeweiligen Fach keine nachhaltige Wirkung haben dürfte, liegt jedoch auf der Hand.[27] Jedenfalls würden hohe Erwartungen an die Studierenden gestellt, ginge man davon aus, dass sie die generischen Kompetenzen problemlos auf die fachspezifischen Handlungskontexte übertragen und in diese integrieren könnten.

II. Kritisches Denken im Recht

Rezipiert man die im angloamerikanischen Raum erschienenen Veröffentlichungen und Anleitungen zum „Critical Legal Thinking", so kann zunächst festgestellt werden, dass die Rechtsanwendungskompetenz, also die Fähigkeit, Recht auf einen unbekannten Fall anzuwenden, als Form des kritischen Denkens in der Rechtswissenschaft aufgefasst wird. So entwickeln *Brosseit/Mortenson/Murphy* für den angloamerikanischen Kontext eine Lernpyramide, die den Weg zum kritischen Denken über die Stufen des

---

22 *L. W. Anderson/D. R. Krathwohl* (Hrsg.), A Taxonomy for Learning, Teaching, and Assessing, New York 2001.
23 *S. B. Ivory*, Becoming a Critical Thinker, Oxford/New York 2021, S. 4-5.
24 *O. Kruse*, Kritisches Denken (Fn. 3), 77 (79).
25 *S. B. Ivory*, Critical Thinker (Fn. 23), S. 165 ff.
26 Überblick über die vertretenen Ansätze bei *D. Jahn/M. Cursio*, Kritisches Denken (Fn. 8), S. 101-105.
27 So auch *D. T. Willingham*, Critical Thinking: Why Is It So Hard to Teach?, Arts Education Policy Review 109 (2008), 21 ff.

Verständnisses juristischer Texte, die Vernetzung der Detailkenntnisse bis hin zur Anwendung des juristischen Wissens auf neue Fallkonstellationen modellieren.[28] Auch *Fruehwald*, der sich auf das Entwicklungsmodell von *Kegan* sowie die *Bloom'sche* Taxonomie bezieht, setzt bei dem Befund an, dass Jura-Studierenden oft auf der dritten Entwicklungsstufe, der Anwendung von Wissen, stehenblieben, ihr Denken also stark an Konventionen ausgerichtet sei und sie die höheren, selbständigeren Formen des Denkens nicht erreichten.[29] Sein Fokus liegt darauf, Lehrenden Hilfestellungen dafür zu geben, kritisches Denken im Rahmen der sokratischen Methode zu fördern.

Auch wenn sich die Ansätze nicht ohne Weiteres vom angloamerikanischen auf den deutschen Raum übertragen lassen, so wird doch deutlich, dass das kritische Denken als Mittel zur Erhöhung der Rationalität der Rechtsanwendung verstanden wird. Die Methodenlehre wäre damit ein prädestinierter Ort der Vermittlung von kritischem juristischem Denken im Jurastudium. Hier stellen sich allerdings eine Reihe von Herausforderungen: Wie andere Grundlagenfächer fristet die Methodenlehre im Curriculum eher ein Schattendasein und steht zudem im Konflikt mit der Prüfungspraxis, die durch Klausuren dominiert wird, in denen das kritische Denken nur eine untergeordnete Rolle spielt. Oft steht die Wiedergabe von standardisierten Lösungsschemata und Argumentationsmustern im Vordergrund.[30] Weiter suggeriert die Methodenlehre, das juristische Arbeiten sowohl in der Wissenschaft wie in der Praxis abzubilden. Dies entspricht jedoch nicht dem von *Ivory* aufgezeigten Ideal der Brückenfunktion des kritischen Denkens zwischen Theorie und Praxis. Denn es werden weder die Bedingungen der Praxis mitreflektiert noch die Potentiale wissenschaftlichen Denkens beleuchtet.[31] Die unterschiedlichen Maßstäbe kritischen Denkens in Wissenschaft und Praxis werden nicht thematisiert. Vorgegeben wird vielmehr, dass es keiner Brücke zwischen Wissenschaft und Praxis bedürfe. Wichtige Themen, wie der unterschiedliche Umgang mit autoritativen, „herrschenden" Meinungen in Wissenschaft und Praxis

---

28 B. Brosseit/E. Mortenson/S. Murphy, Applied Critical Thinking & Legal Analysis, Durham 2017, S. 79 ff.
29 E. S. Fruehwald, How to Teach Lawyers, Judges, and Law Students Critical Thinking, Middletown 2020, S. 3-5.
30 Zur prekären Situation der Methodenlehre vgl. V. Steffahn, § 32 Juristische Methoden lehren, in: J. Krüper (Hrsg.), Rechtswissenschaft lehren, 2022, S. 788 (793-795).
31 So auch die Beobachtung von Steffahn, Juristische Methoden (Fn. 30), S. 791 f.

bleiben so ein blinder Fleck der Methodenlehre, obwohl sie gerade hier ihren Beitrag zum fachspezifischen kritischen Denken leisten könnte.

Über das Verständnis kritischen Denkens im Sinne einer fortgeschrittenen Rechtsanwendungskompetenz geht etwa *Bleckmann* hinaus, wenn er fordert, dass die soziale Dimension von Konflikten stärker berücksichtigt werden müsse.[32] Noch weiter gehen Vorschläge, die das kritische Denken erst dort verorten, wo eine Distanzierung und Reflexion von Rechtsanwendungskonventionen und -routinen gefordert werden.[33] Diese Kompetenzen werden in der Rechtswissenschaft bisher typischerweise erst in der Promotionsphase erreicht. Hier wird die Distanzierung von den bisher eingeübten Denkmustern als so eindrücklich erlebt, dass sich die neue Sicht auf das eigene Fach oder auch die eigene Rechtskultur als transformatorischer Bildungsprozess interpretieren lässt.[34] Reflexionspotentiale könnten im Studium durch eine stärkere Einbeziehung der Grundlagenfächer entstehen. So können beispielsweise rechtshistorische und rechtsvergleichende Perspektiven zur Relativierung der eigenen Position führen und alternative Rechtsverständnisse vor Augen führen. Kritisch werden diese Reflexionen insbesondere, wenn grundlegende Annahmen der dogmatischen Rechtswissenschaft in Frage gestellt werden, insbesondere der Glauben an die Objektivität und Rationalität des Rechts. Dies wird zumeist mit der rechtssoziologischen Forschung in Verbindung gebracht, die dem „law in the books" das „law in action" gegenüberstellt. Auch die feministische und die postkoloniale Rechtwissenschaft bilden in diesem Sinne kritische Strömungen in der Rechtswissenschaft.[35]

Zum Teil wird in der Rechtswissenschaft zwischen interner und externer Kritik unterschieden, wobei die interne Kritik eine Kritik innerhalb des Rechtssystems sein soll, die aus Teilnehmendenperspektive formuliert wird und für sich in Anspruch nimmt, Einfluss auf die Anwendung des

---

32 F. *Bleckmann*, Grundlagen und Themen einer kritischen Rechtsdidaktik, KJ 49 (2016), 305 ff.
33 Vgl. bspw. zur Konzeption eines Lektüreseminars: *C. Krönke/D. Wolff*, Jurastudierende zum Lesen, Nachdenken und Sprechen bringen – das Tutorial „Wissenschaftlich reflektiertes Diskutieren", in: D. Frey/M. Uemminghaus (Hrsg.), Innovative Lehre an der Hochschule, Berlin/Heidelberg 2021, S. 141 f. Eine ausführlichere Darstellung des Seminars findet sich unter: https://lehrbuch-psychologie.springer.com/sites/default/files/atoms/files/frey_al_978-3-662-62912-3_13.pdf.
34 *N. Rzadkowski*, Recht wissenschaftlich, Baden-Baden 2018, S. 313 ff.
35 Das angloamerikanische Pendant bilden die Critical Legal Studies, die Feminist Legal Studies und die Critical Race Theory.

geltenden Rechts nehmen zu können. Dagegen wird mit der externen Kritik die Kritik aus der beobachtenden Perspektive verbunden, die – als Beobachtung zweiter Ordnung – eine kritische Reflexion des Geschehens im Rechtssystem ermöglicht. So unterscheiden auch *Appleby et al.* in ihrer Analyse, wie kritisches Denken im Jurastudium gefördert werden kann, zwischen internem und externem kritischen Denken.[36] Allerdings sind die Übergänge fließend und die kritischen Zweige der Rechtswissenschaft, die einem externen Standpunkt zugeordnet werden, nehmen für sich durchaus in Anspruch, innerhalb des Rechtssystems praktisch relevant zu werden.[37] Dies zeigen zum Beispiele dogmatische Arbeiten im Bereich der feministischen Rechtswissenschaft oder Projekte wie das Feminist Judgment Project.[38]

III. Zwischenergebnis

Es lässt sich somit festhalten, dass das kritische Denken ein selbstgesteuertes, rationales und skeptisches Denken ist. Es erfordert eine Verlangsamung des Denkprozesses, eine kritische Sicht auf vorschnelle Annahmen, intuitive Reaktionen, die eigene Anfälligkeit für Täuschungen, mithin eine zweite Schleife des Denkens. Die Herausforderung in der juristischen Ausbildung liegt darin, dass juristisches Denken eingeübt und trainiert wird, aber nicht als kritische Denkkompetenz vermittelt wird. Zudem führen die Grundlagenfächer, die Reflexionskompetenz vermitteln könnten, ein Schattendasein und stehen meist unverknüpft neben den dogmatischen Fächern. Weder kritisches Denken im Sinne einer fortgeschrittenen, methodenbewussten Rechtsanwendungskompetenz noch kritisches Denken als Fähigkeit zur Distanzierung zum Rechtssystem sind fester Bestandteil der juristischen Ausbildung. Insoweit kann die Förderung kritischen Denkens im Kontext der Digitalisierung auf keinem bereits bestehenden Fundament aufbauen.

---

36 *G. Appleby/P. Burdon/A. Reilly*, Critical Thinking in Legal Education: Our Journey, Legal Education Review 23 (2013), 345 (348).
37 Vgl. *E. Greif/E. Schobesberger*, Einführung in die Feministische Rechtswissenschaft, 2. Aufl., Linz 2007, S. 124: „Feministische Analyse des Rechts bedeutet Kritik am Inhalt des geltenden Rechts und an seiner herrschenden Auslegung."
38 *R. C. Hunter/C. McGlynn/E. Rackley* (Hrsg.), Feminist Judgments, Oxford 2010.

C. Kritisches Denken im Kontext der Digitalisierung

Im Folgenden soll nun in den Blick genommen werden, welche besonderen Anforderungen die Digitalisierung an die Vermittlung kritischen Denkens stellt. Dazu wird zunächst auf die Mediendidaktik und die Didaktik der Digitalisierung zurückgegriffen (I.). Anschließend werden die dort entwickelten Ansätze und Ideen fachspezifisch weiterentwickelt (II.).

I. Kritisches Denken in der Mediendidaktik und der Didaktik der digitalen Bildung

Zunächst wird dargestellt, inwieweit kritisches Denken in mediendidaktischen Ansätzen und Modellen eine Rolle spielt (1.). Daran anknüpfend wird gezeigt, dass kritisches Denken in Konzepten digitaler Bildung neue Akzentuierungen erfährt (2.).

1. Kritisches Denken in der Mediendidaktik

Um kritische Ansätze in der Mediendidaktik historisch und konzeptuell verorten zu können, bietet es sich zunächst an, einen Blick auf die unterschiedlichen Sichtweisen auf medienbezogene Erziehungs- und Bildungsaufgaben zu werfen, die sich historisch rekonstruieren lassen. *Tulodeziecki et al.* zufolge waren dies die Folgenden:[39]

- Die *behütend-pflegende* Sichtweise, die Kinder und Jugendliche vor Gefährdungen durch die Medien („Schmutz und Schund", „Groschenromane") behüten und sie mit wertvollen medialen Produkten vertraut machen will (bspw. durch Filmgespräche),
- die *ästhetisch-kulturorientierte* Sichtweise, die die Wertschätzung von Filmen bzw. Medien als kulturell bedeutsame und künstlerische Ausdrucksformen fördern und zur Entwicklung eines kritischen Urteilsvermögens beitragen will, mit dessen Hilfe sich gute und schlechte Filme bzw. Medienerzeugnisse unterscheiden lassen,
- die *funktional-systemorientierte* Sichtweise, die sich vom Verhältnis „Medium – Rezipient" löst und sich stärker an Kommunikationsmodellen

---

39 G. Tulodziecki/B. Herzig/S. Grafe, Medienbildung in Schule und Unterricht, 2. Aufl., Bad Heilbrunn 2019, S. 162-180.

orientiert, die reflektierte Nutzung von Medien als Teil einer Erziehung zum mündigen Rezipienten betrachtet und die verantwortungsbewusste Mediennutzung im Kontext der Förderung von Wirtschaft, Kultur und Demokratie verortet,
- die *kritisch-materialistische* Sichtweise, die an die Frankfurter Schule anknüpfend zur ideologiekritischen Analyse von Medien als Gesellschaftskritik befähigen und einen emanzipatorischen Mediengebrauch (Enzensberger) anregen will, bei dem eigene Medienprodukte hergestellt werden, um eine Gegenöffentlichkeit zu schaffen sowie
- die *handlungs- und kompetenzorientierte* Sichtweise, bei der die selbstbestimmte Rezeption und Produktion von Medien im Sinne eines sozialen Handelns verstanden wird und Medienkompetenzen als Formen kommunikativer Kompetenz begriffen werden, die es in einer durch Medien mitbestimmten Gesellschaft zu entwickeln gilt.

Die handlungs- und kompetenzorientierte Sichtweise bestimmt seit den 1990er Jahren den mediendidaktischen Diskurs, der im angloamerikanischen Raum unter dem Begriff der „Media Literacy" geführt wird. In Kompetenzstrukturmodellen wird erarbeitet, welche Kompetenzbereiche im Einzelnen zu vermitteln sind, um Medienkompetenz zu entwickeln. Das Erbe der kritisch-materialistischen Sichtweise zeigt sich dabei in Kompetenzbereichen, die die kritische Bewertung von Medieninhalten, aber auch -produktionsbedingungen zum Gegenstand haben. So gehört nach dem einflussreichen Kompetenzmodell von *Baacke* die Medien-Kritik, die analytisch, reflexiv und ethisch orientiert sein soll, zu einem der vier Bereiche von Medienkompetenz neben der Medien-Kunde, der Medien-Nutzung und der Medien-Gestaltung.[40]

Eine dezidiert kritische Mediendidaktik verfolgen *Niesyto* in Deutschland und *Kellner/Share* im angloamerikanischen Raum. Für *Niesyto* bezieht sich Medienkritik „vom Gegenstand her vor allem auf die Auseinandersetzung mit produkt- bzw. werkbezogenen Medienangeboten (z. B. Literaturkritiken, Fernsehkritiken, Filmkritiken, Netzkritiken), auf professionelle Qualitäts- und Medienstrukturfragen (z. B. Unterscheidung zwischen Information und Meinung, Pluralismusgebot, medienethische Grundsätze), auf gesellschafts- und systemkritische Dimensionen (z. B. ökonomische Abhängigkeiten und Konzentrationsprozesse, digitaler Kapitalismus, Technologiekritik, Datenkontrolle und politische Machtstrukturen) sowie auf

---

40 D. *Baacke,* Medienkompetenz als Netzwerk, Medien praktisch 20 (1996), 4 (8).

die (Selbst-)Reflexion der Mediennutzung in unterschiedlichen lebensweltlichen und soziokulturellen Kontexten."[41] *Niesyto* hebt hervor, dass die Medienkritik die Fähigkeit zur Reflexion voraussetze und es erfordere, Fragen der Wertorientierung und Medienethik stärker zu diskutieren. Dies rücke emotional-affektive, motivationale und soziale Aspekte in den Vordergrund.[42]

Kellner/Share beziehen sich auf die transformative und radikaldemokratische Didaktik in der Tradition von *Freire* und *Dewey*, den Feminismus (insb. Standpunkttheorien) sowie die Kulturwissenschaften in der Tradition der Frankfurter Schule.[43] Während sich die traditionelle Mediendidaktik mit dem Offensichtlichen befasse, mit Phänomenen wie Fake News und Hate Speech, gehe es ihnen darum, die „intransparenten Schichten des Eisbergs" sichtbar zu machen: rassistische, hegemoniale, kapitalistische Strukturen, die die Medienberichterstattung prägen.[44] Anknüpfend an feministische Standpunkttheorien soll etwa beleuchtet werden, welche Personen in den Medien repräsentiert werden und wessen Stimmen ungehört bleiben. Das Publikum wird außerdem als aktives verstanden. Anknüpfend an *Stuart Halls* Unterscheidung von Kodierung und Dekodierung betonen sie, dass Schüler:innen die Fähigkeit erwerben müssten, gewünschte, offizielle Lesarten nicht einfach zu akzeptieren. Auch die Personen und Motive, die hinter Veröffentlichungen stünden, seien zu beleuchten. Insgesamt entwickeln die Autoren sechs Kompetenzbereiche, in denen kritische Medienkompetenz zu vermitteln sei.[45]

---

41 H. *Niesyto*, Medienkritik, in: *U. Sander/F. v. Gross/K.-U. Hugger* (Hrsg.), Handbuch Medienpädagogik, Wiesbaden 2020, S. 1 (2); siehe auch H. *Niesyto*, Medienkritik, in: *B. Schorb/A. Hartung-Griemberg/C. Dallmann* (Hrsg.), Grundbegriffe Medienpädagogik, 6. Aufl., München 2017, S. 266 ff.
42 H. *Niesyto*, (Fn. 41), S. 6-8.
43 *D. Kellner/J. Share*, Critical Media Literacy, Democracy, and the Reconstruction of Education, in: *D. P. Macedo/S. R. Steinberg* (Hrsg.), Media Literacy, New York/Berlin/Frankfurt am Main 2007, S. 3 ff.
44 *D. Kellner/J. Share*, Critical Media Literacy (Fn. 43), S. 8.
45 Eine übersetzte Fassung des „Critical Media Literacy Framework" findet sich unter: https://www.commit.at/fileadmin/Materialien/MIL/Critical_Media_Literacy_Framework_vDE_rev1.pdf [01.12.2022].

2. Kritisches Denken in der Didaktik der digitalen Bildung

Es stellt sich die Frage, ob kritisches Denken im Kontext der Digitalisierung eine andere Bedeutung erlangt als in der Mediendidaktik. Dafür spricht, dass die Kultur der Digitalität durch neue Formen des Wechselspiels von technologischen und sozialen Trends geprägt ist, die *Stalder* unter den Begriffen der Referentialität, Gemeinschaftlichkeit und Algorithmizität zusammenfasst.[46]

Die didaktischen Herausforderungen, die durch die Digitalisierung entstehen, arbeitet *Gapski* besonders prägnant heraus.[47] Er hebt hervor, dass die Mediendidaktik den Umgang mit Medien als individuelle Kompetenz begreife. Dies impliziere eine Kontrolle des Menschen über Medieninhalte und stoße im Rahmen der Digitalisierung zunehmend auf Grenzen. Algorithmen könnten nicht individuell verstanden werden. Die Digitalisierung sei als „gesellschaftliches Nervensystem" zu begreifen; Wechselwirkungen und die Medieninfrastruktur müssten stärker in den Blick genommen werden. Digitale Souveränität könne nicht individuell erlangt werden, sondern nur im Dreieck zwischen Subjekt, Medien und Gesellschaft bzw. im Zusammenwirken von digitalen Kompetenzen, Regulierungsprozessen und Technologiegestaltung.

Angesichts dieses Befundes überrascht es nicht, dass in der Forschung zur digitalen Bildung zwei didaktische Diskurse zusammengeführt werden, die unterschiedlichen Ursprungs sind: Zum einen die eher auf Inhalte gerichtete Mediendidaktik, zum anderen die informatisch-technische (Grund-)Bildung („Computer and Information Literacy"), die seit den 1980er Jahren auf den Umgang mit Schlüsseltechnologien vorbereiten soll.[48] Eine Konvergenz lag insoweit nahe, als Medieninhalte zunehmend nicht mehr in Form klassischer Medien, sondern digital Verbreitung gefunden haben. Andererseits wurde zunehmend die Forderung laut, die gesellschaftliche Relevanz der informatisch-technischen Bildung stärker zu berücksichtigen.[49] In Kooperation von Medien- und Informatikdidaktik

---

46 *F. Stalder*, Kultur der Digitalität, Berlin 2016.
47 *H. Gapski*, Mehr als Digitalkompetenz, APuZ 2019, 24 ff.; *H. Gapski*, Medienkompetenz 4.0? Entgrenzungen, Verschiebungen und Überforderungen eines Schlüsselbegriffs, Medien + Erziehung 60 (2016), 19 ff.
48 *G. Tulodziecki/B. Herzig S. Grafe*, Medienbildung (Fn. 39), S. 194; *R. Fehrmann*, Digitale Kompetenz für das Leben in einer digitalisierten Welt, in: *T. Knaus/O. Merz* (Hrsg.), Schnittstellen und Interfaces, München 2020, S. 115 (118 f.).
49 *G. Tulodziecki/B. Herzig/S. Grafe*, Medienbildung (Fn. 39), S. 194.

wurde so beispielsweise das „Frankfurt-Dreieck zur Bildung in der digital vernetzten Welt" entwickelt, das digitale Artefakte (wie Hate Speech, automatisiertes Fahren etc.) in technologisch-medialer Perspektive, gesellschaftlich-kultureller Perspektive und als Gegenstand menschlicher Interaktion in den Blick nimmt.[50] Dabei ist der Beitrag der Informatikdidaktik insbesondere relevant, um die Hintergründe digitaler Medien bzw. Artefakte nachvollziehen zu können.[51] Kritisches Denken bedarf mit anderen Worten im Bereich der digitalen Bildung der Informatikdidaktik, um die nicht-sichtbaren Strukturen analysieren und bewerten zu können, auf die sich die Aufmerksamkeit der kritischen Mediendidaktik häufig richtet.

3. Zwischenergebnis

Zusammenfassend kann also festgehalten werden: Kritisches Denken hat eine Tradition und auch einen Platz in der Mediendidaktik und der Didaktik der digitalen Bildung. Entscheidend ist, dass sich die Kritik nicht nur auf die Medieninhalte, sondern auch auf die nicht-sichtbaren Strukturen und Wirkungsweisen bezieht. Digitale Artefakten stellen die Didaktik des Nicht-Sichtbaren allerdings vor besondere Herausforderungen. Erforderlich ist zum einen ein informatisch-technisches Verständnis, um die nicht-sichtbaren Dimensionen digitaler Artefakte und die Infrastruktur, in die sie eingebettet sind, erahnen zu können. Gleichzeitig wird ein informatisch-technisches Verständnis immer begrenzt bleiben und es ist mehr als fraglich, ob eine „digitale Souveränität" erreicht werden kann. Insoweit muss sich das kritische Denken auch mit den Grenzen der individuellen Erkenntnis- und Einflussnahmemöglichkeit auseinandersetzen und die Möglichkeiten kooperativer Formen der Kritik beleuchten.

II. Konsequenzen für die Rechtswissenschaft

Welche Konsequenzen können nun aus den Ausführungen für die Rechtswissenschaft gezogen werden? Was ist dabei zu beachten, wenn kritisches

---

50 T. *Brinda/N. Brüggen/I. Diethelm/T. Knaus/S. Kommer/C. Kopf/P. Missomelius/R. Leschke/F. Tilemann/A. Weich*, Frankfurt-Dreieck zur Bildung in der digital vernetzten Welt. Ein interdisziplinäres Modell, in: *T. Knaus/O. Merz* (Hrsg.), Schnittstellen (Fn. 48), S. 157 ff.

51 *I. A. Cwielong/N. Bergner*, in: *T. Knaus/O. Merz* (Hrsg.), Schnittstellen (Fn. 48), S. 93 (98).

Denken im Kontext einer digitalisierten Rechtspraxis gefördert werden soll? Erforderlich sind ein erweitertes Verständnis von Recht, eine Auseinandersetzung mit den Rahmenbedingungen kritischen Denkens in der Rechtspraxis und die normative Weiterentwicklung von Maßstäben der Rechtskritik in einer digitalisierten Rechtswelt.

Recht besteht nicht nur aus Text. Unterhalb der textuellen Oberfläche beeinflussen dogmatische und methodische Denkschemata und rechtskulturelle Prägungen unser Verständnis von Recht.[52] Mit der Digitalisierung treten neben die fach- und rechtskulturellen Denkschemata Algorithmen und Künstliche Intelligenz, die die Wahrnehmung des Rechts an der Oberfläche beeinflussen. Erforderlich ist eine Auseinandersetzung mit den nicht-sichtbaren, durch Technik bestimmten Ebenen des Rechts. Das heißt, es muss angeregt werden, die Strukturen jenseits der textuellen Oberfläche des Rechts in den Blick zu nehmen. Drei Beispiele sollen dies illustrieren.

Gegenstand kritischer Auseinandersetzung könnte ein Urteil sein, das in einer juristischen Datenbank auffindbar ist. In diesem Fall liefe eine kritische Auseinandersetzung normalerweise auf eine Analyse und Bewertung des Inhalts des Urteils hinaus. Wendet man den Blick vom Inhalt des Urteils auf die Infrastruktur, in der es aufgefunden wurde – der juristischen Datenbank – so ließen sich eine Reihe weiterer kritischer Fragen entwickeln. Beispielsweise könnte überlegt werden, wie das Urteil in die Datenbank gelangt ist und wer ein Interesse an der Verbreitung hat. Weiter könnte recherchiert werden, welche Urteile überhaupt in der Datenbank enthalten sind – und welche nicht. Mit anderen Worten: Es könnte diskutiert werden, inwieweit die Entscheidung repräsentativ für die Rechtsprechung ist bzw. sein kann. Weiter kann überlegt werden, wie sich der Abruf des Urteils auf die Bedeutung des Urteils auswirken wird, ob der Abruf Einfluss darauf hat, wie das Urteil innerhalb der Datenbank gelistet und priorisiert wird.

Als weiteres Beispiel für die Erweiterung des kritischen Blicks auf das Recht soll die Befassung mit digitalen Anträgen an die Verwaltung dienen. Eine kritische Prüfung eines Antrags impliziert üblicherweise eine Auseinandersetzung mit den Erfolgsaussichten des Antrags. Aber was ist mit abgebrochenen Antragsvorgängen? Ist der Abbruch erfolgt, weil das Antragsformular vielleicht so programmiert war, dass es der antragstellenden Person bereits nahegelegt hat, dass ein Antrag ohne Erfolg sein wird? Oder war

---

52 Vgl. das Ebenenmodell von *K. Tuori*, Critical legal positivism, Aldershot 2002, S. 161 ff.

das Formular unverständlich? Konnten vielleicht aus technischen Gründen bestimmte Angaben nicht gemacht werden?

Drittens können auch Ergebnisse (teil-)automatisierter Rechtsanwendung eine Befassung mit den nicht-sichtbaren, algorithmenbasierten Abläufen der Rechtsanwendung nahelegen, beispielsweise weil sie eine diskriminierende Tendenz aufweisen. Besonders eindrücklich ist das Beispiel aus der österreichischen Arbeitsvermittlung, bei dem ein Computersystem die Jobchancen von Arbeitssuchenden vorhersagte, um Berater:innen des Arbeitsmarktservice die Entscheidung zu erleichtern, welche Arbeitssuchenden Zugang zu Schulungen und Trainings erhalten sollten.[53] Berücksichtigt wurden u.a. Alter, Geschlecht, Wohnort, die bisherige Laufbahn, Betreuungsverpflichtungen oder Staatsangehörigkeit. Frauen bekamen im Bewertungssystem einen Punkteabzug; Müttern wurden noch weitere Punkte abgezogen.

Die Beispiele zeigen: Die Themen kritischer Rechtsdidaktik können alte sein: die scheinbare Objektivität der Rechtsanwendung, der erschwerte Zugang zum Recht, Exklusionen und Benachteiligungen. Sie sind aber (auch) dort zu suchen, wo sie nicht offensichtlich zu Tage treten, sondern in Netzwerk- und Softwarearchitekturen oder Datenbankinfrastrukturen verborgen liegen oder durch Algorithmen erzeugt werden, deren Funktionsweise kaum mehr nachzuvollziehen ist.

Weiter bedarf es einer Analyse der Rahmenbedingungen, in denen kritisches Denken stattfinden und artikuliert werden kann. Auch die möglichen Formen der Kritik sind zu überdenken. So wird ein grundsätzlicher Unterschied darin liegen, ob eine Person in den Entwicklungsprozess eines digitalen Artefakts involviert ist oder mit dessen Anwendung befasst ist. Im ersten Fall kann Kritik neue Formen annehmen, beispielsweise im Designprozess verankert werden. Dagegen müssen bei der Anwendung Einschränkungen berücksichtigt werden, die sich aus der Mensch-Maschine-Interaktion ergeben: Inwieweit kann bspw. in teilautomatisierte Rechtsanwendungsprozesse eingegriffen werden? Inwieweit kommt es durch die Vorstrukturierung zu einem „chilling effect"? Und wie kann eine Kritik an der Funktionsweise einer Anwendung artikuliert werden? An wen ist die Kritik zu richten? In beiden Bereichen wird deutlich: Kritik ist nicht mehr als Kritik eines souveränen Rechtsinterpreten vorstellbar, sondern bedarf kooperativer Formen und eines interdisziplinären Austauschs.

---

53 Österreich: Algorithmus beurteilt Arbeitslose, ZD-Aktuell 2019, 06809, beck-online.

Auch auf normativer Ebene bedarf es einer Auseinandersetzung damit, inwieweit die alten Maßstäbe der Kritik ausreichen oder neue Maßstäbe an Bedeutung gewinnen. So werden in Hinblick auf die (Teil-)Automatisierung der Rechtsanwendung bekannte normative Ideen stark gemacht – so die Einzelfallgerechtigkeit als Ausdruck des Gebots der materiellen Rechtsstaatlichkeit[54] oder die Menschenwürde,[55] die es verbiete, den Menschen zum Objekt einer Verwaltungsmaschinerie zu machen. Es finden sich jedoch auch neue Akzentuierungen. So wird an das Demokratieprinzip anknüpfend diskutiert, inwieweit Entscheidungen noch organisatorisch-personell legitimiert seien, wenn die Letztentscheidungsträgerschaft durch einen legitimierten Amtswalter erst neu zu verorten und bestimmen sei.[56] Auch die Frage, ob ein Amt im Sinne des Art. 33 GG eine Schnittstelle zu einem Menschen impliziere, kann hierunter gefasst werden.[57] Hinzu treten neue normative Ideen wie das „Recht auf menschliche Entscheidung"[58] oder die „Decisional Privacy"[59].

D. Die Aufgaben der Fachdidaktik

Viele der genannten Aspekte betreffen weniger fachdidaktische als fachwissenschaftliche Fragen. Abschließend soll es nun darum gehen, die Aufgaben, die sich der rechtswissenschaftlichen Fachdidaktik stellen, schärfer zu konturieren.

Die Rolle der Fachdidaktik kann darin zu sehen sein, Anschlussstellen für didaktische Reflexionen und Interventionen zu identifizieren oder –

---

54 *F. v. Harbou*, Abschied vom Einzelfall? – Perspektiven der Digitalisierung von Verwaltungsverfahren, JZ 75 (2020), 340 (346 f.).
55 *M. Martini*, Transformation der Verwaltung durch Digitalisierung, in: *J. Ziekow* (Hrsg.), Verwaltungspraxis und Verwaltungswissenschaft, Baden-Baden 2018, S. 11 (47).
56 *V. Herold*, Demokratische Legitimation automatisiert erlassener Verwaltungsakte, Berlin 2020, S. 245 ff.
57 *A. Berger*, Digitales Vertrauen – Eine verfassungs- und verwaltungsrechtliche Perspektive, Deutsches Verwaltungsblatt 132 (2017), 804 (806 f.).
58 *D. Mund*, Das Recht auf menschliche Entscheidung, in: *R. Greve et al.* (Hrsg.), Der digitalisierte Staat - Chancen und Herausforderungen für den modernen Staat, Baden-Baden 2020, S. 177 ff.
59 *B. van der Sloot*, Decisional Privacy 2.0, International Data Privacy Law 7 (2017), 190 ff.

sollte die „rechtswissenschaftliche Bringschuld"[60] nicht erfüllt werden – die fachwissenschaftliche Auseinandersetzung mit Fragen der Digitalisierung einzufordern, um die Voraussetzungen für eine produktive Wechselbeziehung zwischen Fachwissenschaft und Fachdidaktik zu schaffen. Der Fachdidaktik kommt darüber hinaus eine zweite Reflexionsaufgabe zu: Sie muss auch die Auswirkungen der Digitalisierung auf die juristische Praxis im Blick haben und darauf drängen, dass Erzählungen von „der Praxis" nicht im Anekdotischen verhaftet bleiben, sondern eine praxeologische Analyse digitaler Rechtsarbeit erfolgt, die wiederum Anschlussstellen für die Entwicklung von Lernszenarien schafft.[61]

Fachdidaktisch auszuarbeiten ist eine Didaktik des Nicht-Sichtbaren. Es ist zu beschreiben, was typischerweise an der Oberfläche des Rechts sichtbar ist und was darunter im Verborgenen liegt. Dafür müssen die Medien des Rechts in den Blick genommen werden, aber auch die sozialen Interaktions- und technischen Infrastrukturen, in die sie eingebettet sind. Kompetenzstufenmodelle oder Konzepte des Tiefenlernens können dabei helfen, das lernende Vordringen von der Oberfläche zu den nichtsichtbaren Sphären zu modellieren und motivationale Aspekte bei der didaktischen Umsetzung ausreichend zu berücksichtigen. Ziel müsste es sein, Studierenden eine Sensibilität für kritische Strukturen unterhalb der Oberfläche des Rechts zu vermitteln.

Fachdidaktisch zu diskutieren wäre weiter, inwieweit ein informatisch-technisches Verständnis Voraussetzung für kritisches Denken im Kontext der Digitalisierung ist. Es wäre auch zu klären, inwieweit es sich bei einem informatisch-technischen Verständnis um eine generische Kompetenz handelt oder eine rechtsspezifische Bestimmung vorzunehmen ist.

Weiter müssten der selbstkritische Umgang mit den Grenzen „digitaler Souveränität" und die Möglichkeiten kooperativer Formen der Kritik fachdidaktisch aufbereitet werden. Die Annahme liegt nahe, dass dies – im Vergleich zu anderen Disziplinen – eine besondere Herausforderung darstellen dürfte, denn hier sind Spannungen zu herrschenden Lehrverständnissen und zur Fachkultur vorprogrammiert, die vom „Einheitsjuristen" erwartet, jedes juristische Problem lösen zu können, und in der Kooperation und interdisziplinäre Zusammenarbeit eine untergeordnete Rolle spielen.

---

60 *J. Krüper*, § 1 Zum Projekt einer rechtswissenschaftlichen Fachdidaktik, in: *J. Krüper* (Fn. 30), S. 3 (14).

61 Vgl. zur doppelten Reflexionsaufgabe der Rechtswissenschaft *N. Rzadkowski/H.-H. Trute*, Wissenschaftsdidaktik der Rechtswissenschaft, in: *G. Reinmann/R. Rhein* (Hrsg.), Wissenschaftsdidaktik II, i.E.

Aufgabe der Fachdidaktik ist schließlich das Entwerfen von Lehr-/Lernformaten, die geeignet sind, das kritische Denken im Kontext der Digitalisierung zu fördern. Dabei kommen – anknüpfend an die kritische Mediendidaktik – insbesondere Formate in Betracht, die es Studierenden ermöglichen, im Sinne forschenden oder problembasierten Lernens selbst digitale Artefakte zu entwickeln.[62] Aber auch klassische Formate wie das des Seminars sind geeignet, kritischen Diskussionen zu den Folgen der Digitalisierung für das Recht Raum zu geben. Erscheinungsformen der Digitalisierung in der juristischen Praxis sollten dabei aufgegriffen und die praktischen Konsequenzen der kritischen Analyse in der Lehre thematisiert werden. Kritisches Denken hat, dies sei nochmals hervorgehoben, das Potential als Brücke zwischen Theorie und Praxis dienen. Diese Chance sollte genutzt werden.

---

62 Vgl. hierzu den Beitrag von *Sefkow* im vorliegenden Band.

Lehre von Legal Tech als rechtsdidaktische Herausforderung

Anton Sefkow

A. *Einführung*

Die technologiegestützten Angebote im Markt rechtlicher Leistungen nehmen zu. Mit Hilfe von beispielsweise „Flightright" können Verbraucher:innen ihre Fluggastrechte über eine Website abtreten und durchsetzen lassen und im B2B-Bereich können Kanzleien eine Vielzahl an individualisierten Softwarelösungen erhalten. Die Verwaltung setzt vermehrt auf Onlineanträge und im Rahmen der Umsetzung des Onlinezugangsgesetzes (OZG)[1] sollen knapp 600 wesentliche Verwaltungsleistungen bis Ende 2023 digitalisiert sein. Die Verbreitung von sogenannten Legal Tech-Unternehmen und -Angeboten wächst. In der Folge dieser Entwicklungen sind Forderungen laut geworden, das Thema *Legal Tech* auch im Rahmen der Jurist:innenausbildung zu integrieren. Dabei klingt „Legal Tech" zukunftsgerichtet und der Umgang mit Legal Tech scheint im Rahmen der Digitalisierung zur notwendigen Kompetenz von angehenden Jurist:innen zu gehören. Was genau mit Legal Tech gemeint ist und welche Kompetenzen im Umgang mit Legal Tech zum neuen juristischen Handwerkszeug gehören sollten, ist aber weitgehend ungeklärt. Insbesondere fehlt es an einer vertieften Auseinandersetzung aus rechtsdidaktischer Sicht.

Der folgende Beitrag zu den rechtsdidaktischen Herausforderungen, die mit der Lehre von Legal Tech zusammenhängen, ist ein Werkstattbericht aus dem Promotionsprojekt *„Möglichkeiten und Grenzen der Förderung grundlegender Legal Tech-Kompetenzen in der Jurist:innenausbildung"*. Anliegen des Projektes ist es, aufzuzeigen, wie aus der Perspektive rechtsdidaktischer Forschung Legal Tech-Kompetenzen identifiziert und operationalisiert werden können. Im Dissertationsprojekt ist die Entwicklung, Planung und Durchführung eines Seminars, in dessen Rahmen Studierende selbst eine Legal Tech-Anwendung gestalten und ihre Lernprozesse reflektieren, zentral. Das Projekt erschöpft sich jedoch nicht in der Auseinander-

---

[1] https://www.onlinezugangsgesetz.de/Webs/OZG/DE/startseite/startseite-node.html (20.07.2022).

setzung mit den Besonderheiten von Legal Tech, sondern adressiert auch grundlegende Fragen rechtsdidaktischer Forschung. Die Entwicklung von Legal Tech-Kompetenzen und die Gestaltung des Seminarkonzepts dienen somit auch als Beispiele, wie rechtsdidaktische Forschung konzeptualisiert werden kann und welche gedankliche Vorarbeit geleistet werden muss, um didaktische Interventionen planen und sinnvoll evaluieren zu können. Das Projekt soll Beiträge zur rechtsdidaktischen Grundlagenforschung und zur Anwendungsforschung gleichermaßen leisten.

Das Vorhaben wird im *Zentrum für Recht in der digitalen Transformation* (ZeRdiT) im Projekt *Das Recht und seine Lehre in der digitalen Transformation* an der Universität Hamburg realisiert. Das Promotionsprojekt ist interdisziplinär in der Rechtsdidaktik angesiedelt und verbindet Rechtswissenschaft, Hochschuldidaktik sowie IT. Die Projektarbeit begann im Oktober 2020, sodass zum Zeitpunkt des Vortrages (April 2022) die Bearbeitungszeit zur Hälfte abgeschlossen war.

Der vorliegende Beitrag soll einen Einblick in das Dissertationsprojekt geben. Dabei liegt der Schwerpunkt auf der Frage, wie rechtsdidaktisch begründet eine Konzeptualisierung von Legal Tech-Kompetenzen erfolgen kann und wie diese durch Design-getriebene Ansätze so operationalisiert werden können, dass sich Lehrveranstaltungskonzepte mit ihrer Hilfe entwickeln lassen.

Hierfür stelle ich zunächst den Status des Projektes zum Zeitpunkt des Vortrags dar (B.). Weiter skizziere ich, ausgehend vom Forschungsdesign (C.), die didaktische Ausgangslage des Projektes (D.). Vor diesem Hintergrund stelle ich exemplarisch dar, wie die Identifizierung relevanter Kompetenzen im Projekt erfolgte, wie deren Verhältnis zu Lernzielen ist (E.) und wie Kompetenzbeschreibungen operationalisiert wurden (F.). Zuletzt ziehe ich ein Zwischenfazit (G.) und wage einen Ausblick (H.) auf die zu erwartenden Ergebnisse des Projektes.

B. Status April 2022

Für die bessere Einordnung der verschiedenen Abschnitte dieses Berichtes, betrachte ich zunächst der Status quo des Forschungsprojektes und stelle Zwischenergebnisse, Meilensteine und Erkenntnisse dar, die zum aktuellen Fortschritt beigetragen haben. Dafür werden sehr verkürzt das Vorgehen, Kontextinformationen und wesentliche Gestaltungsmerkmale der Intervention vorgestellt.

I. Vorgehen – modus operandi

Erstes Anliegen im Projekt war es, relevante (grundlegende) Legal Tech Kompetenzen zu identifizieren und zu definieren. Relevanz bezieht sich hierbei auf Wissensbestände, die es ermöglichen den Gegenstandsbereich zu erschließen und den abstrakten Lehrzielen[2] Rechnung tragen. Grundlegend sollten die ausgemachten Kompetenzbeschreibungen bleiben, damit sie sich grundsätzlich für eine Einführungsveranstaltung eignen. Dazu habe ich Expert:innen aus Hochschulen und der Praxis interviewt, die Literatur ausgewertet, die (internationalen) Rechtsmärkte beobachtet und allgemeine Erkenntnisse zum technologischen Fortschritt berücksichtigt. Hierauf aufbauend und unter Berücksichtigung des aktuellen fach- und hochschuldidaktischen Diskurses habe ich eine Lehrveranstaltung entworfen und (zum Zeitpunkt des Vortrages) einmal durchgeführt. Es folgen weitere Veranstaltungsdurchführungen. Die einzelnen Durchläufe werden evaluiert und, angesichts der Ergebnisse, Anpassungen vorgenommen. Mindestens eine weitere Durchführung und Analyse wird im Rahmen des Dissertationsprojektes noch erfolgen.[3]

II. Kontextinformation: Einbettung im Studienprogramm

Ausgehend von der allgemeinen Lage der Jurist:innenausbildung und der überbordenden Fülle des Pflichtstoffkatalogs beschränken sich die Möglichkeiten, eine solche Intervention zu implementieren, auf die Bereiche außerhalb des Kernstoffs, namentlich die Schwerpunktbereiche und die extracurricularen Angebote.[4] Die Intervention ist außerhalb des Pflichtbereichs angesiedelt, da sie anderenfalls nicht sinnvoll in den Stoffkanon zu integrieren wäre und zudem eine rechtliche Hürde aus fehlenden Re-

---

2 In Anlehnung an *G. Reinmann*, Studientext Didaktisches Design, 2015, S. 14, wird vorliegend von Lehrzielen gesprochen, da es die verfolgten Ziele aus Sicht der Lehrperson (mir) sind.
3 Ein Zyklus aus *Analyse, (angepasste) Zielfindung, Entwurf, Erprobung, Entwicklung* bezogen auf das Designobjekt *didaktische Intervention* wird „Iteration" genannt, vgl. *G. Reinmann*, Ein holistischer Design-Based Research-Modellentwurf für die Hochschuldidaktik, 4 Educational Design Research 2020, Article 30 (2 f.).
4 Vgl. hierzu die Zusammenfassung der Studienergebnisse von *H. Anzinger*, Legal Tech in der Juristischen Ausbildung, 2020, S. I – III.

gelungen zur Integration solcher Inhalte im Pflichtstoffbereich besteht.[5] Die erste Durchführung hat daher als Seminar in zwei Schwerpunktbereichen und als allgemeines Studienseminar im Studienangebot verankert stattgefunden. Das hat vor allem motivationale Hintergründe. Es liegt die Annahme zugrunde, dass die Attraktivität dieses (neuen) Seminars primär über den persönlichen Nutzen für die Studierenden entsteht. Durch die unterschiedliche Einbettung im Studienprogramm ergeben sich mehrere Verwertungsmöglichkeiten für die Studierenden: Anerkennung in zwei Schwerpunktbereichen[6] sowie die Ausgabe als Studienseminar zur Zulassung als Promovend:in i.S. der Promotionsordnung an der Universität Hamburg[7].

III. Gestaltung

Gegenstand des Seminars ist die nutzer:innenzentrierte digitale „Übersetzung" eines Antrags der Sozialverwaltung unter Verwendung eines sogenannten Legal Tech-no code-Tools.[8] No code heißt, dass Nutzer:innen mittels visuellen Elementen einen algorithmischen Entscheidungsprozess abbilden können, ohne Programmierkenntnisse besitzen zu müssen. Zentrale didaktische Methode ist das sogenannte Design Based concept

---

5 Ähnlich auch *Anzinger* 2020, Legal Tech (Fn. 4), S. 19 ff. Hier ist vor allem auf das Deutsche Richtergesetz (DRiG) und die landesrechtlichen Regelungen als Quellen und Begrenzungen des regulatorisch relevanten Stoffbereichs zu verweisen. Im Januar 2021 fanden sich bspw. in Baden-Württemberg, Berlin, Bremen, Hessen, Mecklenburg-Vorpommern, Niedersachsen, Nordrhein-Westfalen, Rheinland-Pfalz, Saarland und Thüringen abweichend akzentuierte Ausführungen zu Grundlagenfächern und Schlüsselqualifikationen, teilweise waren auch Aspekte für wirtschaftliche, soziale und gesellschaftliche Fragen verankert.
6 Schwerpunktbereiche IV „Sozialrecht mit arbeitsrechtlichen Bezügen" und VII „Information und Kommunikation" der Universität Hamburg, URL: https://www.jura.uni-hamburg.de/studium/studienablauf/schwerpunktbereichsstudium.html (10.6.2022).
7 Promotionsordnung vom 7. Juli 2010, URL:https://www.jura.uni-hamburg.de/media/forschung/promotion/promo-2010-07-071.pdf (10.6.2022).
8 Das genutzte Tool heißt „Forest" von Legal OS, URL: https://www.legalos.io (24.6.2022).

Learning (DBcL)[9] und darin enthalten das Konzept des Legal Design Thinking (LDT)[10].

Das zu lösende initiale Problem ist real, also kein fiktives, das nur für die Zwecke des Kurses entwickelt wurde. Im konkreten Fall der ersten Iteration war die innovative Digitalisierung von drei Anträgen (öffentliche Leistungsverwaltung) der Hamburger Sozialbehörde Gegenstand des Seminars. Die Studierendengruppen haben jeweils einen von drei Anträgen des sogenannten Bildungs- und Teilhabepakets der Stadt Hamburg[11] bearbeitet. Hierbei richteten sich zwei Anträge auf finanzielle Unterstützungsleistungen bei Ausflügen[12] und Fahrten[13] in Schulen oder Kinderbetreuungseinrichtungen und einer auf die Bezuschussung von Schulmaterialen[14].

Die Aufgabenbearbeitung erfolgte in Gruppenarbeit und die Studierenden stimmten sich innerhalb dessen eigenständig ab und strukturierten ihren Arbeitsprozess. Die Interventionsplanung ist losgelöst vom gängigen SWS-Verständnis und die Intervention daher in unregelmäßige (Pflicht-)Termine unterschiedlicher Länge aufgeteilt. Je nach der jeweiligen Ausrichtung der einzelnen Sitzung und dem Zweck (Teilziele) im Gesamtgefüge haben die Einheiten eine Länge von zwei oder vier Unterrichtseinheiten (UE, UE = 45 Minuten). In der ersten Iteration wurden acht Termine auf 12 Wochen verteilt. Dabei startete der Kurs anfangs mit wöchentlichen Terminen und mit zunehmender Laufzeit wurden die Zeiten zwischen den Pflichteinheiten verlängert, da dann die eigenständige Gestaltung des Arbeitsprozesses in den Gruppen vordergründig war. Zwischen dem letzten Pflichttermin und der Abschlusspräsentation lagen beispielsweise vier Wochen.

Die konkrete Projektaufgabe ist ergebnisoffen gestaltet, lediglich der Weg zum Ergebnis ist durch die Seminargestaltung und die Ausrichtung

---

9 Eine Übersicht zu DBcL-Interventionen anderer Disziplinen findet sich hier: *I. Henze/M. J. De Vries* (Hrsg.), Design-Based concept Learning in Science and Technology Education, Leiden 2021.
10 *A. Kohlmeier/M. Klemola*, Das Legal Design Buch. So geht Recht im 21. Jahrhundert, Hürth 2021; *M. Hagan*, Law by Design, 2021, URL: https://lawbydesign.co (14.06.2022).
11 URL: https://www.hamburg.de/vordrucke/ (24.6.2022).
12 URL: https://www.hamburg.de/contentblob/2882862/49803c941989122d0128729384 e7d288/data/antrag-eintaegiger-ausflug.pdf (24.6.2022).
13 URL: https://www.hamburg.de/contentblob/3992070/dfd1c846ef892197c45d0d2e685 743bb/data/antrag-mehrtaegige-fahrt.pdf (24.6.2022).
14 URL: https://www.hamburg.de/contentblob/14811756/cc3267ccc68c93e30a0f7678d8f d8091/data/antrag-schulbedarf-bildungspaket.pdf (24.6.2022).

der einzelnen Termine vorgezeichnet. Dabei enthalten die Vorgaben viele Spielräume, sodass die Studierenden das Vorgehen eigenständig konkretisieren. Sie sind daher dazu aufgerufen, sich in der Gruppe zu einigen, welche Schritte vorgenommen werden, um sich der Lösung systematisch, unter Anwendung der Implikationen des Legal Design Thinking-Konzeptes, zu nähern. Dem Konzept ist es immanent, dass Bezüge zu unterschiedlichen Disziplinen hergestellt werden, es handelt sich mithin um ein multidisziplinäres Projekt.[15] So wird methodisch beispielsweise zur Herstellung eines besseren Problemverständnisses mit prozessbetroffenen Personen gesprochen, was als Vorstufe zu qualitativen Interviews angesehen werden kann.[16] Die Arbeitsweise ist dabei sehr handlungsorientiert und sieht vor, dass zu jedem Arbeitsstand ein sogenannter Prototyp angefertigt wird.[17]

Als Lehrpersonen sind unterschiedliche Dozierende beteiligt. Meine eigene Rolle zeichnet sich dadurch aus, dass ich den Prozess begleite, coache und/oder offen im Plenum exemplarisch darüber reflektiere („laut denken"), wie ich selbst mit der Situation umgehen würde. Insbesondere das laute Denken, einschließlich der Formulierung eigener Unsicherheiten, ermutigt die Studierenden eigene Überlegungen ebenfalls laut auszusprechen und fördert den Austausch insgesamt. Grundidee der Betreuung ist, nur dann zu intervenieren, wenn sich Schwierigkeiten auf Seiten der Studierenden ergeben, die sie nicht weiterkommen lassen. Mein Verhalten ist folglich stark situativ und es ist wenig vorhersehbar, wann ein Eingreifen sinnvoll ist und wann nicht. Gewissermaßen ist es eine ständige Gratwanderung zwischen den Polen „Unterstützung" und „Alleine lassen". Angesichts dessen erfolgt die Unterstützung eher reaktiv als proaktiv. Zudem ergänzen weitere Expert:innen das Lehrteam, ein Legal Engineer als Experte für die Digitalisierung von Tatbeständen mittels algorithmischen Operatoren, eine Legal Design Thinking-Expertin und ein Geschäftsführer eines Legal Tech-Unternehmens aus dem sozialrechtlichen Bereich. Als Gäst:innen werden prozessbetroffene Personen eingeladen, die im Rahmen des Seminars interviewt werden. Während erstere Personengruppe Expert:innen für das

---

15 *H. Plattner/L. Leifer*, Design Thinking Research, in: H. Plattner/Ch. Meinel/L. Leifer (Hrsg.), Design Thinking Research. Studying Co-Creation in Practice, Berlin 2012, S. 1 (1 ff.); *I. Mergel/S. Ney*, Agil und kollaborativ komplexe Probleme lösen, Innovative Verwaltung, Heft 6, 2022, 29 (30).
16 *Mergel/Ney,* komplexe Probleme (Fn. 15), ebd.
17 *G. Gabrysiak/H Griese/A. Seibel*, Towards Next-Generation Design Thinking II: Virtual Multi-user Software Prototypes, in: H. Plattner/Ch. Meinel/L. Leifer (Hrsg.), Design Thinking Research, Studying Co-Creation in Practice, Berlin 2021, S. 107 (110 f.).

abstrakte Vorgehen sind und diesbezüglich Hilfestellungen geben können, werden die Prozessbetroffenen Personen im Rahmen der explorativen Arbeit zur Etablierung eines nutzer:innenzentrierten Problemverständnisses befragt. Hier sind einerseits potenzielle Antragsteller:innen und andererseits potenzielle Sachbearbeiter:innen zu nennen. Dies korrespondiert auch mit der sozialen Ausrichtung der Intervention, welche kooperativ, kollaborativ, integrativ, partizipativ und interdisziplinär gestaltet ist.

Die Prüfungsleistung erfolgt in Form von Prozessbegleitenden Reflexionen (individuell), Abschlusspräsentation (Gesamtgruppe) sowie die Bewertung des erzielten Designproduktes (Unter-Projektgruppe) erbracht. Die Prüfung setzt sich demzufolge aus Gruppenleistungen und Individualleistungen zusammen. Formal handelt es sich um eine zusammengesetzte Prüfung aus schriftlicher Ausarbeitung und Referat.

C. Forschungsdesign Lehr-Lernforschung

Das Promotionsprojekt wird als Design Based Research[18]-Projekt realisiert und ist damit ein Design Thinking-basiertes Format.[19] Design Thinking erfährt gegenwärtig disziplinübergreifend große Aufmerksamkeit, da es als innovativer Problemlösungsansatz für die Lösung einer Vielzahl an interdisziplinären Problemen geeignet erscheint.[20] Hierbei ist insbesondere die Geschwindigkeit von der ersten Idee zum ersten minimal funktionierenden Produkt bestechend und in besonderem Maße für die Herausforderungen moderner Gesellschaften mit großer Dynamik und enormer Wissensproduktion relevant. Die Geschwindigkeit der Wissensproduktion in der Welt in Bewegung hat das Erfordernis effizienter Lösungsstrategien ohne langwierige Entwicklungszeiten erforderlich gemacht, um nicht Gefahr zu laufen, eine Lösung für bereits veraltete Probleme zu entwickeln. Ausgangspunkt des Design Thinking-Ansatzes ist das Produktdesign, große Aufmerksamkeit erfährt der Ansatz vor allem aufgrund der Vermarktung

---

18 Ein Überblick zum Ansatz findet sich hier: *D. Euler*, Design Research – A Paradigm under Development, in: D. Euler/P. Sloane, Design-Based Research, Zeitschrift für Berufs- und Wirtschaftspädagogik, Beiheft 27, 2014, 15.
19 *Reinmann*, DBR holistisch (Fn. 3), 7.
20 *G. V. Georgiev*, Design Thinking: An Overview, 20 Design Thinking Special Issue of Japanese Society for the Science of Design 2012, 72(72).

durch IDEO[21] und die d.school[22] in Stanford sowie dem Hasso Plattner Institut in Potsdam[23].[24]

Verkürzt lässt sich Design Thinking als Innovationskonzept beschreiben, welches geeignet ist, sich realen, komplexen und interdisziplinären Problemstellungen anzunehmen.[25] Das Vorgehen ist dabei in einzelne Phasen unterteilt, die sich einerseits dem vertieften Problemverständnis und andererseits der kreativen Lösungsfindung und -umsetzung widmen. Zentral ist, dass in jeder Phase ein Gestaltungsbezug gegeben ist und die gedachte Lösung als Prototyp erstellt werden soll. Dabei ist es wichtig zu beachten, dass ein Prototyp auch eine Skizze oder mehrere Haftnotizen sein können, nicht jeder Prototyp ist ein funktionierendes Produkt, aber jedes funktionierende Produkt ist auch ein Prototyp.[26] Je nach Einsatzgebiet variieren die einzelnen Schritte und Ansätze und müssen dem Designziel folgend konkretisiert werden.[27] Zentral ist die Aufteilung in eine Problem- und eine Lösungssphäre, in denen jeweils systematisch und iterativ vorgegangen wird. Vor dem Übergang vom Problemraum in den Lösungsraum findet typischerweise eine neue Einordnung des Problemverständnisses („define") statt, welches sich aufgrund der gesammelten Beobachtungen und Erkenntnisse („discover") im Problemraum ergibt. Aufbauend werden zentrale Designanliegen formuliert („develop"), die es in der konkreten Lösungsgestaltung zu berücksichtigen gilt („deliver"). Prototypen der unterschiedlichen Arbeitsphasen können im Hinblick auf die Designanliegen getestet werden („test") und die Rückmeldungen („listen") der Tester:innen in der nächsten Iteration berücksichtigt werden. Alle Phasen sind dabei zyklisch zu verstehen, je nach Bedarf werden sie wiederholt oder auch zwischen den Phasen und Handlungsfeldern hin und her gesprungen, wenn sich ein zwischen-

---

21 URL: https://www.ideo.com/eu "IDEO is a global design company. We create positive impact through design." (24.6.2022).
22 URL: https://dschool.stanford.edu (24.6.2022).
23 URL: https://hpi.de (21.07.2022).
24 *E. McIntosh*, What's the difference between PBL and Design Thinking?, 2018, URL: https://medium.com/notosh/whats-the-difference-between-pbl-and-design-thinking-32ea04c46116 (31.05.2022).
25 *Mergel/Ney*, komplexe Probleme (Fn. 15), 1; *A. Kohlmeier*, Legal Design – eine Methode für Innovationen in der Rechtsindustrie, in: S. Breidenbach/F. Glatz (Hrsg.), Rechtshandbuch Legal Tech, 2. Aufl., München 2021, S. 398 (398).
26 *Kohlmeier/Klemola*, Legal Design (Fn. 10), S. 164 f.
27 *K. Dorst*, The Core of 'design thinking' and its application, 32 Design Studies 2011, 521 (521).

zeitliches Verständnis im Prozess als nicht valide („test") erwies. Abstrakt bildet der sogenannte Double Diamond den Prozess folgendermaßen ab:

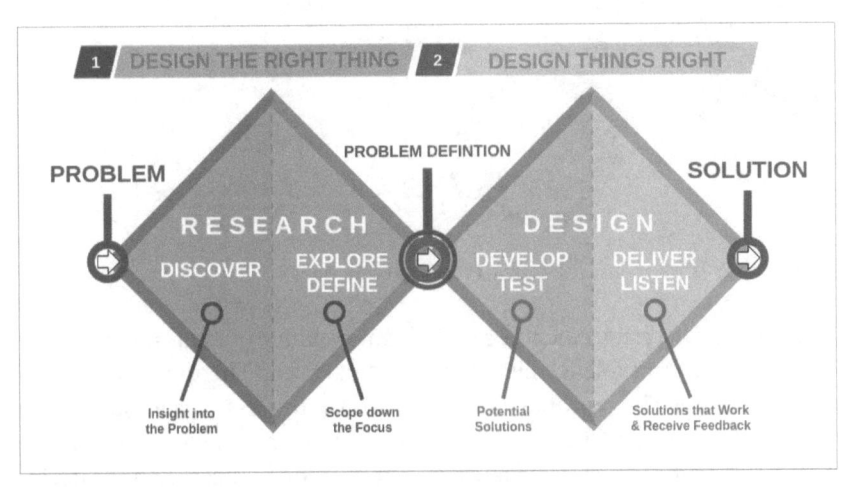

Abbildung 1: Design Thinking Double Diamond[28]

Die Konkretisierung des Design Thinking-Ansatzes in der Lehr-Lernforschung sieht vor, dass zunächst bestehende Befunde aus den Theorien der Fachdidaktik sowie der Anwendungsforschung der Fachdidaktik berücksichtigt werden sollen.[29] Das iterative Vorgehen soll dazu führen, dass die jeweilige Erprobung (Test) und Analyse sowohl auf theoretischer wie praktischer Ebene zu Erkenntnisgewinnen führen. In *Abbildung 2* wird dieser Anspruch grafisch dargestellt.

---

28 URL: https://commons.wikimedia.org/wiki/File:Double_diamond.png (18.7.2022).
29 *Reinmann*, DBR holistisch (Fn. 3), 3 f.

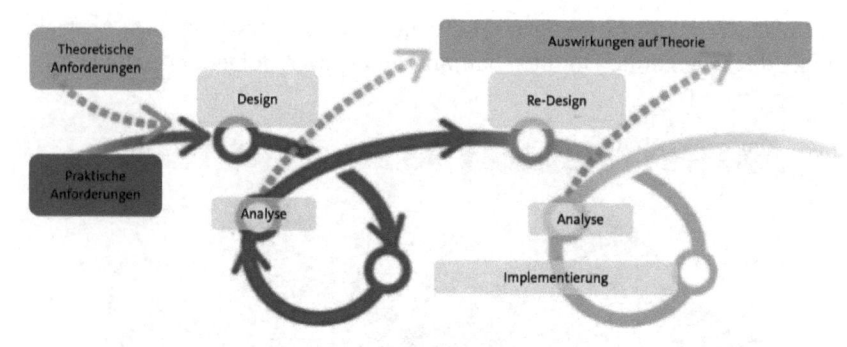

Abbildung 2: Design Based Research-Prozessdarstellung[30]

Für die Entwicklung einer Legal Tech-Intervention bilden aus bildungstheoretischer Sicht folglich einerseits fachdidaktische Theorien und Modelle und andererseits erprobte Methoden im Kontext des Gegenstandes den Ausgangspunkt der Überlegungen. Auf der praktischen Ebene ist zudem zu berücksichtigen, dass didaktische Interventionen stets „kontextabhängig" sind.[31] Das bedeutet, dass eine Bezugnahme auf bestehende Befunde nur dann sinnvoll ist, wenn wesentliche Rahmenaspekte übereinstimmen, sich folglich in etwa gleiche Dynamiken innerhalb der in Beziehung zu setzenden Interventionen annehmen lassen. Zu diesen Aspekten zählen beispielsweise die Veranstaltungsform (Seminar, Vorlesung etc.), der Veranstaltungsmodus (z.B. präsent, digital, hybrid), die adressierte Zielgruppe (Disziplin, Fachsemester, Studierende des Grund-, Haupt oder Schwerpunktbereichsstudiums o.ä.), die Verortung im Studienprogramm (Seminarschein, Schwerpunktbereich, Schlüsselqualifikation, Wahl- oder Pflichtbereich etc.), aber auch die verwendeten didaktischen Methoden (aus dem Fundus konstruktivistischer Ansätze etwa Problembasiertes Lernen oder

---

30 Eigene Darstellung angelehnt an *U. Fraefel*, Professionalization of pre-service teachers through university-school partnerships, Conference Paper, 2014, DOI: 10.13140/ RG.2.1.1979.5925, S. 9.
31 D. *Euler*, Design principles as bridge between scientific knowledge production and practice design, 1 Educational Design Research 2017, Article 2, 6, 3.2; *H. Mandl/H. Gruber/A. Renkl*, Situiertes Lernen in multimedialen Lernumgebungen, in: L. J. Issing/P. Klisma (Hrsg.), Information und Lernen mit Multimedia und Internet,. 3. Edition, Weinheim 2002, S. 139 – 150 (143 f.); *F. E. Weinert*, Psychologische Orientierungen in der Pädagogik, in: H. Röhr/H. Scheuerl (Hrsg.), Richtungsstreit in der Erziehungswissenschaft und pädagogische Verständigung, Frankfurt 1989, S. 203 (212).

Forschungsnahes Lernen³²).³³ Vor diesem Hintergrund sind vergleichbare Szenarien als Referenzen ausfindig und relevante Erkenntnisse für die eigene Gestaltung nutzbar zu machen.

Entlang des Vorgenannten ist im Hinblick auf die Entwicklung eines neuen Studienangebots, wie vorliegend, zunächst zu analysieren, auf welche Erkenntnisse aufgesetzt werden kann und wie die spezifische Ausgangslage des didaktischen Designs gelagert ist.

D. Ausgangslage

Da das Forschungsprojekt im Delta aus Hochschuldidaktik, Rechtswissenschaft und IT verortet ist, weist es eine ausgeprägte Komplexität auf. Diese Komplexität fußt auf dem Umstand, dass der jeweilige Stand der Forschung mehrerer Disziplinen zu berücksichtigen ist und überdies innerhalb der Disziplinen unterschiedliche Bezugspunkte gegeben sind, die durchaus ein Spannungsfeld bilden können. Hinzu kommt, dass ein wenig erprobtes Forschungsdesign zum Einsatz kommt, welches einen ebenso wenig beleuchteten Gegenstand in den Blick nimmt. Dies ist für sich genommen schon fordernd. Darüber hinaus ist die fachdidaktische Erkenntnislage wenig ergiebig, um unmittelbar in das didaktische Design einsteigen zu können. Im Folgenden werden zunächst die Ausgangslagen auf Grundlagen- und Anwendungsebene (I. und II.) skizziert, um darauf aufbauend (E.) anhand ausgewählter Kompetenzen beispielhaft den Prozess der Operationalisierung darzustellen.

I. Rechtsdidaktische Theorien und Modelle – Grundlagenebene

Im Hinblick auf Theorien und Modelle ist festzustellen, dass sich die Rechtsdidaktik in den Kinderschuhen befindet, sie ist gewissermaßen am „(Wieder-)Entstehen".³⁴ Die Diskussionspunkte sind seit der Loccumer Ta-

---

32 *L. Huber/G. Reinmann*, Vom forschungsnahen zum forschenden Lernen an Hochschulen. Wege der Bildung durch Wissenschaft, Berlin 2019, S. 3 ff.
33 *U. Hericks*, Bildungsgangforschung und die Professionalisierung des Lehrerberufs – Perspektiven für die Allgemeine Didaktik, Zeitschrift für Erziehungswissenschaft, 2008, Sonderheft 9, 61 (62).
34 *J. Krüper*, Zum Projekt einer rechtswissenschaftlichen Fachdidaktik, in: J. Krüper (Hrsg.), Rechtswissenschaft lehren, Tübingen 2022, S. 3 – 31 (5, Rn. 6); *N. Rzadkow-*

gung (1968) im Wesentlichen gleich geblieben, wenngleich die historische Diskussion zur Jurist:innenausbildung im Nachgang an die Tagung überwiegend ohne didaktische Bezüge geführt wurde.³⁵

Als Schritt zur Theorie- und Modellbildung rechtswissenschaftlicher Fachdidaktik hat *Nora Rzadkowski* drei Modelle erarbeitet. Ihnen liegt die Annahme zugrunde, dass eine zentrale Aufgabe darin besteht, Studierende der Rechtswissenschaft in die Wissenschaft einzuführen.³⁶ Die Modelle wurden bisher nicht operationalisiert.³⁷ Die empirischen Daten *Rzadkowskis* verdeutlichen, dass das individuelle Verständnis davon, was rechtswissenschaftliche Forschung ist, uneinheitlich ist – ein einheitliches Verständnis dessen, was der „wissenschaftliche Aspekt" der Modelle ist, kann folglich nicht angenommen werden. Angesichts dieser Befunde zielen die von *Rzadkowsi* entwickelten rechtswissenschaftsdidaktischen Modelle auf andere Bereiche des Zugangs zur Wissenschaft und bauen dabei auf einem sehr weiten Verständnis des Forschungsgegenstandes Recht auf.³⁸ Vor diesem Hintergrund stehen die *inverse Wissenschaftsdidaktik*, die *transformative Wissenschaftsdidaktik* und die *praxeologische Forschungsdidaktik*, die nicht trennscharf sind, aber jeweils unterschiedliche Stoßrichtungen haben und hier nicht näher behandelt werden können.³⁹

Die fehlende Operationalisierung der Modelle machte es unmöglich diese unmittelbar für das eigene didaktische Design zu berücksichtigen. Für die Entwicklung einer neuen didaktischen Intervention sind sie zu abstrakt. Zur Berücksichtigung wurden konkretisierende Zwischenschritte benötigt. Die Modelle waren zunächst weiterzuentwickeln, um diese für das didaktische Design nutzbar zu machen. Auf diese Zwischenschritte gehe ich etwas weiter unten nochmals ein, wenn die Operationalisierung einzelner Kompetenzbeschreibungen behandelt wird (F.). Über die systematische Konkretisierung einzelner Implikationen der Modelle und die spätere Kombinati-

---

ski, Recht wissenschaftlich: drei wissenschaftsdidaktische Modelle auf empirischer Grundlage, Baden-Baden 2017, S. 21 f.
35 siehe dazu auch J. *Krüper*, Projekt Fachdidaktik (Fn. 34), Rn. 6 ff., Fn. 14 – 17; H.-H. *Trute*, Hamburger Modelle in der Ausbildung und ihrer Fachdidaktik, in: T. Repgen/F. Jeßberger/M. Kotzur (Hrsg.), 100 Jahre Rechtswissenschaft an der Universität Hamburg II Abteilung Einrichtungen und Strukturen, Tübingen 2019, S. 577 (580).
36 *Rzadkowski*, Recht wissenschaftlich (Fn. 34), S. 386 f.; vgl. dazu auch die hochschuldidaktische Diskussion und den Ansatz „Bildung durch Forschung".
37 *Krüper*, Projekt Fachdidaktik (Fn. 34), Rn. 6, 7.
38 *Rzadkowski*, Recht wissenschaftlich (Fn. 34), S. 367, 386 f.
39 *Rzadkowski*, Recht wissenschaftlich (Fn. 34), S. 386 ff.

on mit Unterrichtsmethoden sowie gegenständlichen (Lehr-)Zielen werden letztlich Annahmen auf der Anwendungsebene formuliert, die im Wege der Interventionsanalyse überprüft werden (können).[40]

Die abstrakten Modelle wurden zunächst in eine noch immer abstrakte Liste an Leitprinzipien für die didaktische Gestaltung überführt. Die Leitprinzipien waren ihrerseits mittels der Formulierung von Designprinzipien zu konkretisieren, welche letztlich in konkreten Gestaltungsmerkmalen der didaktischen Intervention mündeten.[41] Um auf der Anwendungsebene bestehende Erfahrungen ebenfalls in den Gestaltungsprozess zu integrieren, waren Erkenntnisse der Praxis ebenfalls zu berücksichtigen und im Rahmen der Analyse der Ausgangslage zu betrachten.[42] Hierzu mehr im nächsten Abschnitt.

II. Legal Tech in der Lehre – Anwendungsebene

Legal Tech ist ein neuer Gegenstandsbereich, für den kein einheitliches Verständnis vorliegt. Im Diskurs existieren verschiedene Definitionen[43] und Beschreibungsmöglichkeiten[44]. Teilweise wird Legal Tech als unwissenschaftlicher, konturloser Marketingbegriff eingestuft.[45] Zu Beginn des Projektes gab es nur sehr wenig Legal Tech-Lehre in der deutschen Hoch-

---

40 *Euler,* Design principles (Fn. 31), 9 f., 4.0.
41 *Euler,* Design principles (Fn. 31), 4 f., 3.1 u. 7, 3.2.
42 *Reinmann,* DBR holistisch (Fn. 3), 6 f.
43 *M. Fries,* PayPal Law und Legal Tech – Was macht die Digitalisierung mit dem Privatrecht?, NJW 2016, 2860 (2862), dort Fn. 32; *M. Fenwick/W. A. Kaal/E. P. M. Vermeulen,* Legal Education in the Blockchain Revolution, 2 Vanderbilt Journal of Entertainment & Technology Law2017, 351 (359); *M.-M. Bues/E. Matthei,* LegalTech on the Rise: Technology Changes Legal Work Behaviours, But Does Not Replace Its Profession, in: K. Jacob/D. Schindler/R. Strathausen (Hrsg.): Liquid Legal: Transforming Legal into a Business Savvy, Information Enabled and Performance Driven Industry, Berlin 2017, S. 89 (90); *Anzinger,* Legal Tech (Fn. 4), S. 1; *J. Wagner,* Legal Tech und Legal Robots. Der Wandel im Rechtswesen durch neue Technologien und Künstliche Intelligenz, 2. Aufl., Wiesbaden 2020, S. 2.
44 *O. R. Goodenough,* URL: https://www.huffpost.com/entry/legal-technology-30_b_66 03658 (13.5.2022); *S. Breidenbach/F. Glatz,* 1. Einführung, in: dies. (Hrsg.), Legal Tech (Fn. 25), S. 1 – 9; *M. Kilian,* Die Zukunft der Juristen, NJW 2017, 3043; *C. Veith et al.,* How Legal Technology Will Change the Business of Law, 2016, 3 – 5.
45 *D. Timmermann,* Legal Tech-Anwendungen – Rechtswissenschaftliche Analyse und Entwicklung des Begriffs der algorithmischen Rechtsdienstleistung, Berlin 2020, S. 710, Nr. 1.

schullandschaft.⁴⁶ Eine didaktische Vergleichbarkeit und damit Verwertbarkeit aufgrund der Kontextualisierung⁴⁷ der vorhandenen Lehrveranstaltungen war im deutschsprachigen Raum kaum möglich, da die jeweils vorliegenden Informationen und Publikationen keine didaktische Perspektive aufwiesen und auch nicht dahingehend ausgewertet werden konnten. Im Ergebnis waren keine relevanten Quellen zur Legal Tech-Lehre im deutschsprachigen Raum zu finden, sodass weder inhaltlich noch methodisch darauf aufgesetzt werden konnte.

Neben dem Mangel an spezifischen Erfahrungen im Kontext der Vermittlung von Legal Tech sind die in der Hochschuldidaktik und in anderen Fachdidaktiken prominent diskutierten Einflüsse des Konstruktivismus auf didaktische Methoden⁴⁸ in der rechtswissenschaftlichen Lehre kaum⁴⁹ didaktischen Reflexionen unterzogen worden, sodass auch hier nicht auf einen breit etablierten Bestand erprobter didaktischer Methoden zurückgegriffen werden kann.

Angesichts dieser Ausgangslage besteht die Notwendigkeit, Bezüge zu anderen Fachdidaktiken, der allgemeinen Hochschuldidaktik oder Bereichen außerhalb der Didaktik herzustellen.

---

46 *M. Fries*, Legal Tech an meiner Uni?, Beck-Community 2018, URL: https://community.beck.de/2018/10/12/legal-tech-an-meiner-uni (31.05.2022); *Anzinger,* Legal Tech (Fn. 4), S. 26 ff.; unveröffentlichte Recherche der TU Harburg.
47 *Gabrysiak/Griese/Seibel,* Next-Generation Design (Fn. 17), S. 107 (110 f.) zur Kontextabhängigkeit von didaktischen Interventionen.
48 *W. A. Hoover*, The Practice Implications of Constructivism, SEDL Letter Volume IX, Number 3, 1996.
49 Einige Beispiele, die sich vorwiegend auf Problembasiertes und Forschungsnahes Lernen fokussieren: *R. Broemel*, Didaktische Formate im rechtswissenschaftlichen Studium, in J. Krüper, Rechtswissenschaft lehren (Fn. 34), S. 594 – 615 (601), Rn. 28 & 31; *D. Bartlitz*, Der Inverted Classroom in der (digitalen) juristischen Lehre, ZDRW, 2020, H4, S. 388 – 401; *A. Becker/K. Uffmann/Ch. Palzer/J. Krieger*, RUBLaw-active: Unternehmensrecht – Eine problembasierte Lehr- und Lernmethode im Jurastudium, ZDRW, 2019, H3, S. 279 – 291; *M. Frey*, Forschendes Lernen im Bereich der rechtlichen Fragen der Erneuerbaren Energien – ein Werkstattbericht am Beispiel der Hochschule für öffentliche Verwaltung Kehl, ZDRW, 2014, H3, S. 251 – 260; *J. Oelkers/Ph. A. Kraus*, Problembasiertes Lernen (PBL) in der rechtswissenschaftlichen Lehre, ZDRW, 2014, H2, S. 142 – 149; *A. Scholkmann*, Problembasiertes Lernen und (rechtswissenschaftliche) Fallmethode, ZDRW, 2014, H1, S. 28 – 43; *R. Bork/O. Muthorst*, Forschendes Lernen im Seminar im Bürgerliches Recht für Anfänger, ZDRW, 2013 H0, S. 71 – 79; allgemein: *J. Brockmann/J.-H. Dietrich/A. Pilniok*, Methoden des Lernens in der Rechtswissenschaft, Baden-Baden 2012.

E. Relevante Kompetenzen – Eingrenzung potenzieller Interventionsziele

Im didaktischen Design obliegt die Auswahl der Lehrziele und der diesbezüglichen konkreten Inhalte (Was) der Lehrperson in Verbindung mit der Methodenauswahl (Wie). Eine Möglichkeit zur Formulierung von Lehrzielen bilden Kompetenzbeschreibungen.[50] Bei der Wahl von Kompetenzbeschreibungen als Lehrziele besteht die Herausforderung, dass für den Kompetenzbegriff keine einheitliche Definition vorliegt und Kompetenzbeschreibungen unterschiedliche Bestandteile zugesprochen werden. Regelmäßig werden unter einer Kompetenzbeschreibung die notwendigen Voraussetzungen verstanden, um komplexe Anforderungen erfolgreich erfüllen zu können und schließen somit das Können und Handeln mit ein.[51] Aus dem Kontext des sogenannten Bologna-Prozesses wird unter Kompetenz vor allem berufliche Handlungskompetenz verstanden und beinhaltet das Wissen und Können, das den praktischen Anforderungen der Tätigkeiten der Profession genügt.[52] Im Folgenden stelle ich das Vorgehen zur Eingrenzung relevanter Kompetenzen im Projekt vor.

Hinsichtlich der Eingrenzung relevanter Inhalte liegt eine Vielzahl an Reflexionen zum Gegenstandsbereich Legal Tech vor. Die Gewichtung darin enthaltener Inhalte und/oder Kompetenzen folgt hierbei unterschiedlichen Argumentationslinien.[53] Insgesamt ergibt sich daraus eine lange Liste an potenziell zu verfolgenden Zielen und Inhalten für eine Legal Tech-Intervention.

---

50 *J. Brockmann*, Lernzielorientierung und Veranstaltungsplanung in der Rechtswissenschaft, in: J. Krüper, Rechtswissenschaft lehren, (Fn. 34), S. 616 – 651 (622), Fn. 13.
51 *F. E. Weinert*, Concept of competence: A conceptual clarification, in D. S. Rychen/L. H. Salganik (Hrsg.), Defining and selecting key competencies, 2001, S. 45 – 65 (62).
52 *G. Reinmann*, Kompetenz – Qualität – Assessment: Hintergrundfolie für das technologiebasierte Lernen, in M. Mühlhäuser/W. Sesink/A. Kaminski/J. Steimle (Hrsg.), Interdisziplinäre Zugänge zum technologiegestützten Lernen, S. 467 – 493 (468).
53 Vgl. *S. Breidenbach*, Juristenausbildung und Legal Tech, in: Breidenbach/Glatz (Hrsg.), Legal Tech (Fn. 25), S. 301 (302 ff.); *M. Zwickel*, Jurastudium 4.0? – Die Digitalisierung des juristischen Lehrens und Lernens, JA 2018, 881 (887 ff.); *Kilian*, Zukunft Juristen (Fn. 44); *D. Hartung*, Judex Calculat – Neue Berufsbilder und Technologie in der juristischen Ausbildung, in: M. Hartung/M.-M. Bues/G. Halbleib (Hrsg.), Legal Tech: Die Digitalisierung des Rechtsmarkts, München 2017, S. 237 (242 ff.); *H.-P. Schwintowski/V. Podmogilnij/D. Timmermann*, Legal Tech – Ein neues (Ordnungs-)Prinzip der Rechtswissenschaft?, 4 Ordnung der Wissenschaft 2019, 205 (212 f.).

Angesichts der beschriebenen Ausgangslage waren die potenziell zu verfolgenden Kompetenzziele der Intervention zu ermitteln. Um eine Auswahl relevanter Kompetenzbeschreibungen vornehmen zu können, brauchte ich eine entsprechende Synthese.[54] Hierfür bot sich ein Blick auf die tatsächlichen Entwicklungen der Praxis an. Aufbauend auf einem ersten allgemeinen Verständnis für relevante Technologien im Legal Tech-Kontext, habe ich einzelne Marktakteur:innen betrachtet und erste Annahmen bezüglich der verwendeten Technologien vorgenommen. Daraus ergab sich die Möglichkeit, die Relevanz von einzelnen Technologien entlang der Repräsentation am Markt abzuleiten. Es zeigt sich, dass speziell im deutschsprachigen Raum die „Industrialisierung"[55] von Rechtsdienstleistungen vordergründig ist.[56]

Vor dem Hintergrund eines allgemeinen Verständnisses für relevante Themen und Technologien habe ich qualitative Interviews mit ausgewählten Expert:innen durchgeführt, die bereits erste Lehrerfahrungen im Legal Tech-Zusammenhang gesammelt hatten. Die Auswahl infrage kommender Personen baute auf der Analyse der Verbreitung von Legal Tech-Lehrveranstaltungen im deutschsprachigen Raum auf. Ziel der Interviews war es, mein bestehendes Verständnis und die bisherige Eingrenzung abzusichern und weitergehende Impulse für die eigene Interventionsentwicklung zu erhalten.

Auf diese Weise ist als Zwischenergebnis aus anfänglicher Analyse und der darauf aufbauenden empirischen Arbeit eine Liste mit insgesamt 17 unterschiedlich konkreten, potenziell relevanten Kompetenzbeschreibungen entstanden. Diese Beschreibungen sind demnach in den Interviews validierte oder modifizierte Annahmen aus der Vorarbeit oder enthalten neue Aspekte, die ich im Vorfeld nicht antizipiert hatte. Zunächst stehen die einzelnen Kompetenzbeschreibungen nebeneinander. Mit steigender Abstraktion nimmt die Komplexität von Kompetenzbeschreibungen regelmäßig zu. So gehen einzelne konkretere teilweise vollständig in abstrakteren Kom-

---

54 Eine Liste an möglichen Kriterien zur Bewertung von Relevanz findet sich aktuell bei *J. Brockmann*, Lernzielorientierung (Fn. 50), Rn. 80, 81.
55 *Breidenbach/Glatz*, Legal Tech (Fn. 25), S. 2 – sie verwenden den Begriff analog zu den Veränderungen der Wertschöpfungsketten zu Zeiten der industriellen Revolution, auch bekannt als Fordismus – gemeint sind damit im Wesentlichen die maschinelle Automation repetitiver (Teil-)Prozesse in der rechtlichen Leistungserbringung.
56 Zur Bedeutung auch *R. Broemel*, Formate (Fn. 49), Rn. 16.

petenzbeschreibungen auf. Dies lässt sich anhand von drei ausgewählten Kompetenzen zeigen:[57]
Danach sollen die Studierenden...

1. ... den Gegenstandsbereich (Legal Tech) definieren können.
2. ... ein realistisches Verständnis der Funktionsweisen und Leistungspotenziale unterschiedlicher Technologien besitzen.
3. ... fähig sein, bestehende Legal Tech-Angebote und -Akteur:innen am Markt zu analysieren, einzuordnen und zu bewerten, also den Status quo zu verstehen und vor dem Hintergrund eines grundlegenden Technikverständnisses und/oder Anwendungsverständnisses dann mögliche Entwicklungslinien antizipieren zu können.

Im Rahmen der didaktischen Reflexion dieser Beschreibungen wird deutlich, dass sie implizit sehr unterschiedliche Anforderungen an das didaktische Design enthalten. Um Szenarien gestalten zu können, die der Ausbildung dieser spezifischen Kompetenzen dienlich sind, war daher zunächst ein Verständnis zu entwickeln, welche kognitiven Voraussetzungen den Kompetenzbeschreibungen innewohnen und in welchem (lern-)prozessualen Bezug sie zueinander stehen.[58]

Die unterschiedlichen Stufen kognitiver Komplexität werden durch den Handlungsbezug der Kompetenzbeschreibungen indiziert. Verkürzt gesagt, befindet sich auf der ersten Stufe das *Wissen* und/oder *Kennen* mit den Handlungsbeschreibungen *auswendig wiedergeben* oder *Routinen ausführen*. Auf Stufe 2 wird von *Verständnis* ausgegangen, das sich in den Handlungen, *Gelerntes wiedergeben* oder *paraphrasieren können*, zeigen soll. Die *Analyse* befindet sich auf der vierten Stufe und zeichnet sich dadurch aus, dass *Gelerntes in Bestandteile zerlegt* und *Strukturen erläutert* werden kann/können.[59] Da die höheren Stufen kognitiver Prozessdimensionen nur auf den unteren Stufen aufsetzen können, ergaben sich aus den formulierten Kompetenzbeschreibungen implizite Verbindungen der zu etablierenden

---

57 Der folgenden Einordnung liegt die Annahme zugrunde, dass sich kognitive Lernziele hierarchisch zueinander auf unterschiedlichen Ebenen des Wissens befinden, als Referenz wurde hier die Lernzieltaxonomie von L. Anderson et al. (Hrsg.), A taxonomy for learning, teaching, and assessing: A revision of Bloom's taxonomy of educational objectives, New York 2001, herangezogen.
58 Zu Lernzielen als Ausgangspunkt der Veranstaltungsplanung siehe *J.* Brockmann, Lernzielorientierung (Fn. 50), Rn. 22.
59 Dazu Zusammenfassend *J.* Brockmann, Lernzielorientierung (Fn. 50), Rn. 44 ff. oder L. Anderson et al., Taxonomy (Fn. 57), S. 4 f.

Wissensbestände. Bezogen auf die drei benannten Beschreibungen ergibt sich, dass im kognitiven Prozess die Kompetenzbeschreibungen 1. und 2. Durchgangsstadien für die 3. Kompetenzbeschreibung sind. Nach meiner Analyse befinden sich das „Definieren" (1.) auf der unteren Stufe (*Wissen/ Kennen*) und das „realistische Verständnis" (2.) auf der zweiten Stufe (*Verständnis*) und die dritte Beschreibung verbindet in der „Analyse" die jeweils etablierten Kompetenzen auf vierter Stufe (*Analyse*). Wann und in welchem Modus diese unterschiedlichen Zielstellungen im konkreten Design adressiert werden (können), ist Teil der Operationalisierung.

F. *Zielbestimmung durch Operationalisierung von Kompetenzbeschreibungen*

Das Zustandekommen eines konkreten didaktischen Szenarios erfolgt als individuelle Angelegenheit durch eigenständige Komposition, Organisation und unter Verwendung von Taxonomien, die als Verfahrensvorgaben fungieren.[60] Aus der Eigenschaft der Kompetenzbeschreibungen als Lehrziele[61] ergibt sich, dass die Inhalte noch zu bestimmen sind, um diese Ziele zu erreichen.[62] Daneben ist im Rahmen des DBR-Forschungsdesigns das methodische Vorgehen mit den Inhalten in Bezug zu setzen und Annahmen zu treffen, warum die gewählte Methoden dazu beitragen, die spezifischen Ziele zu erreichen. Diese Annahmen werden Designprinzipien genannt. Sie setzen sich sprachlich aus verfolgten Zielen und einzusetzenden Methoden zusammen und verbinden so das „Was" (Lehrziel) mit dem „Wie" (Methode).[63]

In diesen Annahmen sind auch die Implikationen der abstrakten rechtsdidaktischen Modelle zu berücksichtigen, die dafür zunächst weiter konkretisiert werden mussten. Als notwendige Zwischenschritte waren im ers-

---

60 *Reinmann*, Studientext (Fn. 2), S. 113.
61 Kompetenzbeschreibungen repräsentieren eine von mehreren Möglichkeiten, Lehrziele im didaktischen Design zu formulieren. Die folgend vorgestellten Schritte zur Operationalisierung eignen sich somit grundsätzlich auch, um andere Formen der Lehrzielbeschreibung für didaktische Interventionen zu operationalisieren. Zum Verhältnis von Lernzielen und Kompetenzbeschreibungen, insbesondere auf unterschiedlichen Abstraktionsebenen, siehe *J. Brockmann*, Lernzielorientierung (Fn. 50), Fn. 13, 28 ff. et passim.
62 *J. Brockmann*, Lernzielorientierung (Fn. 50), Rn. 22.
63 *Euler*, Design principles (Fn. 31), 6, 3.2.

ten Schritt Leitprinzipien aus den Modellen abzuleiten.⁶⁴ In Abbildung 3 befinden sich die Modelle auf der abstraktesten Ebene ganz links in der Spalte der *allgemeinen Hochschuldidaktik und der Fachdidaktik*. Im ersten Schritt der Konkretisierung leitete ich einzelne Leitprinzipien ab, die nach meiner Lesart jeweils in den Modellen enthalten sind. Zur besseren Nachvollziehbarkeit der Konkretisierung stelle ich nun die Formulierung eines Leitprinzips exemplarisch am Modell der transformativen Wissenschaftsdidaktik dar. Die transformative Wissenschaftsdidaktik enthält u.a. als Ansatz die Forderung *Differenzerfahrungen herbeizuführen*, um durch eine gewisse Irritation intendierte Lernprozesse zu aktivieren.⁶⁵ Die Herbeiführung von Differenzerfahrungen habe ich daher als Leitprinzip benannt. Auf Grundlage des gebildeten Leitprinzips konnte ich nun didaktische Prinzipien formulieren, die noch konkreter sind. Aus dem Leitprinzip *Differenzerfahrungen herbeiführen* folgt als ein mögliches didaktisches Prinzip die *Variation der Methode*. Mein gedanklicher Ausgangspunkt für die Benennung didaktischer Prinzipien war dabei die hervorzurufende Differenzerfahrung selbst. Ich gehe davon aus, dass diese grundsätzlich über unterschiedliche gestalterische Entscheidungen provoziert werden kann. Anhaltspunkte für mögliche Gestaltungen sind bereits in den empirischen Daten zur Genese der Modelle von *Rzadkowski* enthalten.⁶⁶ Zentrale Annahme ist, dass ein bewusster Bruch mit Bekanntem eine Differenzerfahrung herbeiführen kann. Solche Brüche sind angesichts einer sehr einheitlich daherkommenden Ehrfahrung von Lehre im Jurastudium, mit mehr als 90% Vorlesungen,⁶⁷ gut durch ein Seminar mit methodischen Veränderungen (Neueinführungen) zu erreichen. Daraus folgt das Prinzip *Variation der Methode* als ein möglicher Ansatzpunkt, um Differenzerfahrungen zu ermöglichen.

Erst im nachfolgenden Schritt, der Formulierung von konkreten Designprinzipien, ist die konkrete Anwendungsebene erreicht. Diese wird in Abbildung 3 durch den Knoten symbolisiert und in der schematischen Darstellung unten befinden sich die Designprinzipien auf der zweituntersten Stufe. Das formulierte Designprinzip verbindet die konkret einzusetzende Methode und die kognitiven Ziele (aus den Kompetenzbeschreibungen) sowie die primär affektiven Ziele der rechtsdidaktischen Modelle in Form einer Annahme hinsichtlich der didaktischen Intervention. Im Beispiel der

---

64 *Euler*, Design principles (Fn. 31), 4 f., 3.1 u. 7, 3.2.
65 Zum „positiv irritierend wirken" auch *J. Krüper*, Projekt Fachdidaktik (Fn. 34), Rn. 40.
66 *Rzadkowski*, Recht wissenschaftlich (Fn. 34), S. 151 ff.
67 *S. Breidenbach/U. Gläßer*, Rethinking Legal Education, 6 Rethinking: Law 2020, 4 (5).

Abbildung 3 sind insoweit eine konkrete Methode und mindestens ein konkretes Lehrziel Voraussetzung, um ein Designprinzip formulieren zu können.

Schematisch ergibt sich folgende Genese ausgehend von den Modellen auf der abstrakten Grundlagenebene bis hin zu den konkreten Gestaltungsmerkmalen der Intervention auf der Anwendungsebene:

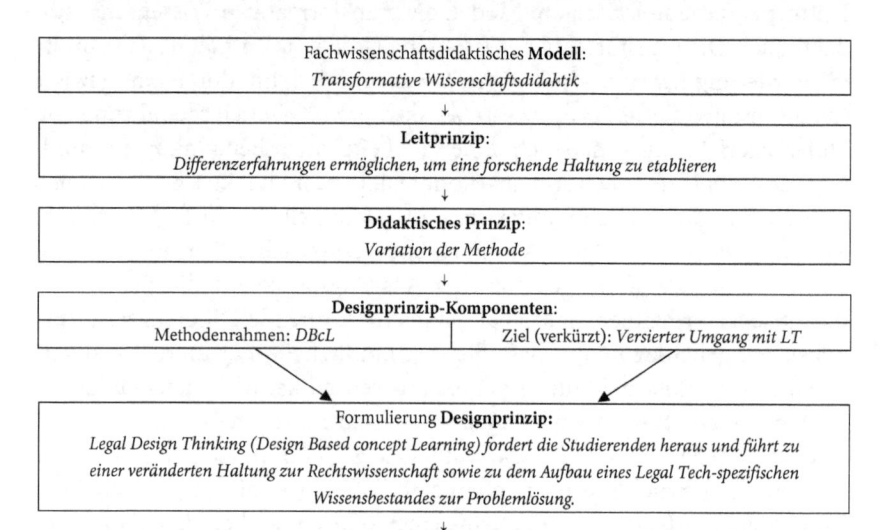

Fachwissenschaftsdidaktisches **Modell**:
Transformative Wissenschaftsdidaktik

↓

Leitprinzip:
Differenzerfahrungen ermöglichen, um eine forschende Haltung zu etablieren

↓

Didaktisches Prinzip:
Variation der Methode

↓

Designprinzip-Komponenten:	
Methodenrahmen: *DBcL*	Ziel (verkürzt): *Versierter Umgang mit LT*

Formulierung **Designprinzip**:
Legal Design Thinking (Design Based concept Learning) fordert die Studierenden heraus und führt zu einer veränderten Haltung zur Rechtswissenschaft sowie zu dem Aufbau eines Legal Tech-spezifischen Wissensbestandes zur Problemlösung.

↓

Design-Merkmale:
Die Studierenden werden mit einem sog. unvollkommenem Design-Case (= initiales Problem; Anträge der öff. Leistungsverwaltung, SGB) konfrontiert. Dessen Lösung wird erst im Prozess durch die Studierenden gestaltet und erfordert eine tiefgehende eigenständige Erschließung des Problemkerns. Sie setzen sich mit der „Übersetzung" der materiellen Anspruchsprüfung mittels eines Algorithmus-basierten no-code-Tools auseinander und lernen implizit die Anatomie von Tatbeständen zu analysieren (z.B. kumulative vs. exklusive Voraussetzungen). Die Erfahrung, eigenständig Lösungen zu gestalten, verändert die Haltung zum Gegenstand.

Wie aus dem Schema deutlich wird, bleibt über die einzelnen Zwischenschritte der Bezug zu theoretischen Modellen aufrechterhalten und die einzelnen Design-Merkmale bauen mittelbar auf ihnen auf.

Im Rahmen des Promotionsprojektes wurde, ausgehend vom Legal Design Thinking-Ansatz, der Methodenrahmen des Design Based concept Learning[68] (DBcL) als potenziell geeignet für die Intervention eingeordnet. Verkürzt lässt sich DBcL als Problemorientierter Methodenrahmen aus der Familie konstruktivistischer Methoden beschreiben. Das initiale offene

---

68 I. Henze/M. J. De Vries, Design-Based (Fn. 9).

Problem ist dabei regelmäßig eine Designherausforderung aus dem jeweiligen Gegenstandsbereich. Der Methodenrahmen lässt große Gestaltungsspielräume auf Seiten der Studierenden.

Als bisher unbekannter Methodenrahmen in der Jurist:innenausbildung besteht eine potenzielle Eignung, dem theoretischen Anspruch des didaktischen Prinzips *„Variation der Methode"* gerecht zu werden. Entlang der hochschuldidaktischen Erkenntnislage zu dem Methodenrahmen, primär aus Quellen anderer Fachdidaktiken,[69] erschien der Rahmen auch geeignet,[70] um grundlegende Legal Tech-Kompetenzen auszubilden und den abstrakten Ansprüchen der rechtswissenschaftsdidaktischen Modelle gerecht zu werden.

Der Knoten in der Grafik ist demnach als Platzhalter für Designprinzipien zu verstehen, die ihrerseits Annahmen über die Wirkung konkreter Herangehensweisen in der Intervention darstellen.[71] Bei dem Entwurf einer didaktischen Intervention entsteht, je nach verfolgtem Ziel, mindestens eine Annahme über die Erreichung des Ziels in Form eines Designprinzips. Die Designprinzipien münden letztlich in konkrete Ausprägungen der Interventionsgestaltung, sog. Design-Merkmale der Intervention. Die Entwicklung in Bezug auf den Methodenrahmen DBcL und die im vorangehenden Abschnitt formulierte Kompetenzbeschreibung (3.) wird nachfolgend dargestellt.

---

69 *I. Henze/M. J. De Vries*, Design-Based (Fn. 9); *M. Barak*, Problem-, Project- and Design-Based Learning/ Their Relationship to Teaching Science, Technology and Engineering in School, Journal Problem Based Learning 2020, 94 – 97; *S. M. Gomez Puente/W. M. G. Jochems/M. van Eijck*, A sampled literature review of design-based learning approaches: a search for key characteristics, Int J Technology and Design Education 2013, 23, 717 – 732.
70 Siehe zur grundsätzlichen Eignung auch *D. Jackson*, Human-centered legal tech: integrating design in legal education, 50 The Law Teacher 2016, 82 (82, 97).
71 *Euler*, Design Principles (Fn. 31), 3, 2.0.

Anton Sefkow

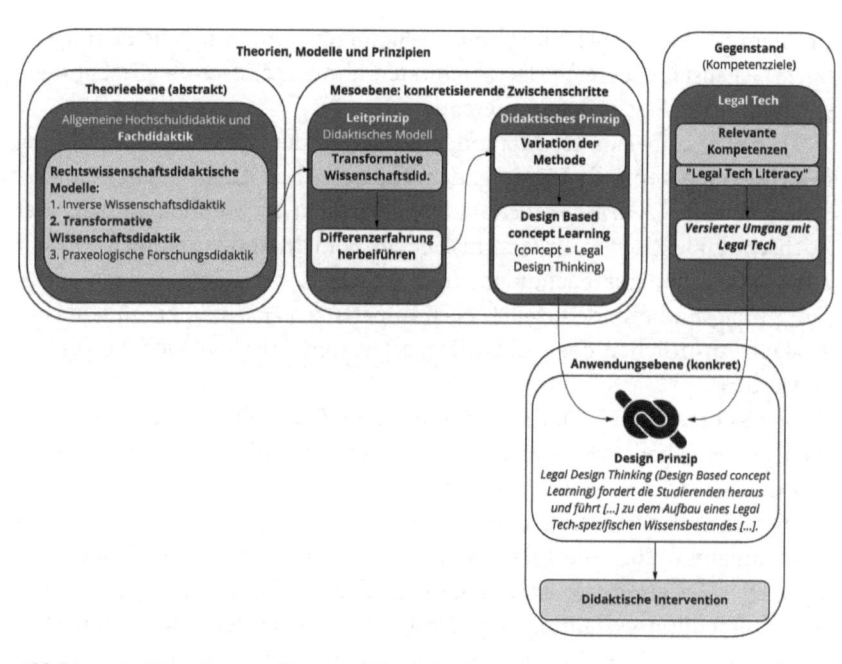

Abbildung 3: Vom theoretischen Modell zur konkreten Intervention

Für die konkrete Interventionsplanung ist es grundsätzlich hilfreich, eine Vielzahl an Methoden und deren prinzipiellen Vor- und Nachteile zu kennen, um kreative Lösungen für das didaktische Design finden zu können. Mit der Kenntnis der Ziele und möglicher Methoden sind unterschiedliche Gestaltungslösungen denkbar. In Bezug auf die obigen Kompetenzbeschreibungen,[72] die als inhaltlich-didaktisch verbunden eingeordnet wurden (Durchgangsstadien der unterschiedlichen Prozessstufen), sind folglich mehrere plausible Ansätze denkbar, um adressierte Kompetenzen zu fördern, je nachdem, welche Methode eingesetzt und wie die konkrete Aufgabenstellung gestaltet wird. Bezüglich der Kompetenzbeschreibung „Legal Tech definieren können" ist es beispielsweise denkbar, diese direkt zu adressieren und eine/mehrere Definition/en vorzugeben, die durch eine entsprechende Aufgabenstellung von den Studierenden bearbeitet und anschließend wiedergegeben werden können soll/en. Als Methode böte sich

---

72 E. Relevante Kompetenzen – Eingrenzung relevanter Interventionsziele, dort nummerierte Liste 1. – 3.

forschungsbasiertes Lernen[73] an, bei der (verkürzt) auf Grundlage wissenschaftlicher Literatur eine Aufgabenstellung bewältigt wird. Beispielhafte Aufgabenstellung: „Lesen Sie die handgereichten Literaturen und vergleichen Sie die darin enthaltenen Definitionen. Bilden Sie anschließend eine eigene Definition, die ihrem Verständnis von Legal Tech entspricht."

Mit dem Bewusstsein, dass die zweite Kompetenzbeschreibung – „realistisches Verständnis der Funktionsweisen und Leistungspotenziale unterschiedlicher Technologien" - auf der Voraussetzung *Legal Tech definieren zu können* aufsetzt, kann andererseits auch eine komplexere Aufgabenstellung erfolgen. Die Lösung dieser Aufgabe müsste zwingend die Definition des Gegenstandes voraussetzen, jedoch nicht damit enden. Die Definition würde in diesem Fall für ein übergeordnetes Ziel (Aufgabenbewältigung) gebraucht. Hier könnte beispielsweise das Fehlen einer einheitlichen Definition für die Identifizierung relevanter Technologien problematisiert werden und als notwendiger Zwischenschritt für die Aufstellung einer Tabelle zu „Funktionsweisen und Potenzialen von Legal Tech" in der Aufgabenstellung fixiert sein. Beispielhafte Aufgabenstellung: „Legen Sie eine Tabelle mit den wesentlichen Funktionsweisen und Potenzialen zentraler Legal Technologies an. Für die Eingrenzung relevanter Technologien ist die Definition des „Legal Tech-Begriffs" notwendig, nehmen Sie hierfür die handgereichten Literaturen und einigen Sie sich auf eine zu verwendende Definition."[74]

G. Zwischenfazit

Wie sich zeigt, ergeben sich im rechtsdidaktischen Forschungsprojekt zu Möglichkeiten und Grenzen der Förderung grundlegender Legal Tech-Kompetenzen in der Jurist:innenausbildung einige zentrale Herausforderungen. Der Mangel an belastbaren didaktischen Erkenntnissen im Forschungsbereich, im speziellen im rechtsdidaktischen Diskurs, wiegt hierbei besonders schwer. Die zu schließende Lücke zwischen abstrakter Theorie-

---

73 Zur Einordnung verschiedener verwandter Methoden der Familie „forschungsnahes Lernen" und der differenzierten Beschreibung von „forschungsbasiertem Lernen" siehe *L. Huber/G. Reinmann*, forschendes Lernen (Fn. 32), S. 96 ff.
74 Diese Aufgabenstellung wäre so hinsichtlich des Hauptzieles *Tabelle anlegen* unvollständig, es fehlen die weiterführenden Schritte nach Erstellung der Definition. Die Formulierung soll lediglich die unterschiedlichen Ansätze im Hinblick auf die Fähigkeit, Legal Tech zu definieren, veranschaulichen.

und konkreter Anwendungsebene ist derart groß, dass konkretisierende Zwischenschritte notwendig sind. Ausdruck finden diese Zwischenschritte in Form von didaktischen Leitprinzipien und didaktischen Prinzipien, die wiederum als Designprinzipien operationalisiert werden. Sie stehen in direktem Bezug zum konkreten didaktischen Design und behandeln die weiteren Implikationen der wissenschaftsdidaktischen Modelle entsprechend nicht.

Auf der Ebene der zu verfolgenden Lehrziele sind die unterschiedlichen Abstraktionsebenen der verfolgten Kompetenzziele und deren Verhältnis zueinander eine weitere Herausforderung. Nur bei Aufschlüsselung des Verhältnisses untereinander lassen sich Aussagen über notwendige Wissensbestände (= kognitive Ziele) treffen, die ihrerseits die in den Kompetenzbeschreibungen enthaltenen Fähigkeiten und Fertigkeiten ausmachen. Hierbei ist ein Faktor nicht zu unterschätzen: Kohärentes didaktisches Design, bei dem eine Abstimmung von Zielen mit Methoden und Prüfungsformat erfolgt, muss dem Umstand Rechnung tragen, dass die Liste an realistisch zu verfolgenden Zielen endlich ist.[75] Die Methode begrenzt folglich das Spektrum an verfolgbaren Zielen. Hinsichtlich der Gestaltung der Intervention ergibt sich mithin, dass die Frage nicht lauten darf „Was muss alles im Kontext von Legal Tech Inhalt einer Intervention sein?" (Ausgangspunkt bildet hier der Gegenstand), sondern „Was kann alles, im Lichte eines konkreten Interventionsdesigns und didaktisch sinnvoll, Inhalt einer Intervention sein?". Die Antwort auf diese Frage findet sich in den formulierten Designprinzipien, die typischerweise Methode und Ziele verbinden. Inwieweit sich die Annahmen bestätigen, ist Gegenstand der Analyse (Evaluation) der Veranstaltung. Hierbei werden keine Ursache-Wirkungs-Analysen durchgeführt. Angesichts der Kontextabhängigkeit von didaktischen Interventionen handelt es sich um Analysen, die darauf abzielen, Aussagen darüber zu treffen, ob sich aufgrund der vorhandenen Datenlage (Empirie) Anzeichen ergeben, dass die formulierten Designprinzipien darüber zu validieren sind oder nicht. Es ist folglich bereits klar, dass nur ein Teilbereich rausgemachter, relevanter, grundlegender Legal Tech-Kompetenzen innerhalb der vorliegenden Intervention adressiert werden kann.

---

[75] *Brockmann* spricht treffend von „didaktischer Reduktion" im Rahmen der Stoffauswahl, *J. Brockmann*, Lernzielorientierung (Fn. 50), Rn. 78.

H. Ausblick

Nach dem Sommersemester 2022 wird die Gesamtauswertung der ersten zwei Iterationen erfolgen und in der Dissertationsschrift expliziert. Zu erwarten ist ein kontextbezogenes Interventionsdesign mit konkreten Beispielen und Aufgabenstellungen sowie Aussagen über Wirkmechanismen. Das Erkenntnisinteresse richtet sich auf die Validierung von Designprinzipien und damit mittelbar auf Rückschlüsse hinsichtlich der didaktischen Modelle. Über die Validierung von Designprinzipien lassen sich zudem Aussagen über die Ausbildung einzelner Kompetenzen im Kontext des konkreten Methodeneinsatzes treffen.

Angesichts des konkreten Interventionsdesigns ergeben sich bezogen auf die nicht adressierten Leitprinzipien der Modelle und den ermittelten Kompetenzbeschreibungen Untersuchungsdesiderate, die gerade nicht Gegenstand der Operationalisierung im vorliegenden Projekt gewesen sein werden. Es ist wünschenswert, dass sich viele Lehrende aufgefordert fühlen, diese, aber auch die bereits adressierten Leitprinzipien, in ihrer Interventionsplanung zu berücksichtigen und anschließend die Erfahrungen mit der Community zu teilen.[76]

Das Vorliegen von abstrakten Modellen ermöglicht eine strukturierte fachdidaktische Diskussion, die das gemeinsame Voranbringen der noch jungen Disziplin förderte. Weiter ist die Anwendung der Modelle auf bereits etablierte Gegenstände, wie den Kernstoff des Examens, von Interesse. Angesichts einer allgemein starken Fragmentierung fachdidaktischer Diskurse[77] stellt die aktuelle Lage aus meiner Sicht eine große Chance für die Rechtsdidaktik dar. Im Prozess des Wiederentstehens der Fachdidaktik besteht die Möglichkeit eines abgestimmten, an den rechtsdidaktischen Modellen orientierten, Diskurs zu führen und so ein theoretisches rechtsdidaktisches Fundament zu generieren.

---

76 J. *Krüper,* Projekt Fachdidaktik (Fn. 34), Rn. 29, 43, 78, passim.
77 K. *Reiber,* „Klassiker der Hochschuldidaktik" als disziplinare Orientierung für ein interdisziplinäres Arbeitsfeld, in: P. Tremp/B. Eugster (Hrsg.), Klassiker der Hochschuldidaktik? Kartografie einer Landschaft, Wiesbaden 2020, S. 33 (36).

Law goes digital: Lehrkonzepte zur Digitalisierung – vom Grundstudium bis zum Referendariat

Bettina Mielke

A. Einleitung

Die Digitalisierung spielt im Rechtswesen eine immer größere Rolle: Sie hat zum einen auf allen Ebenen Einzug in die juristische Arbeitspraxis gehalten, zum anderen sind mit ihr zusammenhängende Phänomene Gegenstand von Rechtssetzung und Rechtsprechung. Der erste Bereich wird geprägt von der Einführung digitaler Techniken zur Unterstützung und Verbesserung juristischer Tätigkeiten – von der elektronischen Akte über fortgeschrittene Recherche- und Analysemöglichkeiten in digitalen Dokumentbeständen bis hin zur computergestützten Hilfe bei der Verfassung von Rechtstexten oder der Erbringung von Rechtsdienstleistungen. Ein Beispiel aus der Rechtssetzung ist das Gesetz zur Umsetzung der Richtlinie über bestimmte vertragsrechtliche Aspekte der Bereitstellung digitaler Inhalte und digitaler Dienstleistungen vom 25. Juni 2021 (BGBl I, S. 2123), Rechtsprechungsbeispiele sind die Entscheidungen zur Zulässigkeit von Legal Tech-Angeboten wie *wenigermiete.de* (inzwischen umbenannt in *CONNY*) oder *smartlaw.de*.[1]

Die genannten Fälle illustrieren gleichzeitig den Unterschied zwischen der Digitalisierung des Rechts und dem Recht der Digitalisierung. Ähnlich wird in der Rechtsinformatik schon seit ihren Anfängen zwischen der Rechtsinformatik im engeren Sinn, die zur Informatik gehört, und dem Informationsrecht (oder je nach Ausprägung Informatikrecht, IT-Recht etc.) unterschieden.[2] Beide Bereiche stehen sich dabei nicht unvermittelt

---

1 Siehe die Urteile des Bundesgerichtshofs vom 27. November 2019, Az. VIII ZR 285/18, NJW 2020, 208, zu *wenigermiete.de/CONNY* (mittlerweile in weiteren Entscheidungen des BGH bestätigt, vgl. BGH, Urteil vom 27. Mai 2020, Az. VIII ZR 31/19: «gefestigte Rechtsprechung des Senats») sowie vom 9. September 2021, Az. I ZR 113/20, zu *smartlaw.de*.
2 Siehe *M. Herberger*, „Künstliche Intelligenz" und Recht. Ein Orientierungsversuch, NJW 2018, 2825 (2825). Bereits 1970 definierte *Steinmüller* die Rechtsinformatik als diejenige Wissenschaftsdisziplin, die sich mit den Voraussetzungen, Möglichkeiten und

gegenüber, sondern bilden einen Zusammenhang. Deutlich wird dies bei der rechtlichen Beurteilung von Legal Tech-Angeboten, die auch ein Verständnis der Technik erfordert.[3]

Ausgehend von dieser Unterscheidung (Digitalisierung des Rechts vs. Recht der Digitalisierung) ist zu fragen, an welchen Stellen digitale Inhalte bzw. ihre rechtliche Bewertung in das Studium der Rechtswissenschaft integriert bzw. welche Zusatzangebote bis hin zu eigenen Studiengängen in diesem Bereich entwickelt und welche Inhalte vermittelt werden sollten. Die Rechtswissenschaft ist dabei in einer vergleichbaren Situation wie andere Wissenschaften, die ebenfalls diskutieren, ob beispielsweise digitale Editionstechniken direkt in den Philologien wie der Romanistik oder der Germanistik unterrichtet werden oder Zusatzqualifikationen bis hin zu eigenen Studienangeboten für digitale Geisteswissenschaften geschaffen werden sollen, wie der Master-Studiengang *Digital Humanities* an der Universität Regensburg.[4] Falls man eigene Zusatzangebote ins Auge fasst, ist in der Rechtswissenschaft ebenso alles denkbar vom (hilfswissenschaftlichen) Angebot einer Basisqualifikation in Informatik über Weiterbildungsstudiengänge bis hin zu eigenständigen Rechtsinformatik-(Teil-)Studiengängen im Bachelor- und Masterbereich.[5] Im Fall der Integration der Inhalte in das Studium der Rechtswissenschaft ergeben sich ebenfalls verschiedene Möglichkeiten: Vollständige Integration in die reguläre universitäre Juristenausbildung, Zusatzangebote für Interessierte oder die Integration in einen universitären Schwerpunktbereich nach § 5a Abs. 2 Satz 1 DRiG.[6] Genauso ist

---

Problemen der automatisierten Informationsverarbeitung auf dem Gebiet des Rechts befasst, *W. Steinmüller*, EDV und Recht. Einführung in die Rechtsinformatik, JA-Sonderheft 6, Berlin 1970, S. 30.

3 *Herberger* spricht in diesem Zusammenhang davon, dass „ein ständiges Hin- und Herwandern des Blicks unabdingbar" sei; wer „beispielsweise beim Entwurf eines Rechtsinformatik-Werkzeugs erkennt, dass es aus rechtlichen Gründen nicht angewendet werden darf, wird entweder das Werkzeug modifizieren oder eine Veränderung der rechtlichen Rahmenbedingungen anstreben", *Herberger*, Künstliche Intelligenz (Fn. 2), 2825.

4 Vgl. dazu *B. Mielke/C. Wolff*, Der lange Weg zum Studium der Rechtsinformatik: Wie gestaltet man ein Legal Tech-Curriculum? in: E. Schweighofer/W. Hötzendorfer/F. Kummer/A. Saarenpää (Hrsg.), Verantwortungsbewusste Digitalisierung, Tagungsband des 23. Internationalen Rechtsinformatik Symposions IRIS 2020, Bern 2020, S. 387 (388).

5 *Mielke/Wolff*, Rechtsinformatik (Fn. 4), S. 388.

6 Siehe auch *Mielke/Wolff*, Rechtsinformatik (Fn. 4), S. 388 ff. mit Beispielen zu den jeweiligen Angeboten sowie gängigen Argumenten, die für und wider die jeweilige Möglichkeit sprechen.

innerhalb des juristischen Vorbereitungsdienstes die Integration in die regulären Arbeitsgemeinschaften, die Schaffung von Zusatzangeboten oder die Aufnahme dieser Inhalte in ein besonderes Berufsfeld, wie sie die bayerische Ausbildungs- und Prüfungsordnung für Juristen (JAPO) in § 58 Abs. 3 vorsieht, oder einen Schwerpunktbereich gemäß § 47 Abs. 1 Nr. 5 der Verordnung des Justizministeriums über die Ausbildung und Prüfung der Juristinnen und Juristen (JAPrO) in Baden-Württemberg möglich.

Im Hinblick auf gesetzgeberische Vorgaben ist festzustellen, dass im Deutschen Richtergesetz weder bei den Pflichtfächern noch bei den Schlüsselqualifikationen Digitalisierung oder Digitalisierungskompetenz als Themen verankert sind.[7] Die Pflichtfächer sind gemäß § 5a Abs. 2 Satz 3 DRiG die Kernbereiche des Bürgerlichen Rechts, des Strafrechts, des Öffentlichen Rechts und des Verfahrensrechts einschließlich der europarechtlichen Bezüge, der rechtswissenschaftlichen Methoden und der philosophischen, geschichtlichen und gesellschaftlichen Grundlagen. § 5a Abs. 3 Satz 1 DRiG gibt vor, dass die Inhalte des Studiums die rechtsprechende, verwaltende und rechtsberatende Praxis einschließlich der hierfür erforderlichen Schlüsselqualifikationen wie Verhandlungsmanagement, Gesprächsführung, Rhetorik, Streitschlichtung, Mediation, Vernehmungslehre und Kommunikationsfähigkeit berücksichtigen. In den Ausbildungs- und Prüfungs-

---

7 Zu Forderungen hierzu siehe etwa *W. Bernhardt/C. Leeb*, IT in der Juristenausbildung: E-Justice-Kompetenz, in: U. Kramer/T. Kuhn/H. Putzke (Hrsg.), Was muss Juristenausbildung heute leisten? Dritte Fachtagung des Instituts für Rechtsdidaktik vom 12. und 13. September 2016 an der Universität Passau, Stuttgart et al. 2019, S. 84 (90); *C. Leeb*, Digitalisierung, Legal Technology und Innovation. Der maßgebliche Rechtsrahmen für und die Anforderungen an den Rechtsanwalt in der Informationsgesellschaft, Duncker & Humblot, Berlin 2019, S. 364; *F. Möslein*, Rechtsanwendung auf digitale Sachverhalte: Zehn Thesen zum Reformbedarf der Juristenausbildung, 2021, https://www.justiz.nrw.de/WebPortal/JM/schwerpunkte/juristenausbildung/jurtech_jurstudy_fachkongress/workshopII/Thesenpapier-WS-II-Moeslein.pdf, S. 5 f.; *S. Omlor*, Stellungnahme zur öffentlichen Anhörung am 11. Dezember 2020, „Juristische Ausbildung an das digitale Zeitalter anpassen", BT-Drucks. 19/23121 und 18/24643, S. 1 f.; *M. Zwickel*, Jurastudium 4.0? – Die Digitalisierung des juristischen Lehrens und Lernens, JA 2018, 881 (883 f.). Eher kritisch äußern sich *S. Hähnchen/R. Bommel*, Legal Tech: Perspektiven der Digitalisierung des Rechtsdienstleitungsmarktes. Die Chancen von Legal Tech nutzen und Risiken vermeiden, AnwBl 2018, 600 (603), u.a. mit dem Hinweis darauf, dass sich die Mehrheit der heute eingesetzten Softwareprodukte gerade deswegen am Markt etabliert habe, weil zumindest die Basisfunktionen intuitiv zu bedienen seien. M.E. ist dies aber nicht der entscheidende Punkt, da es bei den Veranstaltungen zu Digitalisierung und Recht um das Verständnis von Chancen und Risiken von IT-Projekten im juristischen Kontext geht und nicht um die Bedienung von Software.

ordnungen der Länder hat das Thema Digitalisierung mittlerweile teilweise Berücksichtigung gefunden. So heißt es in Bayern seit 2021 in § 23 Abs. 2 Satz 2 JAPO und § 44 Abs. 1 Satz 2 JAPO, dass Studium und Ausbildung auch die zunehmende Bedeutung der Digitalisierung berücksichtigen. In Baden-Württemberg gibt es bereits seit 2019 in § 45 Abs. 1 Satz 3 JAPrO eine gleichlautende Formulierung.

Im Folgenden wird die konkrete Ausgestaltung von Lehrkonzepten zur Vermittlung von digitalen Inhalten an der juristischen Fakultät der Universität Regensburg bzw. im Rechtsreferendariat in Bayern dargestellt, da die Autorin zum einen an der Entwicklung der Curricula an der Universität Regensburg sowie im Vorbereitungsdienst in Bayern beteiligt war und es sich zum anderen im bundesdeutschen Vergleich – soweit ersichtlich – um eines der weitestgehenden Angebote in diesem Bereich handeln dürfte. Nicht diskutiert werden hier Fragen zu digitalen Vermittlungsmöglichkeiten juristischer Inhalte[8] oder digitalen Prüfungsmöglichkeiten (*E-Examen*)[9].

B. Angebote an der Universität Regensburg

Die Universität Regensburg bietet seit einigen Jahren ein vielfältiges Programm für Studierende, die sich mit digitalen Inhalten im Studium beschäftigen möchten, und zwar in ganz unterschiedlicher Ausprägung. So gibt es spezielle Veranstaltungen im Staatsexamensstudium, den Bachelor-Studiengang *LL.B. Digital Law* sowie den Master-Studiengang *LL.M. Legal Tech*. Dabei sind jeweils Themen sowohl zur Digitalisierung im Recht als auch zum Recht der Digitalisierung vorgesehen.

Nicht berücksichtigt werden hier Angebote, die ausschließlich den rechtlichen Bereich im Blick haben, wie der bereits seit langem an der Universi-

---

8 Zur Umstellung des Vorbereitungsdienstes auf Online-Formate siehe *S. Gloßner/B. Mielke/T. Strauß*, Virtuelle Lehrangebote: Erfahrungen mit der Online-Ausbildung im Rechtsreferendariat, in: Der Wirtschaftsführer für junge Juristen 2021/2022, Digitales Lernen. Erfolgreich im Studium und Referendariat, S. 28 f.

9 Nach § 5d Abs. 6 Satz 2 DRiG in der Fassung vom 25. Juni 2021 kann das Landesrecht bestimmen, dass in den staatlichen Prüfungen schriftliche Leistungen elektronisch erbracht werden dürfen. Dies ist in Bayern ab dem Prüfungstermin Herbst 2024 für die Zweite Juristische Staatsprüfung geplant. Zu den Vorhaben dazu in den verschiedenen Ländern siehe *P. Dietrich*, Wie weit sind die Länder mit dem E-Examen, LTO, https://www.lto.de/karriere/jura-referendariat/stories/detail/welche-bundeslaender-fuehren-e-examen-ein-jura-referendariat-studium-digitalisierung.

tät Regensburg bestehende Schwerpunktbereich *Recht der Informationsgesellschaft*. Ähnliche Schwerpunktbereiche finden sich an anderen Universitäten, wie etwa in Freiburg (*Medien- und Informationsrecht*), in Hamburg (*Information und Kommunikation (VII)*), in Münster (*Informations-, Telekommunikations- und Medienrecht*) oder in Passau (*Informations- und Kommunikationsrecht*). Ebenso wenig sind hier Einzelveranstaltungen oder Ringvorlesungen zu Themen der Digitalisierung im Recht aufgeführt, da solche Angebote mittlerweile an nahezu allen Universitäten zu finden sein dürften.

I. Angebote im Staatsexamensstudiengang Rechtswissenschaft

Seit dem Sommersemester 2020 findet eine einstündige Vorlesung *Legal Tech* im Jahresrhythmus statt. Seit dem Sommersemester 2022 gibt es die Vorlesung *Digitalisierung und Recht*, die sowohl für die Studierenden des Staatsexamensstudiengangs offen ist als auch für Studierende des *LL.B. Digital Law*, der seit dem Wintersemester 2021/2022 angeboten wird (dazu unten unter B. II.). Die Studierenden erhalten einen Teilnahmeschein sowie eine Bescheinigung, dass die Vorlesung dem Erwerb von juristischen Schlüsselqualifikationen i.S.v. § 5a Abs. 3 DRiG, § 2 Satz 1, § 23 Abs. 2 JAPO, § 21 StPrO[10] dient.

Behandelt werden die wesentlichen Gesichtspunkte im Kontext von Recht und Digitalisierung. Neben der Erläuterung der Konzepte Rechtsinformatik, Legal Tech, E-Justice/E-Government etc. und der wichtigsten Phänomene und Angebote in diesem Bereich sowie deren Einordnung und Systematisierung werden die bestehenden Nutzungsmöglichkeiten von algorithmischen Systemen und ihre technische Funktionsweise vorgestellt. Ein weiterer Schwerpunkt liegt auf den rechtlichen Implikationen, etwa der Rechtsprechung zu Legal Tech-Angeboten wie *wenigermiete.de*, *myright.de/CONNY* oder *smartlaw.de* einschließlich der rechtspolitischen Diskussionen hierzu. Auch aktuelle Trends und Projekte in diesem Bereich

---

10 In § 21 Abs. 1 StrPO (Studien- und Prüfungsordnung für das Studium der Rechtswissenschaft mit Abschluss Erste Juristische Prüfung an der Universität Regensburg) heißt es: Die Studierenden haben nach Maßgabe der JAPO Schlüsselqualifikationen zu erwerben. Zu den Schlüsselqualifikationen gehören insbesondere Verhandlungsmanagement, Gesprächsführung, Rhetorik, Streitschlichtung, Mediation, Vernehmungslehre, Kommunikationsfähigkeit und der Umgang mit Informations- und Kommunikationstechniken.

sind Gegenstand der Erörterung, um den Studierenden aufzuzeigen, in welche Richtung sich der Einsatz digitaler Techniken im juristischen Kontext entwickeln könnte, etwa im Bereich Künstlicher Intelligenz oder der Blockchain-Technologie.

Ziel ist, einen nüchternen und realistischen Blick auf diese neuen bzw. auch schon alten Phänomene (viele der derzeit hochaktuell erscheinenden Themen werden seit mehr als 50 Jahren in der Rechtsinformatik diskutiert[11]) zu werfen. Die Studierenden sollen in die Lage versetzt werden, die derzeit diskutierten Auswirkungen der Digitalisierung im Rechtswesen einschätzen zu können. Dies erscheint deshalb besonders bedeutsam, da in den Feuilletons, aber auch in der juristischen Fachliteratur nicht selten entweder dystopische Befürchtungen oder utopische Vorstellungen geäußert werden, die von einer falschen Einschätzung der technischen Möglichkeiten zeugen.[12] Ein gutes Beispiel für eine solche Fehleinschätzung ist der immer wieder aufgegriffene (angebliche) KI-Einsatz in Estland, wonach bei Streitwerten von bis zu 7.000 Euro ohne menschliche Mitwirkung eine Künstliche Intelligenz die Entscheidung treffen soll. Im Deutschlandfunk wurde dies in einer Sendung mit dem Titel „KI-Richter in Estland fällt Urteil per Algorithmus" aufgegriffen und seither wird, wie *Herberger* ausführt, „diese Story in Deutschland im Umfeld der juristischen KI-Debatte vielfältig kolportiert", „kaum ein illustrer Name fehlt".[13] Die Geschichte fand sogar Eingang in den Bericht der Wissenschaftlichen Dienste des

---

11 Siehe etwa bereits 1970 *Steinmüller*, EDV und Recht (Fn. 2) zu den Grenzen der „Logifizierbarkeit" des Rechts und der „automatisierten Normanwendung", S. 60 f., zur automatisierten Strafzumessung, S. 95, oder zur Entscheidungsvoraussage, S. 109.

12 Vgl. etwa reißerische Überschriften wie „Die Paragraphen-Roboter" (*W. Janisch*, Süddeutsche Zeitung vom 31. Dezember 2019/1. Januar 2020) oder „Abfindung vom Roboter" (*M. Lechtape*, Frankfurter Allgemeine Sonntagszeitung vom 28. März 2021). Selbst wenn in den Artikeln auf die Grenzen von Legal Tech hingewiesen wird, sind solche Schlagzeilen geeignet, unrealistische Vorstellungen zu wecken, ähnlich auch (Zwischen-)Überschriften wie „Macht die Digitalisierung Anwälte bald überflüssig?" oder „Statt Mandanten zu betreuen, pflegt er Chat-Bots. Das ist billiger, für ihn und die Kunden" (*H. Vollmuth*, Süddeutsche Zeitung vom 9. Mai 2019). Als Beispiel für einen Beitrag in Fachzeitungen siehe *V. Römermann*, Der schwierige Umgang mit Legal Tech in der gerichtlichen Praxis, NJW 2020, 2678 (2682): «für den, der zu sehen sich erlaubt, ist der Tag schon zum Greifen nahe, an dem ihn der Rechner bei der Fähigkeit zur Subsumtion überholt – in jedem Rechtsgebiet», was ebenfalls eine völlig unrealistische Einschätzung der Leistungsfähigkeit algorithmischer Systeme im juristischen Kontext aufzeigt.

13 *M. Herberger*, „Can AI Be a Fair Judge in Court?" Denkt Estland so?, NJW-aktuell 37/2021, 19.

Deutschen Bundestags zum Einsatz Künstlicher Intelligenz in der Justiz.[14] Eine Anfrage von *Herberger* beim Justizministerium von Estland ergab hingegen, dass es kein solches Vorhaben bzw. Projekt gebe, dass Estland vielmehr prüfe, ob Informations- und Kommunikationstechnologie zur Unterstützung der richterlichen Tätigkeit nutzbar gemacht werden könne, die Entscheidungen aber weiterhin ein Mensch treffe.[15]

Die Vermittlung von Kenntnissen zu den Funktionen von Suchmaschinen, Expertensystemen, statistischen Verfahren des maschinellen Lernens bis hin zu Deep Learning, eDiscovery-Verfahren, natürlicher Sprachverarbeitung etc. ist von zentraler Bedeutung, wobei auch ethische Fragen sowie Fragen der Regulierung, wie sie der Entwurf der KI-Verordnung der EU vom April 2021 vorsieht, diskutiert werden. Die Studierenden sollen ein solides Grundlagenwissen aufbauen, um die gegenwärtigen Entwicklungen kritisch begleiten und die Potentiale der Digitalisierung für das Rechtswesen realistisch beurteilen zu können.

Seit dem Sommersemester 2022 gibt es zudem eine einstündige Vorlesung *Logik für Juristen*, in der die wichtigsten Teilgebiete der klassischen und formalen Logik sowie der juristischen Argumentationslehre behandelt werden. Es werden die logischen Grundlagen des Information Retrieval (Boolesches Retrieval) ebenso wie die Möglichkeiten einer Formalisierung des Rechts vertieft. Damit soll u.a. der Frage nachgegangen werden, inwieweit Rechtsregeln in Algorithmen verwandelt werden können.

II. LL.B. Digital Law

Seit dem Wintersemester 2021/2022 bietet die Juristische Fakultät der Universität Regensburg den Bachelor of Laws (*LL.B.*) *Digital Law*[16] an, der künftig jeweils im Wintersemester begonnen werden kann. Der Studien-

---

14 Wissenschaftliche Dienste des deutschen Bundestags, Künstliche Intelligenz in der Justiz, Internationaler Überblick, 1. März 2021, https://docplayer.org/205576787-Wissenschaftliche-dienste-sachstand-kuenstliche-intelligenz-in-der-justiz-internationaler-ueberblick-deutscher-bundestag-wd-21.html, S. 7.
15 *Herberger,* Can AI (Fn. 13), 19.
16 Zur Absage an einen generellen in den Staatsexamensstudiengang integrierten (staatsexamensbegleitenden) Bachelor, sondern für einen Bachelor, der eine zusätzliche Qualifikation nachweist, siehe *Omlor*, Stellungnahme Juristische Ausbildung (Fn. 7), S. II, 9 f. Zur aktuellen Diskussion um die Einführung eines integrierten Bachelor siehe *J. Jahn*, Mehr als ein „Jodeldiplom", NJW-aktuell 29/2022, 19.

gang geht über sechs Semester mit einem Umfang von 180 ECTS. Aufgebaut ist das Studium in elf Module, wie die folgende Tabelle[17] zeigt:

Modul	Inhalt	Studienjahr
DIGLAW 01	Einführung in das Privatrecht (28 LP)	1
DIGLAW 02	Einführung in das Öffentliche Recht (20 LP)	1
DIGLAW 03	Privatrecht für Fortgeschrittene I (20 LP)	2
DIGLAW 04	Privatrecht für Fortgeschrittene II (6 LP)	3
DIGLAW 05	Öffentliches Recht für Fortgeschrittene (17 LP)	2
DIGLAW 06	Private Digital Law (16 LP)	3
DIGLAW 07	Public Digital Law (16 LP)	2
DIGLAW 08	Informatik für Juristen I (14 LP)	1
DIGLAW 09	Informatik für Juristen II (15 LP)	2
DIGLAW 10	Informatik für Juristen III (14 LP)	3
DIGLAW 11	Abschlussmodul (14 LP)	3

Die juristischen Anteile *Einführung in das Privatrecht, Einführung in das Öffentliche Recht* sowie *Privatrecht für Fortgeschrittene I* und *II* sowie *Öffentliches Recht für Fortgeschrittene* sind dabei identisch mit den Studieninhalten im Staatsexamensstudium. Die dort erworbenen Studiennachweise können damit auch für den Bachelor-Studiengang genutzt werden. Es lassen sich so fünf Module (und ca. die Hälfte der benötigten Leistungspunkte) abdecken, weshalb sich ein Doppelstudium anbietet. Die Studierenden des Bachelor-Studiengangs benötigen darüber hinaus die Informatikmodule *Informatik für Juristen I bis III* sowie die Module *Public Digital Law* und *Private Digital Law*. Bei Wahl des Schwerpunktbereichs *Recht der Informationsgesellschaft* können die darin erworbenen Nachweise ggf. für den *LL.B. Digital Law* anerkannt werden. Das Abschlussmodul umfasst ein Seminar und die Anfertigung der Bachelorarbeit.

Die drei Informatikmodule beinhalten neben der *Einführung in die Informatik und Medieninformatik* und der *Einführung in Data Science und Text Mining* die Veranstaltungen *Webtechnologien für Juristen, Datenbanken im Unternehmen* und *IT-Security*. Die Vorlesungen *Digitalisierung und Recht* und *Logik für Juristen* sowie *Legal Tech* und *Digitale Transformation* runden das Angebot ab. Nach der Einführung in die Informatik und der

---

[17] https://www.uni-regensburg.de/rechtswissenschaft/fakultaet/studium/studieninhalte-und-ablauf/index.html#c76453.

Vorlesung zu Webtechnologien im ersten Jahr liegt der Schwerpunkt im zweiten Jahr in der Vermittlung der Grundkonzepte von Data Science, Text Mining und Big Data, wobei die Studierenden in praktischen Übungen die Architektur und die Einsatzmöglichkeiten wissensbasierter Systeme im juristischen Bereich kennenlernen. Zudem wird der Einsatz von Datenbanksystemen erläutert, im Bereich der IT-Security und der digitalen Transformation werden u.a. Strategien für ein erfolgreiches Projektmanagement und die wichtigsten Innovationsmethoden im Bereich der Digitalisierung (Design Thinking, Legal Design) aufgezeigt.[18] Die Studierenden besuchen dazu grundlegende Vorlesungen und Übungen der Medieninformatik, der Wirtschaftsinformatik sowie speziell für sie konzipierte Veranstaltungen wie etwa *Webtechnologien für Juristen*.

Der Studiengang wendet sich an Studierende mit juristischem und technischem Interesse. Die Informatikanteile sind dabei durchaus fordernd, so besteht allein das Einführungsmodul aus der vierstündigen Vorlesung *Einführung in die Informatik und Medieninformatik* mit begleitender zweistündiger Übung. Gleichwohl sollen aus den Studierenden keine Informatikerinnen und Informatiker gemacht werden. Ziel ist es vielmehr, die Dialogfähigkeit zu verbessern, wenn die Absolventinnen und Absolventen später interdisziplinär zusammenarbeiten und technisches Wissen in juristische Prozesse einbringen müssen.

III. LL.M. Legal Tech

Bei dem *LL.M. Legal Tech* handelt es sich um einen Weiterbildungsmasterstudiengang,[19] der seit dem Wintersemsester 2020/2021 an der Juristischen Fakultät der Universität Regensburg studiert werden kann. Er richtet sich an bereits im Berufsleben stehende Juristinnen und Juristen. Voraussetzung für die Zulassung zum Studium sind neben einer mindestens einjährigen berufspraktischen Erfahrung ein erfolgreich abgeschlossenes Hochschulstudium mit folgenden Abschlüssen: Erstes oder Zweites Juristisches Staatsexamen mit einer Punktzahl von mindestens 5,5 oder Erste Juristische Prüfung mit einer Punktzahl von mindestens 5,5 (in der Gesamtnote

---

18 Siehe den unter https://www.uni-regensburg.de/rechtswissenschaft/fakultaet/studiu m/studieninhalte-und-ablauf/index.html#c76453 auffindbaren Modulkatalog.
19 Wie üblich im Bereich der Weiterbildungsstudiengänge ist auch dieser Masterstudiengang gebührenpflichtig. Der Modulkatalog findet sich unter https://www.legaltech -ur.de/wp-content/uploads/2019/12/LL.M.-Legal-Tech-Modulhandbuch.pdf.

von Staats- und Universitätsprüfung) oder ein gleichwertiger Abschluss mit mindestens acht Semestern Regelstudienzeit (über die Gleichwertigkeit entscheidet der Prüfungsausschuss). Zudem ist die studiengangspezifische Eignung nachzuweisen. Der Studiengang dauert zwei Semester und kann daher innerhalb eines Jahres absolviert werden.

Der Lehrplan umfasst neun Module, die aus einem fünftägigen Einführungsmodul (Montag bis Freitag) zu allen wesentlichen Themen im Zusammenhang mit Legal Tech und sieben dreitägigen Modulen (jeweils Donnerstag bis Samstag) mit technischen und juristischen Themen bestehen sowie einem Abschlussmodul, das vor allem der Vorbereitung auf die Masterarbeit dient.

Das Studium bietet einen Überblick zu aktuellen Themen der Digitalisierung sowie einen Querschnitt durch wichtige Rechtsgebiete mit Bezug zu Legal Tech. Zwei größere Schwerpunkte betreffen die Vertiefung der informationstechnischen Grundlagen und die Einführung in die Programmierung sowie datenanalytische Verfahren (*Data Science und Big Data für Juristen*). Es werden konkrete Anwendungsbezüge zu den verschiedenen juristischen Arbeitsfeldern aufgezeigt, ergänzt wird das Angebot durch Veranstaltungen zu *Digital Entrepreneurship* und *Cybersicherheit* sowie zu den psychologischen und ethischen Aspekten der Digitalisierung, zu Algorithmenregulierung und Innovationsmethoden wie Legal Design Thinking.

Die nachfolgende Übersicht zeigt die Module im Überblick:

Modul	Titel	Beschreibung	Umfang
1	Einführungsmodul / Übersicht	Einführung in alle wesentlichen rechtlichen und technischen Themen – grundlegender Überblick	Fünf Tage
2	Legal Tech in der juristischen Arbeitspraxis	Legal Tech-Anwendungen in Anwaltschaft, Justiz und Unternehmen einschließlich zukünftiger Entwicklungen	Drei Tage
3	Data Science und Big Data für Juristen	Text Mining und Information Retrieval, juristische Wissensrepräsentation	Drei Tage
4	Digital Law I	IP-Recht, Haftungsrecht und Datenschutz, insbesondere mit Bezug zu Legal Tech: Legal Tech als Schutzobjekt, Vertragsgegenstand; Haftungsrisiko; Datenschutz; Verträge über digitale Güter	Drei Tage
5	Digital Law II	Vertragsrecht, FinTech, digitale Arbeitswelt	Drei Tage

6	Digital Law III	eCommerce, Verbraucherschutz, Alternative Streitbeilegung, Algorithmenregulierung	Drei Tage
7	Informationstechnische Grundlagen	Softwareentwicklung / Künstliche Intelligenz / Plattformmodelle	Drei Tage
8	Globales Legal Tech	Internationale Perspektive, Cybersecurity, aktuelle Entwicklungen im Bereich Legal Tech	Drei Tage
9	Mastermodul	Diskussion und Begleitung der Masterarbeiten	Zwei Tage

Die Konzeption des Studiengangs orientiert sich an drei Leitgedanken: Der Fokussierung auf Juristinnen und Juristen, die sich auf dem Gebiet von Legal Tech weiterqualifizieren wollen, einer ausgewogenen Berücksichtigung juristischer und technisch-informatischer Inhalte sowie der Einbindung von Schlüsselinhalten der Digitalisierung.

Der erste Jahrgang an Studierenden hat das Studium bereits erfolgreich beendet. Im Oktober 2022 startete der dritte Jahrgang. Die Masterarbeiten der Studierenden weisen ein breit gefächertes Themenspektrum auf, u.a. wurden folgende Themenstellungen bearbeitet:

- *Analyse von Allgemeinen Geschäftsbedingungen auf Verbraucherrechtsverstöße mit digitalen Hilfsmitteln*
- *Rechtsschutzhilfe für Beschäftigte – vom händischen Antrag zur digitalen Rechtsdienstleistung*
- *Den digitalen Nachlass regeln*
- *Legal-Tech im Blickfeld der Anwaltshaftung*
- *Urheberrecht und Eigentum an KI-Erzeugnissen*
- *Möglichkeiten und Grenzen der Regulierung von Deepfakes*

C. Angebote im Rechtsreferendariat in Bayern

Angestoßen nicht zuletzt durch die Verankerung der Digitalisierung in der bayerischen Ausbildungs- und Prüfungsordnung für Juristen im Jahr 2021 gibt es eine Reihe neuer Angebote im juristischen Vorbereitungsdienst zu dem Thema.

Bettina Mielke

I. Innovationstag Legal Tech

Erstmals fand im Februar 2022 eine halbtägige bayernweite Veranstaltung mit dem Titel *Innovationstag Legal Tech* als reines Online-Format statt. Es nahmen über 300 Referendarinnen und Referendare daran teil. Nach einem Grußwort des Bayerischen Staatsministers für Justiz folgten Grundlagenreferate zu Legal Tech-Anwendungen, Vorträge zu Legal Tech aus Sicht der Rechtsanwälte und der Justiz, zu den rechtspolitischen Herausforderungen sowie zu Legal Design. Eine regelmäßige Wiederholung der Veranstaltung ist geplant.

II. Freiwillige Zusatzveranstaltungen

Seit dem Sommer 2022 gibt es freiwillige Zusatzveranstaltungen zu den Themen Digitalisierung und Recht bzw. Legal Tech, die das vorhandene Programm zum Erwerb von Zusatzqualifikationen im Referendariat, das von Rhetorik, Verhandlungsmanagement, Mediation über Betriebswirtschaftslehre bis zur fachspezifischen Fremdsprachenausbildung etc. reicht, ergänzen.

Es handelt sich um ein ganztägiges Online-Seminar mit dem Titel *Legal Tech, Digital Law und Künstliche Intelligenz im juristischen Bereich* sowie um ein weiteres halbtägiges Online-Seminar *Digitalisierung in der juristischen Arbeitspraxis*. Ersteres führt in die Grundlagen von Legal Tech ein. Dabei werden die Erscheinungsformen von Legal Tech-Angeboten sowie die zugrundeliegenden Geschäftsmodelle, die technischen Komponenten sowie die Auswirkungen auf den Rechtsmarkt erläutert, ebenso die rechtliche Einordnung solcher Angebote. Im Weiteren erfolgt eine Einführung in die Geschichte und die wesentlichen Formen von Künstlicher Intelligenz, um diesen schillernden und sehr uneinheitlich gebrauchten Begriff für die Referendarinnen und Referendare fassbarer zu machen. Die Teilnehmenden sollen zumindest im Grundsatz zwischen logikbasierter KI („Expertensysteme") und maschinellem Lernen (einschließlich Deep Learning und Nutzung neuronaler Netze) unterscheiden lernen und dadurch besser einschätzen können, wo Einsatzgebiete im juristischen Kontext denkbar sind. Wie bei den Angeboten für die Studierenden runden ethische Fragen und Ansätze zur Algorithmenregulierung das Angebot ab.

Das zweite Online-Seminar hat u.a. die Themen Information Retrieval, E-Akte / Virtuelle Kanzlei, Online-Gerichtsverfahren, elektronisches Basisdokument sowie Blockchaintechnologie und Smart Contracts zum Gegenstand.

Die ersten Veranstaltungen haben im Juli 2022 stattgefunden, sie sind jeweils zweimal jährlich als Online-Format geplant. Aufgrund des großen Interesses mussten Zusatztermine angesetzt werden.

III. Schaffung eines neuen Berufsfelds

Bisher gab es in Bayern sieben Berufsfelder für das Pflichtwahlpraktikum und die Zweite Juristische Staatsprüfung. Ein achtes Berufsfeld *Informationstechnologierecht und Legal Tech* kann ab 2023 gewählt werden.

Die bisherigen Berufsfelder nach § 58 Abs. 3 JAPO sind:

– Justiz
– Verwaltung
– Anwaltschaft
– Wirtschaft
– Arbeits- und Sozialrecht
– Internationales Recht und Europarecht
– Steuerrecht

Das zugehörige Pflichtwahlpraktikum wird nach dem schriftlichen Teil der Zweiten Juristischen Staatsprüfung bei einer zum gewählten Berufsfeld geeigneten Stelle, nicht selten im Ausland, abgeleistet. Es dauert drei Monate (§ 49 Abs. 2 Satz 1 Nr. 4 JAPO) und wird, soweit das Praktikum nicht im Ausland erfolgt, von Arbeitsgemeinschaften (mit insgesamt 60 Unterrichtsstunden) begleitet. Die zu den jeweiligen Berufsfeldern gehörenden Rechtsgebiete gem. § 58 Abs. 3 JAPO[20] sind Gegenstand der mündlichen Prüfung im Zweiten Juristischen Staatsexamen, § 65 Abs. 1 Satz 1 JAPO, wobei dieser

---

20 Nach § 58 Abs. 3 JAPO gehört etwa zum Berufsfeld *Justiz* als zusätzlicher Prüfungsstoff in Grundzügen das Familienrecht (ohne Versorgungsausgleich, Annahme als Kind, Vormundschaft, rechtliche Betreuung und Pflegschaft), Verfahren in Familiensachen sowie das Jugendstrafrecht einschließlich Verfahrensrecht. Im Berufsfeld *Verwaltung* sind das Beamtenrecht, Grundzüge des Wirtschaftsverwaltungsrechts sowie Straßen- und Wegerecht einschließlich Planfeststellungsverfahren zusätzlicher Prüfungsstoff. Das Berufsfeld *Anwaltschaft* enthält als zusätzlichen Prüfungsstoff anwaltliches Berufsrecht und Marketing, anwaltliches Gebührenrecht, Anwaltstaktik und Haftung des Rechtsanwalts einschließlich strafrechtlicher Risiken anwaltlicher Tätigkeit sowie vorsorgende Rechtsberatung aus anwaltlicher Sicht. Zu den Stoffgebieten der weiteren Berufsfelder siehe § 58 Abs. 3 JAPO.

Prüfungsteil gegenüber den drei Bereichen Zivil- und Arbeitsrecht, Strafrecht und Öffentliches Recht doppelt zählt, § 66 Abs. 1 JAPO.

Wichtig bei der Gestaltung eines neuen Berufsfeldes ist zum einen die Vergleichbarkeit mit den anderen Berufsfeldern und zum anderen, dass die rechtlichen Aspekte zwingend im Vordergrund stehen müssen, da sie Gegenstand des mündlichen Teils der Zweiten Juristischen Staatsprüfung sind. Zu beachten ist weiterhin, dass ausreichend Arbeitsgemeinschaftsleiterinnen und Arbeitsgemeinschaftsleiter, Prüferinnen und Prüfer zur Verfügung stehen.

Auch in Baden-Württemberg wurde neben den bestehenden Schwerpunktbereichen[21] im Zweiten Staatsexamen (vergleichbar mit den Berufsfeldern in Bayern) ein Schwerpunktbereich IT-Recht mit den Gebieten Domain-Recht, Software- und Internet-Verträge sowie Urheberrecht und Datenschutzrecht eingerichtet, § 56 Abs. 2 Nr. 5 JAPrO. Im Stoffplan[22] ist dies weiter ausdifferenziert in:

- Domain-Recht: Grundlagen des Domain-Name-Systems und die Domain im Rechtsverkehr,
- Software- und Internet-Verträge: Verträge über Herstellung, Veräußerung, Wartung, Gebrauchsüberlassung von Software, Vertragsschluss und Verbraucherschutz im Internet, Form der Rechtsgeschäfte im Internet,
- Urheberrecht: Werkbegriff und Werkarten, Urheberbegriff und dessen Rechte, urheberrechtsrelevante Verletzungshandlungen im Internet,
- Datenschutzrecht: Grundstrukturen und Systematik, wesentliche Begriffe und Anwendungsbereich, Regelungsgrundsätze des nationalen und europäischen Datenschutzrechts.

Das Berufsfeld 8, das in Bayern mit der zum 1. Januar 2023 in Kraft tretenden Verordnung zur Änderung der Ausbildungs- und Prüfungsordnung für Juristen und weitere Rechtsvorschriften eingeführt wird[23], umfasst gemäß

---

21 Es handelt sich um die Schwerpunktbereiche Familien- und Erbrecht, Rechtsanwalt, Wirtschaft, Gewerblicher Rechtsschutz, Verwaltung, Arbeit, Soziale Sicherung, Steuern, Europarecht, Internationales Privatrecht und Strafrechtliche Rechtspflege.
22 Verwaltungsvorschrift des Justizministeriums über die Stoffpläne für die Lehrveranstaltungen in den Arbeitsgemeinschaften des juristischen Vorbereitungsdienstes für Rechtsreferendarinnen und -referendare vom 1. März 2020.
23 Verordnung zur Änderung der Ausbildungs- und Prüfungsordnung für Juristen und weitere Rechtsvorschriften vom 17. November 2022, Bayerisches Gesetz- und Verordnungsblatt Nr. 23/2022 vom 15. Dezember 2022.

§ 58 Abs. 3 JAPO n.F. als zusätzlichen Prüfungsstoff das Informationstechnologierecht (nur Software- und IT-Vertragsrecht, Domainrecht, Immaterialgüterrecht und ergänzender wettbewerblicher Leistungsschutz, Regulierung digitaler Plattformen) sowie das Recht der Legal Tech-Anwendungen (nur Rechtsdienstleistungsgesetz, anwaltliches Berufsrecht und Vergütungsrecht, haftungs- und wettbewerbsrechtliche Fragen). Ab dem Einstellungsjahrgang, der im Juni 2023 den schriftlichen Teil der Zweiten Juristischen Staatsprüfung abzulegen hat, wird das neue Berufsfeld erstmals in dem ab Juli 2023 beginnenden Pflichtwahlpraktikum unterrichtet werden und Teil der im Herbst 2023 stattfindenden mündlichen Prüfung der Zweiten Juristischen Staatsprüfung sein. Der Stoffplan ist unter https://www.justiz.bayern.de/landesjustizpruefungsamt/vorbereitungsdienst-fuer-rechtsreferendare/ abrufbar.

D. Fragen zur inhaltlichen Ausgestaltung

Bei der Konzeption der inhaltlichen Ausgestaltung der aufgeführten Lehrangebote stellen sich folgende Fragen:

- Besteht die Notwendigkeit eigener Veranstaltungen?
- Welchen Inhalt sollten Zusatzveranstaltungen haben?
- Wie soll ein Curriculum von Studiengängen im Bereich Recht und Digitalisierung aussehen?

I. Notwendigkeit eigener Veranstaltungen

Hinsichtlich der ersten Frage, ob die Notwendigkeit eigener Veranstaltungen besteht, wird man zu einem klaren Ja kommen, soweit es um den Bereich der Digitalisierung des Rechts geht. Zudem sind auch viele Aspekte des Rechts der Digitalisierung nach jetzigem Stand nicht Teil des Pflichtstoffes, gleichwohl aber für das Verständnis der Entwicklungen im Hinblick auf die Digitalisierung im Recht wichtig. So sind das Rechtsdienstleistungsgesetz und das anwaltliche Berufsrecht, beide Aspekte spielen bei der rechtlichen Beurteilung von kommerziellen Legal Tech-Angeboten wie *myright.de* oder *flightright.de* eine große Rolle, weder in der Ersten Juristischen Staatsprüfung noch in der Zweiten Juristischen Staatsprüfung Pflichtstoff. Da eine inhaltliche Auseinandersetzung mit diesen Themen zumindest Interessierten ermöglicht werden sollte, dürften sich eigene Veranstaltungen anbieten. Dies gilt umso mehr, wenn auch technisches Verständnis vermittelt werden soll. Zu fragen ist dann eigentlich nur, ob solche Veranstaltungen verbindlich für alle angeboten werden sollten oder ob ein Angebot für Interessierte ausreichend ist. Aufgrund der bereits bestehenden Stofffülle würde ich von einer verbindlichen Teilnahme absehen.[24] Ein Abprüfen des Stoffs erscheint insbesondere im Hinblick auf die technischen Aspekte in einem juristischen Studium nicht geboten, wenngleich die Themen aufgrund der fortschreitenden Digitalisierung von immer größerer Bedeutung werden. Insofern dürfte der Weg über attraktive und hochwertige Zusatzangebote zielführender sein.

Dass Bedarf für solche Veranstaltungen besteht, zeigt nicht nur die große Nachfrage an den Zusatzangeboten im Rechtsreferendariat (siehe oben bei C. II.), sondern verdeutlicht auch die *Digital Study 2021*, eine deutschlandweite Umfrage zur Digitalisierung der juristischen Ausbildung und Berufspraxis.[25] Danach sagen 92 % der über 1.500 Jurastudierenden, die an der Studie teilgenommen haben, dass *Legal Tech*[26] zu wenig in der juristischen Ausbildung behandelt wurde, 87 % beantworten die Frage, ob *Legal Tech* stärker behandelt werden soll, zudem mit ja (37 %) oder eher ja (50 %).[27] Für das Thema *Recht der Digitalisierung*[28] sehen die Zahlen ähnlich aus: 91 % sagen, dass es zu wenig behandelt wurde, 89 % beantworten die Frage, ob das Thema stärker behandelt werden sollte, mit ja (35 %) bzw. eher ja (54 %).[29] Die über 1.500 teilnehmenden Rechtsreferendarinnen und Rechtsreferendare bewerten dies ähnlich: 94 % sind der Ansicht, dass das Thema *Legal Tech* in der Ausbildung zu wenig behandelt wurde, 87 % bejahen die Frage, ob das Thema stärker behandelt werden sollte (40 % ja; 47 % eher ja).[30] Das Thema *Recht der Digitalisierung* wird nach Ansicht von 94 % der Referendarinnen und Referendare zu wenig behandelt, 86 % ant-

---

24 Für eine verpflichtende Veranstaltung zu Legal Tech im Referendariat *Omlor*, Stellungnahme Juristische Ausbildung (Fn. 7), S. II.
25 Siehe https://digital-study.de.
26 Als Erklärung für Legal Tech wird dabei folgende Beschreibung abgegeben: „Legal Tech befasst sich mit dem Einsatz spezieller Informationstechnologie zur Durchführung juristischer Tätigkeiten.", siehe Digital Study 2021, https://digital-study.de, S. 18.
27 Digital Study 2021, https://digital-study.de, S. 18.
28 Als Erklärung dient folgende Beschreibung: „Das Recht der Digitalisierung befasst sich mit der rechtlichen Beurteilung und Regulierung digitaler Vorgänge und Systeme", siehe Digital Study 2021, https://digital-study.de, S. 17.
29 Digital Study 2021, https://digital-study.de, S. 17.
30 Digital Study 2021, https://digital-study.de, S. 30.

worten auf die Frage, ob es stärker behandelt werden sollte, mit ja (35 %) bzw. eher ja (51 %).[31]

Man wird derzeit auch nicht davon ausgehen können, dass bei Studierenden oder Referendarinnen und Referendaren ein entsprechendes technisches Basiswissen etwa zur natürlichen Sprachverarbeitung oder zu den verschiedenen Formen, die man unter Künstlicher Intelligenz versteht, bereits vorhanden ist und man insofern auf diese Grundlagenvermittlung im Rahmen von Legal Tech-Veranstaltungen verzichten könnte. Zwar dürfte der Umgang mit digitalen Medien und die Nutzung digitaler Hilfsmittel für die Studierenden selbstverständlich sein, damit geht aber nicht zwingend ein generelles Verständnis für die technischen Grundlagen einher.[32] Da sich in der einschlägigen Literatur ein äußerst vielstimmiges Meinungsbild zu den technischen Möglichkeiten findet, ist eine grundlegende Orientiertheit bei Fragen der Digitalisierung, die es erst ermöglicht, Chancen und Risiken von IT-Projekten im Rechtswesen zutreffend abzuschätzen, bei angehenden Juristinnen und Juristen auch künftig nicht zu erwarten.

II. Inhalt von Zusatzveranstaltungen

Die Frage nach der inhaltlichen Gestaltung von zusätzlichen Angeboten hängt sehr von den zeitlichen Möglichkeiten ab. Zu bedenken ist in diesem Zusammenhang, dass es **zusätzliche** Veranstaltungen sind und daher ein zu großer Zeitrahmen im „normalen" Studium oder im Vorbereitungsdienst für die große Masse der Studierenden bzw. Referendarinnen und Referendare nicht tunlich erscheint und eher abschreckend wirken dürfte. Damit ist auch klar, dass es vor allem darum geht, die Studierenden bzw. Referendare „sprechfähig" auf diesem Gebiet zu machen und ihnen die Kompetenz zu vermitteln, wichtige rechtliche und gesellschaftliche Diskussionen kritisch zu begleiten. Eine vertiefte Auseinandersetzung kann dann

---

31 Digital Study 2021, https://digital-study.de, S. 29.
32 Siehe auch *J. Krüper*, Didaktik rechtswissenschaftlicher Lehre im Zeichen der Digitalisierung. Diskussionsimpulse, 2021, https://www.justiz.nrw/JM/schwerpunkte/juristenausbildung/jurtech_jurstudy_fachkongress/workshopI/Thesenpapier-WS-I-Kru_per.pdf, S. 2 f.: „Die Rede von den aktuellen Studentengenerationen als *digital natives* übergeht, dass der Umgang mit digitalen Medien von ihnen rein intuitiv erlernt worden ist und nicht im Sinne einer reflektierten Medienkompetenz überschätzt werden darf. Dies betrifft insbesondere die Informationsgewinnungs- und Informationsselektionskompetenz, die fachspezifisch geschult werden muss."

nur für besonders Interessierte erfolgen, etwa in einem gesonderten Studiengang.

III. Curriculum von Studiengängen

Da es durchaus einen Bedarf an Absolventinnen und Absolventen gibt, die an der Schnittstelle von Recht und Informatik tätig werden, beispielsweise in (Groß-)Kanzleien oder Unternehmen, erscheint es sinnvoll, eigene Studiengänge auf diesem Gebiet zu entwickeln. Rechtsinformatik-Studiengänge sind – etwa im Vergleich zu anderen Bindestrich-Informatiken – sehr selten.[33]

Studiengänge in diesem Bereich müssen neben den rechtlichen Aspekten, die sich aus der Digitalisierung ergeben, verstärkt Informatikanteile enthalten. Dabei sollen die Studiengänge deutlich mehr praktische Übungen zu den informationstechnologischen Grundlagen bieten als dies in einer Vorlesung oder in Zusatzveranstaltungen im Vorbereitungsdienst leistbar wäre. Wichtig erscheint dabei auch, dass die Studienangebote hinsichtlich der Informatikteile zumindest teilweise speziell auf die Anforderungen von Juristinnen und Juristen zugeschnitten sind.

Eine der Kernfragen ist, ob das Erlernen von Programmiersprachen notwendiger Bestandteil dieser Studiengänge sein sollte. Das Programmieren, also die Fähigkeit, aus vorgegebenen Anforderungen korrekten Programmcode zu entwickeln und dabei entsprechend den Standards des *Software Engineering* vorzugehen, ist sicherlich die entscheidende Qualifikation von Informatikerinnen und Informatikern. Ob auch Absolventinnen und Absolventen entsprechender Studiengänge im Bereich Recht und Digitalisierung darüber verfügen sollten, wird kontrovers diskutiert, überwiegend wird dem eine Absage erteilt.[34] In den Regensburger Studiengängen *LL.B. Digital Law* und *LL.M. Legal Tech* werden Programmierkenntnisse niederschwellig im Rahmen der Lehrveranstaltungen Webtechnologien (JavaScript) bzw. Data Science und Text Mining (Python) vermittelt. In Haus-

---

33 Vgl. dazu *Mielke/Wolff*, Rechtsinformatik (Fn. 4), S. 391: Im Oktober 2019 ergab eine Recherche in der Datenbank *Hochschulkompass* der deutschen Hochschulrektorenkonferenz 490 Studienangebote zum Thema *Wirtschaftsinformatik*, aber nur drei Treffer zum Schlagwort *Rechtsinformatik*, von denen allein der Studiengang *Informationstechnologie und Recht* an der Universität des Saarlandes wirklich einschlägig sein dürfte.
34 Vgl. genauer *Mielke/Wolff*, Rechtsinformatik (Fn. 4), S. 392 m.w.N.

arbeiten erhalten die Studierenden darüber hinaus die Möglichkeit, eigene kleine Systeme (z.B. auch mit No-Code- oder Low-Code-Plattformen[35]) zu entwickeln. Dadurch soll ein (vertieftes) Grundverständnis für das Programmieren vermittelt werden. Die Juristinnen und Juristen sollen in die Lage versetzt werden, einerseits die technischen Möglichkeiten von Soft- und Hardware einschätzen zu können und andererseits Digitalisierungsprojekte im juristischen Kontext einschließlich ihrer Risiken und notwendigen Sicherheitsaspekte beurteilen und sich an der Realisierung gleichermaßen kritisch wie konstruktiv beteiligen zu können. Psychologische Aspekte (etwa mit Bezug zu dem für Digitalisierungsprojekte wichtigen *Change Management*), ethische Aspekte sowie Themen zum Projektmanagement[36] einschließlich Innovationsmethoden, wie sie die Regensburger Studiengänge zum Gegenstand haben, runden das Angebot ab.

E. Fazit und Ausblick

Lehrangebote zum Themenbereich *Recht und Digitalisierung* erscheinen auf allen Ebenen der Ausbildung sinnvoll und wünschenswert. Dabei können entsprechende Veranstaltungen bereits im Grundstudium zum einen eine frühzeitige Spezialisierung etwa im Hinblick auf die Wahl eines entsprechenden universitären Schwerpunktbereichs begünstigen, zum anderen gehören diese Themen – zumindest in Grundzügen – zur juristischen Allgemeinbildung. Es sollte daher den Studierenden ein entsprechendes Angebot gemacht werden. Dies erscheint schon deshalb wichtig, da nicht selten ein verzerrtes Bild vom Einsatz algorithmischer Systeme im Rechtswesen gezeichnet wird, das einerseits zu Ängsten und andererseits zu völlig überzogenen Vorstellungen von der Leistungsfähigkeit solcher Systeme führen kann. Gleichzeitig erreichen diese Angebote, so es sie überhaupt

---

35 Vgl. https://de.wikipedia.org/wiki/No-Code-Plattform.
36 Auch die deutschlandweite Umfrage *Digital Study 2021*, https://digital-study.de, S. 19 bzw. 31, deutet darauf hin, dass Themen des Projektmanagements ein Desiderat in der juristischen Ausbildung sind. Danach sagen 83 % der über 1.500 teilnehmenden Jurastudierenden sowie 90 % der über 1.500 teilnehmenden Referendarinnen und Referendare, dass die Themen *betriebswirtschaftliche Grundlagen und Projektmanagement* zu wenig behandelt wurden, 61 % der Studierenden beantworten die Frage, ob das Thema stärker in der Ausbildung behandelt werden sollte, mit ja (32 %) bzw. eher ja (29 %), bei den Referendarinnen und Referendaren sind es 79 % (mit ja antworteten 39 %, mit eher ja 40 %).

gibt, nicht alle Studierenden, so dass entsprechende Zusatzangebote auch im Vorbereitungsdienst sinnvoll sind. Da die Referendarinnen und Referendare die Bedeutung digitaler Unterstützungssysteme aufgrund der praxisorientierten Ausrichtung des juristischen Vorbereitungsdienstes sicher noch besser einschätzen können, sollte gerade auf diese Aspekte verstärkt eingegangen werden.[37]

Längerfristig sollten die verschiedenen Angebote abgestimmt werden, um zu ermöglichen, dass sie aufeinander aufbauen. Bisher kann weder im Studium noch im Rechtsreferendariat vorausgesetzt werden, dass Vorkenntnisse vorhanden sind. Wünschenswert wäre ein künftig nach unterschiedlichem Wissensstand stärker ausdifferenziertes Programm.

Auch bei den Studiengängen *LL.B. Digital Law* und *LL.M. Legal Tech* sind IT-Vorkenntnisse keine Zulassungsvoraussetzung. Dies erscheint nicht notwendig, weil es sich beim *LL.B. Digital Law* um einen grundständigen Studiengang und beim *LL.M. Legal Tech* um einen Weiterbildungsstudiengang und keinen konsekutiven Masterstudiengang handelt. Gerade im Weiterbildungsstudiengang *LL.M. Legal Tech* zeigt die Erfahrung, dass das Spektrum hinsichtlich der Kenntnisse sowohl zu den rechtlichen wie auch den technischen Aspekten des Studiengangs sehr weit ist. Dies ist durchaus eine Herausforderung bei der Wissens- und Kompetenzvermittlung, führt aber andererseits dazu, dass die Studierenden voneinander lernen und aufgrund ihres heterogenen beruflichen Hintergrunds wechselseitig profitieren, was unter anderem den besonderen Reiz des Studiengangs ausmacht.

---

37 Daher gibt es im bayerischen Referendariat neben der Veranstaltung *Legal Tech, Digital Law und Künstliche Intelligenz im juristischen Bereich* ein weiteres Online-Seminar *Digitalisierung in der juristischen Arbeitspraxis*.

Verzeichnis der Autor:innen

Nóra Al Haider, Assistant Director, Legal Design Lab, Stanford Law School, Stanford University

Ida Helene Asmussen, Associate Professor, PhD, Faculty of Law, Center for Interdisciplinary Studies of Law, University of Copenhagen

Prof. Dr. Roland Broemel, Professur für Öffentliches Recht, Wirtschafts- und Währungsrecht, Finanzmarktregulierung und Rechtstheorie, Fachbereich Rechtswissenschaft, Goethe-Universität Frankfurt am Main; Mitglied der Forschungsgruppe „KI & Finance – Innovation, Resilienz und Verantwortung" des Zentrums verantwortungsbewusste Digitalisierung

Dr. Bettina Mielke, M.A., Vorsitzende Richterin am Oberlandesgericht, Leiterin der Abteilung Rechtsreferendariat und Staatsexamen, Oberlandesgericht Nürnberg, Lehrbeauftragte an der Universität Regensburg

Prof. Dr. Tilman Repgen, Dekan der Fakultät für Rechtswissenschaft, Universität Hamburg

Prof. Dr. Nora Rzadkowski, MHE, Professur für Öffentliches Recht mit Sozialversicherungsrecht, Hochschule für öffentliche Verwaltung und Finanzen Ludwigsburg

Dr. Werner Schäfke-Zell, Geschäftsführer, Caladan GmbH, Köln

Prof. Dr. Mareike Schmidt, LL.M. (Tsinghua, China), Juniorprofessur für Zivilrecht und rechtswissenschaftliche Fachdidaktik, Fakultät für Rechtswissenschaft, Universität Hamburg

Prof. Dr. Margrit Seckelmann, Professur für Öffentliches Recht und das Recht der digitalen Gesellschaft, Juristische Fakultät, Institut für Rechtsinformatik, Leibniz Universität Hannover

Verzeichnis der Autor:innen

Anton Sefkow, Dipl. Jur., Mag. Erzwiss., Wissenschaftlicher Mitarbeiter am Zentrum für Recht in der digitalen Transformation (ZeRdiT), Fakultät für Rechtswissenschaft, Universität Hamburg

Prof. Dr. Eric W. Steinhauer, Leiter der Universitätsbibliothek Hagen und Honorarprofessor am Institut für Bibliotheks- und Informationswissenschaft der Humboldt-Universität zu Berlin

Dr. Dagmar Synatschke, LL.M. (University of East Anglia), stellvertretende Abteilungsleitung der Abteilung Zivilrecht, Strafrecht und Rechtspflege, Behörde für Justiz und Verbraucherschutz, Freie und Hansestadt Hamburg

Dr. David Tebel, Partner bei rothorn legal, Frankfurt am Main

Prof. Dr. Hans-Heinrich Trute, Professur für Öffentliches Recht, Medien- und Telekommunikationsrecht, Fakultät für Rechtswissenschaft, Universität Hamburg